国际儒学联合会教育系列丛书

百家姓

刘嘉庚 主编

中华典藏 全注全译本

丛书指导委员会主任
———— 滕文生 牟钟鉴 董金裕

总主编
———— 钱逊 郭齐家

汉唐书局专家委员会审定

济南出版社　汉唐书局

图书在版编目（CIP）数据

百家姓 / 刘嘉庚主编. — 济南：济南出版社，2023.3

（中华典藏）

ISBN 978-7-5488-5572-9

Ⅰ.①百… Ⅱ.①刘… Ⅲ.①古汉语—启蒙读物 Ⅳ.①H194.1

中国国家版本馆CIP数据核字（2023）第052257号

出 版 人	田俊林
丛书策划	付晓丽　冀春雨
责任编辑	冀春雨
专家审读	王殿卿　郭齐家
装帧设计	王铭基　谭　正

出版发行	济南出版社
地　　址	济南市二环南路1号
编辑热线	0531—86131747（编辑室）
发行热线	82709072　86131701　86131729　82924885（发行部）
印　　刷	山东彩峰印刷股份有限公司
版　　次	2023年9月第1版
印　　次	2023年9月第1次印刷
开　　本	170 mm×240 mm　16开
印　　张	16
字　　数	220千
印　　数	1—4000册
定　　价	58.00元

（济南版图书，如有印装错误，请与出版社联系调换。联系电话：0531-86131736）

总　序

中国共产党的二十大报告指出：我们必须坚定历史自信、文化自信，坚持古为今用、推陈出新，把马克思主义思想精髓同中华优秀传统文化精华贯通起来。2023年2月7日，习近平总书记在学习贯彻党的二十大精神研讨班开班式上发表重要讲话，指出：中国式现代化，深深植根于中华优秀传统文化。

中华优秀传统文化的显著特点是启发人的内心自觉，追求的是人的身与心、人与人、人与社会、人与宇宙自然的统一与和谐，表现出人的崇高的精神境界，其思想背后是中国人对天道、天命和道德人格典范的敬畏。中华经典记录了中华优秀传统文化的本和源、根和魂，是构成我们民族文化、民族智慧、民族心灵的庞大载体，是支撑我们民族生存、发展、创新的活水源头，是几千年来维护我中华民族屡经重大灾难而始终不解体的坚强纽带。中华经典是人生教育学典籍，或者说是人生的课本、教材，靠一代代中国人的诵读、解释，并在传承中发展、创造，在极深刻意义上参与塑成了中华民族的历史和生活世界。其中蕴含的天下为公、民为邦本、为政以德、革故鼎新、任人唯贤、天人合一、自强不息、厚德载物、讲信修睦、亲仁善邻等精神，是中国人民在长期生产生活中积累的宇宙观、天下观、社会观、道德观的重要体现，是地地道道的"中国式"。

济南出版社·汉唐书局以习近平新时代中国特色社会主义思想为指导，高度落实习近平总书记关于中华优秀传统文化的一系列重要论述，深度理解中华经典的根源与发展，联合国际儒学联合会组织全国中华优秀传统文化相关领域的专家学者，通过深耕细作，潜心编写，精心注译，严谨校对，专业编排，集结成册，向广大读者隆重推出"中华典藏"系列丛书。本丛书包括20种典籍，即《论语》《孟子》《大学》《中庸》《近思录》《周易》《道德经》《诗经》《史记》《孙子兵法》《孔子家语》《三字经》《百家姓》《千字文》《千家诗》《弟子规》《龙文鞭影》《声律启蒙》《笠翁对韵》《蒙求》，除经典原文、注释、大意（译文）外，还根据每部典籍的特点，设置了知识拓展、释疑解惑等。

终身学习、终身教育已经成了这个时代的常态。中华经典是"母乳"，是最具纯正、最富营养、最有价值的终身学习资源。中华经典是整体之学，是身心之学，是素养之学，是每一个中国人在这个动荡变革时代中培养定力、安身立命的大宝典。因此，中华经典的受益者不仅仅是在校的老师和学生，还包括各级各类领导干部、工农兵学商等各行各业人员（如企业家、工厂工人、手工业者、新农村建设者、解放军官兵、科研工作者、医务工作者等），以及海外侨胞、留学生。

中华民族的祖先曾追求这样一种境界：为天地立心，为生民立命，为往圣继绝学，为万世开太平。我郑重将"中华典藏"这套普及性丛书推荐给读者，希望我们这个团队经过近十年共同奋斗所凝结的智慧，走向大众，让诵读中华经典的琅琅之声传遍祖国的大江南北，让我们每个人心中有山河，心中有宇宙，心中有父母，心中有圣贤，心中有家国天下，心中有我们中华民族的精神，心中有我们中国人的本心、本性。让我们全民为实现中华民族的伟大复兴与构建人类命运共同体凝聚智慧、贡献力量。

是为序！

郭齐家

2023年2月于北京回龙观寓所

目录

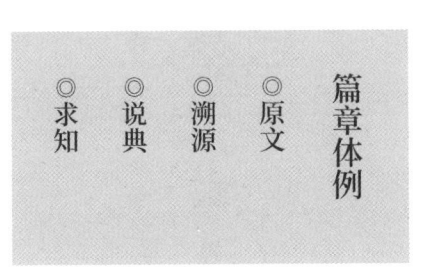

篇章体例

◎ 原文
◎ 溯源
◎ 说典
◎ 求知

导读 —— 1
正文 —— 3
附录一 《百家姓》全文繁简对照 —— 241
附录二 《百家姓》音序索引 —— 245

导　读

中国是世界上最早使用姓氏的国家之一，中国人也是最重视祖先和家族的。直到今天，人们初次见面仍会礼貌地问："您贵姓？"姓氏承载着血脉的延续，饱含着历史的传承。《百家姓》正是一本介绍中国姓氏的国学读本。

相传，《百家姓》为宋朝吴越地区的一位书生所编纂。最初只有438个姓，后增补到504个。四字一句，句句押韵。问世以来，广受欢迎，并逐渐家喻户晓，一代代流传下来。其间，有仿写的，有改编的，还有为其作注的。之后，《百家姓》逐渐成为千百年来儿童蒙学的必读书目之一。

中国姓氏文化源远流长，博大精深，值得细细品味。国人自古就对宗脉与血缘具有强烈的认同感，每一个姓氏背后都有着一段段生动有趣的故事，都包含其独特的、丰富的文化内涵。在中华五千余年的历史长河中，姓氏文化映衬着熠（yì）熠生辉的华夏文明。各个姓氏开枝散叶、生生不息，孕育出无数优秀的中华儿女。每一个中国人在重温自己姓氏的文化时，都会有一种归属感，自豪感和敬畏之情也会油然而生。深入了解姓氏文化很重要，因为只有了解了自己的根脉，才能真正爱国爱家，具有真实的家国情怀。

习近平总书记访欧期间，在巴黎联合国教科文组织总部发表演讲指出："没有文明的继承和发展，没有文化的弘扬和繁荣，就没有中国梦的实现。"优秀传统文化是中华民族的血脉和灵魂，弘扬优秀传统文化可以培养人们对民族文化的自豪感，提升国人的文化认同和文化归属，增强文化自信和民族自觉。

本书以《百家姓》原文中每八字为一章节，每节分为"经典原文""溯（sù）源""说典""求知"四个部分。"经典原文"环节再现经典，标注的拼音方便读者迅速掌握易读错的姓氏。"溯源"部分旨在让读者寻根追源，在此部分我们参考了大量资料，主要介绍所列姓氏的主要来源，并对现在人们关心的姓氏人口数量、分布地域、历史名人代表进行了综合呈现，尽力满足读者的求知欲。第三部分是"说典"。姓氏文化博大精深、源远流长。无数优秀的中华儿女创造了令人瞩目的灿烂文化，留下了许多发人深省的经典故事。此部分选择了一些相关姓氏名人的典故和故事，意在拉近读者与姓氏的距离，使姓氏不再冷冰冰，让读者在趣味盎然的阅读中提升传统文化素养，增强读者对姓氏的归属感。最后一个部分是"求知"。我们适当扩展了一些关于百家姓、历史、文学、民俗等方面的知识，内容丰富，生动有趣。

本书特色鲜明。其一，为了方便读者查找自己感兴趣的姓氏，我们按音序编排了姓氏目录。其二，我们采用繁简对照的形式单独呈现经典原文，增强姓氏的历史厚重感。其三，每个姓氏遴选了部分百姓耳熟能详，对社会进步有重大贡献，能产生正能量且有良好口碑、有威望的名人作为代表人物。需要说明的是，历史名人代表只是现有文献能够查到的本姓氏部分名人，选取以民国及以前为中华发民族发展做出重大贡献，且社会影响较大的人物为主，确无合适人选的，慎选当代人物。当代人物选用的原则是：为中华人民共和国的建立和发展做出突出贡献的领袖人物、元帅、民族英雄、爱国人士，自然科学、文化、艺术、教育界的名人名家，且能够发挥正面导向作用的人物，并已有定论的人，对有分歧、有争议及负面的人和事尽量予以回避。但由于编者能力所限，又因涉及的姓氏多、人物多，难免有疏漏不周之处，敬请读者谅解并不吝赐教。本书作为姓氏文化的重要组成部分，希望有助于广大读者深入了解姓氏文化。我们希望通过阅读本书，激发读者学习国学的兴趣，对增强读者的文化积淀有所裨（bì）益。

正 文

zhào qián sūn lǐ　zhōu wú zhèng wáng
赵 钱 孙 李　周 吴 郑 王

◎ 溯源

【赵】出自嬴姓,得姓始祖为造父。传说,造父在华山得八匹千里马,献给周穆王。穆王乘着这八匹马拉的车子西巡狩猎,到了昆仑山上,西王母在瑶池设宴招待。这时,东南边的徐偃(yǎn)王造反,造父驾车日行千里,及时赶回国都,助周穆王发兵打败了徐偃王。由于造父平叛有功,穆王赐他以赵城(今山西洪洞北)。从此,造父及其子孙便以封地名为姓,称赵氏。当代赵姓人口集中分布于山东、河南、河北三省。

● 名人代表

赵匡胤(927—976):字元朗,宋朝开国皇帝。先为后周大将,后通过"陈桥兵变"逼迫后周恭帝柴宗训禅位,登基改元,建立宋朝。他在位期间,致力于统一全国。采纳宰相赵普"先南后北"的策略,先后灭亡荆南、武平、后蜀、南汉及南唐等南方割据政权。曾于961年及969年先后两次"杯酒释兵权",解除禁军将领及地方藩镇的兵权,解决了自唐朝中叶以来地方节度使拥兵自擅的局面;设立"封桩库"贮藏钱帛布匹,希望能赎回被后晋高祖石敬瑭献给契丹的燕云十六州,但事未成而逝世。

赵　胜:战国时赵国平原君,战国四公子之一。

赵　云:三国时期蜀汉大将。

赵明诚:北宋著名金石学家。宋宰相赵挺之第三子,著名女词人李清照之夫。

赵孟頫:元代著名书画家。　　　　**赵　翼**:清代史学家。

【钱】相传颛顼(zhuān xū)的玄孙名彭祖,西周时,彭祖的后裔彭孚,在周朝做钱府上士（钱府，掌管钱财的官署；上士，官名）。他的后代就以祖上官职名为姓。因西周建都于镐（hào）京（今陕西西安），故钱姓形成于陕西。另一说，彭祖姓篯（jiān）名铿，其子孙去"竹"字头而为钱氏。

● **名人代表**

钱学森（1911—2009）：出生于上海，祖籍浙江杭州，是享誉海内外的国家杰出贡献科学家和中国航天事业的奠基人，中国科学院、中国工程院资深院士，"两弹"一星功勋章获得者，被誉为"中国航天之父"。

钱　起：唐代诗人。　　　　**钱　镠**（liú）：五代时期吴越国创立者。

钱　穆：国学大师、教育家。　**钱锺书**：当代作家、文学研究家。

【孙】孙姓姓源诸多，据史书记载，最早可以追溯到3000多年前的周文王。一说源于周文王的后代惠孙，惠孙的后代为纪念他而取其名中的"孙"字为姓。一说源自田完后裔。齐桓公十四年（前672年），陈厉公的儿子陈完因为避难而到齐国，并改姓田。田完的五世孙田书在齐国屡立战功，被齐景公赐姓孙氏。当代孙姓人口主要分布于山东、河南两省。

● **名人代表**

孙中山（1866—1925）：名文，字德明，号日新，又号逸仙。中国近代伟大的民主革命家。他首举彻底反封建的旗帜，"起共和而终二千年封建帝制"。1905年，成立中国同盟会。1911年，被推举为中华民国临时大总统。遗著有《孙中山选集》《孙中山全集》等。

孙　武：春秋时期著名军事家、政治家。

孙　膑（bìn）：战国时期齐国著名军事家。

孙　权：三国时期东吴的开国君主。

孙思邈（miǎo）：唐代著名医学家。

孙过庭：唐代书法家。

【李】始祖名叫皋陶（gāo yáo），是黄帝孙子颛顼的后裔。皋陶在尧称帝的时候，曾经担任理官，主管司法。皋陶的子孙世袭其职，经历了虞、夏、商三个朝代，并且以官职名为姓，人称理氏。直至商朝末年，他的后代理征被纣王迫害致死。理征的妻子契和氏与儿子理利贞，一起逃难到伊侯之墟。因为逃难途中他们曾经躲在一棵李子树下,并且以李子充饥,才得以保全性命,所以改姓为李。

●名人代表

李 白(701—762):字太白,号青莲居士,又号"谪(zhé)仙人"。唐代伟大的浪漫主义诗人,被后人誉为"诗仙"。与杜甫并称为"李杜",为了与另两位诗人李商隐与杜牧(即"小李杜")区别,杜甫与李白又合称"大李杜"。其人爽朗大方,爱饮酒作诗,喜交友。有《李太白集》传世,代表作有《望庐山瀑布》《行路难》《蜀道难》《将进酒》《越女词》《早发白帝城》等多首。他的诗豪迈奔放,清新飘逸,想象丰富,意境奇妙,语言灵动。

李 冰:战国时期秦国著名水利工程专家。　　李 斯:秦朝丞相。

李 广:西汉名将。　　李世民:唐太宗。

李清照:宋代著名女词人。　　李时珍:明代医学家。

【周】出自姬姓,后稷(jì)的裔孙古公亶(dǎn)父(即周太王)为戎狄族所逼,率领族人迁徙至陕西岐山下周原(今陕西岐山北),从此称为周族。古公亶父的曾孙姬发,继承其父姬昌的遗志,联合诸侯,攻灭商朝,建立周朝。平王东迁,传至周赧(nǎn)王时,于公元前256年被秦国灭掉,以赧王为首的王族,都被废为庶人百姓。当地人称其为周家,于是他们就以周为姓。

●名人代表

周恩来(1898—1976):字翔宇,原籍浙江绍兴。伟大的马克思主义者,伟大的无产阶级革命家、政治家、军事家、外交家,中国人民解放军主要创建人之一,中华人民共和国开国元勋,中华人民共和国第一任总理。

周　瑜:东汉末年江东名将。

周敦颐:北宋思想家、理学家、哲学家、文学家。

周邦彦:北宋著名词人。

周树人:笔名鲁迅,现代伟大的文学家、思想家、教育家。

周汝昌:当代著名红学家。

【吴】吴姓起源于周太王古公亶父的儿子泰伯、仲雍的后代。泰伯、仲雍两人跑到东吴荆蛮地区后,自号"句吴"和"攻吴"。随着人口越来越多,他们就建立了吴国,定都于吴(今江苏苏州)。到十九世孙寿梦时,吴国国势强大,开始称霸。春秋末期被越国灭掉,亡国后的吴人纷纷以吴为姓。

● **名人代表**

吴道子(约680—759):又名道玄,阳翟(今河南禹州)人。唐代著名画家,画史尊称其为"画圣"。少孤贫,年轻时即有画名。曾任兖州瑕丘(今山东兖州)县尉,不久即辞官。后流落到洛阳,从事壁画创作。开元年间以善画被召入宫廷,历任供奉、内教博士、宁王友。曾随张旭、贺知章学习书法,通过观赏公孙大娘舞剑,体会用笔之道。擅佛道、人物、山水、鸟兽、草木、楼阁等,尤精于佛道人物。

吴　起:战国时著名军事家。　　　　**吴　广**:秦末农民起义军领袖。

吴承恩:明代小说家,《西游记》的作者。

吴三桂:明末清初著名政治、军事人物。

吴敬梓(zǐ):清代小说家,著有《儒林外史》等。

【郑】郑氏起源于姬姓,属于以国名为氏。西周时,周宣王的同母弟弟姬友受封于郑,为郑桓公,建立郑国。战国时,郑国为韩国所灭,其子孙播迁于陈国与宋国之间,以原国名郑为氏。

● **名人代表**

郑板桥(1693—1766):原名郑燮(xiè),字克柔,号理庵,又号板桥,江苏兴化人。应科举为康熙年间秀才,雍正年间举人,乾隆元年(1736年)进士。曾任山东范县(今属河南)、山东潍县县令,颇有政声。"以岁饥为民请赈,忤(wǔ)大吏,遂乞病归。"为"扬州八怪"之一,其诗、书、画世称"三绝"。擅画花卉木石,尤长兰竹。书法隶楷参半,自称"六分半书"。

郑　国:战国时水利专家。　　　　**郑　玄**:东汉著名学者。

郑　虔:唐代文学家、书画家。　　**郑　樵**(qiáo):南宋史学家。

郑光祖:元代戏曲家。

【王】出自姬姓,周文王的第十五子毕公高之后。因本来是王族,所以他们以王为姓。又东周灵王太子姬晋,因直谏被废为庶民,迁居于琅琊(今山东临沂),其后人为了纪念以前的王族身份,便以王为姓。按人口排序,当今王姓是第一大姓。

● **名人代表**

王羲之（303—361）：字逸少，号澹（dàn）斋，迁居山阴（今浙江绍兴）。官至右军将军，会稽内史，是东晋著名的书法家，被后人尊为"书圣"。他的儿子王献之的书法也很好，人称其父子为"二王"。其书法兼善隶、草、楷、行各体，风格平和自然，笔势委婉含蓄，道（qiú）美健秀。由其书写的《兰亭集序》为书家所敬仰，被称作"天下第一行书"。

王 弼：魏晋玄学主要代表人物之一，哲学家。

王 粲（càn）：东汉诗人、"建安七子"之一。

王 勃：唐代诗人、"初唐四杰"之一。

王 维：唐代诗人、画家。　　　　**王昌龄**：唐代诗人。

王安石：北宋宰相、"唐宋八大家"之一。　**王阳明**：明代心学集大成者。

王国维：近代国学大师。

◎ **说典**

擀面杖激将决策　陈桥驿黄袍加身

赵匡胤（yìn）是涿（zhuō）州（今属河北）人，出身于将官世家。后汉乾祐元年（948年），赵匡胤投奔后汉大将郭威，从此发迹。郭威建立后周后，赵匡胤成为后周的禁军将领。由于战功卓著，周世宗将赵匡胤提升为定国军节度使，又兼任殿前都点检，掌握了禁军兵权。后周显德七年（960年）正月初一，在赵匡胤的授意下，河北镇（今河北正定）、定（今河北定州）两州来人，风风火火地报告，说辽国和北汉联合出兵南侵，军情紧急。后周宰相范质、王溥（pǔ）等人急忙推举赵匡胤为帅，领军北上迎敌。这时候，京城里到处传言："出师的那一天，都点检赵匡胤将会做皇帝。"面对京城盛传的流言，赵匡胤感受到巨大压力，因为这是诛九族的罪过。他越想越害怕，有些举棋不定，最后决定跟家里人商议。赵匡胤的姐姐当时正在厨房做饭，闻听此言，抄起擀面杖跑过来，打了赵匡胤一下，说："男子汉大丈夫遇上大事，该如何处理，应当自己在心里做出果断的决定，跑到家里来吓唬我们这些妇女有什么用！"姐姐的激将法，使得赵匡胤下定发动兵变的决心。队伍行进到汴京东北的陈桥驿停下来。赵匡胤在其弟赵光义，以及赵普、石守信、王审琦等人的帮助和策划下，鼓动士兵发动兵变，黄袍加身，取代后周，即位称皇帝。这就是历史上有名的"陈桥兵变"。

◎ 求知

"赵钱孙李"四姓人数最多吗

"赵钱孙李"成为《百家姓》前四姓,是因为《百家姓》形成于宋朝初年的吴越地区,故而宋朝皇帝赵氏、吴越国王钱氏、吴越国王钱俶正妃孙氏,以及南唐国主李氏成为《百家姓》前4位,和当时这四姓的人口多少没关系。

当然,姓氏人口数量排名并不是固定不变的。

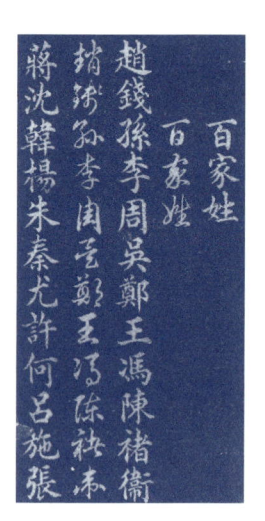

féng　chén　chǔ　wèi　　jiǎng　shěn　hán　yáng
冯　　陈　　褚　　卫　　　蒋　　沈　　韩　　杨

◎ 溯源

【冯】一支为周文王之后,他们的祖先是周文王的第十五个儿子毕公高。毕公高的后代毕万封在魏国冯城,其后人中有的就以封邑的名称为姓。另一支为周初冯夷国分裂后的冯国后裔。当今冯姓人口主要分布于广东、河南、河北、江苏、山东、云南等地。

● 名人代表

冯梦龙(1574—1646):明代文学家、思想家、戏曲家。最有名的作品为《喻世明言》(又名《古今小说》)、《警世通言》、《醒世恒言》,合称"三言"。"三言"与明代凌濛初的《初刻拍案惊奇》《二刻拍案惊奇》合称"三言二拍",是中国古代白话短篇小说的经典代表作。

冯　唐:西汉车骑都尉。　　　　冯　道:五代时曾任五朝重臣。
冯延巳:五代词人。　　　　　　冯子材:清末名将。
冯玉祥:民国时期著名将领。　　冯友兰:当代著名哲学家。

【陈】周武王建立周朝后,分封舜的第三十四代孙妫(guī)满在陈这个地方,建立了陈国。其后世子孙有以国名为姓的，这就是陈姓的由来。

● **名人代表**

陈子昂（659—700）：字伯玉，梓州射洪（今属四川）人。唐代文学家，初唐诗文革新人物之一。因曾任右拾遗，后世称其为陈拾遗。其诗风骨峥嵘，寓意深远，苍劲有力。

陈　胜：秦末农民起义军领袖。

陈　琳：东汉末年文学家、"建安七子"之一。

陈洪绶：明末清初画家。　　　　**陈　毅**：中华人民共和国元帅。

【褚】出自子姓，本为殷商王族后裔。春秋时期，宋共公子瑕有个儿子叫子段，字子石，受封于褚邑（今河南洛阳），因"其德可师"，故时人尊称之为"褚师"。在子段的后裔子孙中，有以先祖封邑名称为姓者，称褚氏；也有以先祖称号为姓者，称褚师氏，后有的省文，简化为单姓褚氏。

● **名人代表**

褚遂良（596—659）：唐初大臣、书法家。博学多才，精通文史。隋末时跟随薛举为通事舍人，后在唐朝任谏议大夫、中书令等职。唐贞观二十三年（649年）与长孙无忌同受太宗遗诏辅政，后坚决反对武则天为后，遭贬。工书法，初学虞世南，后取法王羲之，与欧阳询、虞世南、薛稷（jī）并称"唐初四大家"。传世墨迹有《孟法师碑》《雁塔圣教序》等。

褚少孙：西汉后期经学家、史学家。　　**褚飞燕**：三国时魏国将领。

褚　亮：唐代散骑常侍、书法家。　　**褚廷璋**：清代学者。

【卫】康叔是周文王的儿子，周武王的弟弟，被封于商朝故都殷地，建立了卫国，管理商朝的遗民。卫国被秦灭亡后，卫国贵族子孙便以国名为姓。

● **名人代表**

卫　青（？—前106）：字仲卿，河东平阳（今山西临汾）人。西汉时期名将，汉武帝第二任皇后卫子夫的弟弟。汉武帝在位时，卫青官至大将军，封长平侯。卫青的首次出征是奇袭龙城，揭开汉匈战争汉朝反败为胜的序幕。曾七战七胜，收复河朔、河套地区，击破单于，为汉朝北部疆域的开拓做出重大贡献。卫青善于以战养战，用兵敢于深入，为将号令严明，对将士爱护有恩，对同僚大度有礼，位极人臣而不立私威。

卫　绾（wǎn）：西汉丞相。　　　卫　宏：东汉诗人。
卫　恒：西晋书法家。　　　　　卫　铄（shuò）：西晋书法家。
卫　玠：西晋名士。　　　　　　卫　泾（jīng）：南宋状元、参知政事。

【蒋】源于姬姓。西周初期，周公姬旦的第三个儿子伯龄被封于蒋，建立蒋国。蒋国灭亡之后，姬伯龄的后裔子孙就以故国名为姓。

● 名人代表

蒋　防（792—835）：唐代文学家、翰林学士。他写的《霍小玉传》是唐代传奇的代表作。

蒋　干：东汉名士。　　　　　　蒋　琬：三国时蜀汉丞相。
蒋　捷：南宋词人。　　　　　　蒋士铨（quán）：清代戏曲家、文学家。

【沈】源于姬姓，是黄帝的后裔。周文王第十子冉季载因平叛有功，被封到了聃国，"聃"又写作"冉"。因古时候，"冉"和"沈"同音，冉国又名沈国。春秋时，沈国灭亡，冉季载的子孙为纪念自己的国家，改姓为沈。当今沈姓人口主要集中于江苏、浙江两省。

● 名人代表

沈　括（1031—1095）：字存中，号梦溪丈人，浙江杭州钱塘（今浙江杭州）人。北宋杰出的科学家、政治家、军事家和文学家。一生致力于科学研究，在众多学科领域都有很深的造诣和卓越的成就，被誉为"中国整部科学史中最卓越的人物"。其名作《梦溪笔谈》，内容丰富，集前代科学成就之大成，在世界文化史上有着重要的地位。

沈佺期：唐代诗人。　　　　　　沈　周：明代画家。
沈德潜：清代诗人。　　　　　　沈葆桢（zhēn）：清代名臣。
沈德鸿：茅盾，现代著名作家。　沈从文：现代著名作家。

【韩】源自黄帝长子玄嚣（即少昊）一脉。这一脉延至西周，为周文王和周武王。西周灭商后，武王之子叔虞受封于唐，国号晋。他的后人姬万因功受封于韩地。姬万的玄孙韩厥，袭为晋国正卿。后来韩厥的七世孙韩景侯参与了三家分晋，建立韩国，并成为战国七雄之一。从韩厥开始，姬万的子孙正式以韩为姓。

● **名人代表**

韩 愈（768—824）：唐代古文运动的倡导者，宋代苏轼称他"文起八代之衰"，明人推他为"唐宋八大家"之首，与柳宗元并称"韩柳"，有"文章巨公"和"百代文宗"之名，著有《师说》《原道》等文章。

韩安国：汉代宰相。　　　　　　**韩 信**：西汉大将。

韩 滉（huàng）：唐代画家、宰相。　**韩 偓**（wò）：唐代诗人。

韩 琦：北宋名相。　　　　　　**韩世忠**：两宋间抗金名将。

【杨】源于姬姓，为黄帝后裔。一说，西周末年，周宣王把自己的小儿子尚父封到杨地，称为杨侯。后来，虽然杨国被吞灭了，但杨侯的子孙仍以封地名为姓。一说，杨姓人是唐叔虞的后代。

● **名人代表**

杨 炯（650—692）：唐初著名诗人。与王勃、卢照邻、骆宾王齐名，并称"初唐四杰"。

杨 震：东汉太尉。　　**杨 业**：小说中又名杨继业，北宋名将。

杨万里：南宋诗人。　　**杨士奇**：明代政治家。

杨靖宇：东北抗日联军的主要创建者和领导人之一。

◎ **说典**

火眼金睛褚遂良

褚遂良擅长书法，且颇负盛名，为"初唐四大家"之一。名副其实的唐人书风就是从褚遂良开始的。他不仅书法写得"古雅绝俗，瘦硬有余"，还有一双精妙神奇的书法鉴赏慧眼。

唐贞观十二年（638年），因著名书法家虞世南不幸病逝，唐太宗便召见褚遂良，并任命他为侍书。有一次，唐太宗征得一卷古人墨宝，便请褚遂良看看是否出自王羲之的手笔。褚遂良看了一会儿，便说："这是赝（yàn）品。"唐太宗听了颇为惊奇，忙问褚遂良是怎么看出来的。褚遂良便让唐太宗把墨宝拿起来，透过阳光看。褚遂良用手指着"小"字和"波"字，对唐太宗说："这个'小'字的点和'波'字的捺中，有一层比外层更黑的墨痕。王羲之的书法笔走龙蛇，超妙入神，不应该有这样的败笔。"唐太宗听了，打心眼里佩服褚遂良的眼力。此后，唐太宗征集到王羲之的墨迹，每逢真假难辨之时，总要请褚遂良帮他鉴定。后来，褚遂良还奉命将这些珍贵的书法编定目录，珍藏于宫廷内府。

◎ 求知

"姓"和"氏"是一回事吗

"姓"和"氏"在现代社会基本是一个相同的概念，而在远古时代则有着严格的区分。"姓"起源于母系社会，用来表示母系的血统，所以最早的人们，只知有母，不知有父。"氏"起源于父系社会，为同姓衍生的分支，本来为同姓各部落的名称，后来则专指部落的首领。国家产生以后，不少封国和官职也成了氏的名称。在古代，封国和官职可世袭，氏也就随之可以世袭了。一旦失去了封国和官职，氏就开始演变成家庭的标志。所以这时只有贵族才有姓氏，平民和奴隶是没有姓氏的。一般女子称"姓"是用来"别婚姻"，男子称"氏"则用来"明贵贱"，两者的作用不一样。

我国现行的姓氏，是在远古姓氏的基础上发展演变而来的。随着母系社会的分化和瓦解，以及氏族社会的巩固和发展，远古"姓"的概念逐步被削弱，被淡化，被遗忘。从黄帝以后到西周初期一千多年的时间内，姓已逐步变得可有可无，氏成为一个人的主要称谓符号。现今的姓氏，多数确立于春秋至秦汉时期，有的则更晚一些。在这一时期，"姓"和"氏"之间的远古概念和差别已经逐步消失，人们干脆把"姓""氏"合一，"姓"开始成为姓氏的总称，亦即现代"姓"的真正含义。

zhū　qín　yóu　xǔ　　hé　lǚ　shī　zhāng
朱　秦　尤　许　　何　吕　施　张

◎ 溯源

【朱】一说，远古的时候有个把蜘蛛当作图腾的部落，叫作朱襄氏族，他们的后代就姓朱。还有一说，黄帝的后代颛顼的后人曹挟（xié），在周武王的时候被封在邾。邾国后来被楚灭掉了，其后人就去掉表示封地的偏旁"阝"，成为朱姓。

● 名人代表

朱　熹（1130—1200）：字元晦（huì），号晦庵，徽州婺（wù）源（今属江西）人。南宋著名的理学家、思想家、哲学家、教育家。朱熹集理学之大成，他发展了二程的理气学说，世称程朱学派，在明清两代被逐步确立了儒学正宗的地位。著有《四书章句集注》《周易本义》《诗集传》《楚辞集注》，后人编纂《晦庵先生朱文公文集》和《朱子语类》等。

朱买臣：西汉名臣。
朱元璋：明太祖。
朱自清：现代著名作家。
朱淑真：南宋女词人。
朱彝（yí）尊：清代词人、学者、藏书家。
朱　德：中华人民共和国元帅。

【秦】上古有个叫非子的人，善于驯养马匹，被周孝王封为秦地的首领，建立了秦国。汉代的时候，秦国的王亲国戚便以故国名为姓。

● 名人代表

秦　观（1049—1100）：字太虚，又字少游，北宋高邮（今江苏高邮）人。世称淮海先生，"苏门四学士"之一，被尊为婉约派一代词宗，官至太学博士、史馆编修。代表作品有《鹊桥仙》等，作品集有《淮海集》《淮海居士长短句》等。

秦　非：春秋末年孔子弟子。
秦　琼：隋末唐初名将。
秦　仪：清代著名书画家。
秦越人：扁鹊，战国时名医。
秦九韶：南宋数学家。
秦蕙田：清代学者。

【尤】尤姓是由沈姓改过来的。五代十国时，王审知建立闽国。由于"审""沈"同音，为了避王审知的名讳，闽国的沈姓人就把姓改造了一下，变成了字形相像的"尤"。从此，就有了尤姓。当今尤姓人口分布以福建最多。

● 名人代表

尤　袤（1127—1202）：字延之，常州无锡人。南宋诗人。少颖异，入太学，以辞赋冠多士，绍兴十八年（1148年）擢（zhuó）为进士，任泰兴令时有政绩。累官至礼部尚书兼侍读。与杨万里、范成大、陆游并称"中兴四大家"，又称"南宋四大家"。

尤叔保：宋代书画家。
尤时泰：宋代名士。
尤　怡（yí）：清代医学家、诗人。
尤　概：宋代官吏、诗人。
尤　侗：明末清初学者。

【许】周武王时，许由的后裔姜文叔受封于许地（今河南许昌一带），并建立了许国。春秋时许国并入楚国，姜文叔的后人就以许为姓。

● **名人代表**

许 慎（约58—约147）：字叔重，汝南召陵（今属河南省）人。东汉著名经学家、文字学家。师事贾逵，学习古文经学，为马融所推重，时人誉称"五经无双许叔重"。举孝廉，历任洨长、太尉南阁祭酒。著有《说文解字》和《五经异义》等书。

许 扬：汉代水利专家。　　　　**许 劭**（shào）：东汉学者。

许 浑：唐代诗人。　　　　　　**许 衡**：元初学者。

【何】一支源于归姓，是黄帝时代东夷族归夷中以荷花为图腾的一支。一支出于姬姓，是周武王最小的儿子韩侯的后代。秦灭韩以后，为绝后患，便下令搜捕逃亡贵族。有一队秦吏搜捕到一个叫作东乡津（今安徽庐江）的地方，碰到了韩王安的儿子韩瑊（jiān），盘问他的名字。韩瑊不敢说自己的名字，就指着冰凉的河水说："姓此。"他的意思是说："我的姓与'寒'同音。"但是秦吏误会了，以为是姓"河"。后来，韩瑊知道了原委，非常后怕，说："我们保住了命，全凭这'河'呀！"于是，就把原来的韩姓改成了何姓。当代何姓人口以四川、广东、湖南三省居多。

● **名人代表**

何绍基（1799—1873）：字子贞，号东洲，湖南道州（今道县）人。晚清诗人、画家、书法家。道光年间进士，曾任四川学政，主持福建等地乡试。通经史、小学，据《大戴记》考证《礼经》。书法初学颜真卿，又融汉魏而自成一家，尤长于草书。著有《惜道味斋经说》《东洲草堂诗集》《东洲草堂文钞》《说文段注驳正》等。

何 敞：东汉官员。　　　　　　**何 进**：东汉大臣。

何 晏：三国时魏国学者。　　　**何景明**：明代文学家。

【吕】炎帝的后代。远古时伯夷帮助尧帝掌管泰山等处的祭天仪礼，又协助大禹治水，被封为吕侯，于是他的后代就用吕作为姓。当今吕姓人口分布以山东、河南居多。

● **名人代表**

吕　蒙（179—220）：汝南富陂（pí）（今安徽阜阳东南）人。东汉末年东吴名将，文武双全。他先在"赤壁之战"中与周瑜等大破曹军，后打败关羽，夺回荆州，堪称战功赫赫。后被封南郡太守、孱（chán）陵侯。

吕不韦：战国后期秦国相国。　　**吕　布**：东汉末年名将。
吕蒙正：北宋宰相。　　　　　　**吕　端**：北宋宰相。
吕夷简：北宋宰相。　　　　　　**吕公弼**（bì）：北宋大臣。

【施】一支来自夏朝的施国，后人以国名为姓。一支来自姬姓，春秋时期，鲁惠公的儿子尾生，字施父，后人把他的字作为姓。还有一支来自子姓，按照所从事的职业，殷商的遗民被分成七族，其中一族叫"施"，是做旗子的。当今施姓人口主要集中于江苏、福建、浙江等省。

● **名人代表**

施耐庵（1296—1370）：元末明初人，中国古代著名作家，《水浒传》的作者。祖籍泰州海陵县，居于苏州阊（chāng）门外施家巷，后迁居兴化县白驹场（今江苏大丰）。

施肩吾：唐代诗人。　　　　　　**施　琅**：清代名将。
施世纶：清代官员，施琅之子。　**施国祁**（qí）：清代学者。

【张】黄帝的一个孙子叫挥，他从星星的排列形状得到启发，发明了弓。因此，他被任命为弓正（官名），也叫弓长，负责管理制造弓箭。后人也就以张（弓长）为姓。还有一支，来自春秋时代晋国一个叫解张的大夫，他的字是张侯，后人以他的字为姓。按人口排序，当今张姓为中国第三大姓，主要集中于河南、山东、河北、四川等省。

● **名人代表**

张择端：生卒年不详。字正道，东武（今山东诸城）人。北宋末年杰出的画家。其作品大都失传，存世的《清明上河图》《金明池争标图》，皆为我国古代著名的艺术珍品。这两幅作品现存北京故宫博物院。

张　良：西汉著名谋士。　　　　**张　骞**：汉代外交家，打通了陆上丝绸之路。
张　衡：东汉著名天文学家。　　**张居正**：明代首辅。

张之洞：晚清思想家、政治家。　　张学良：著名爱国将领。

◎ 说典

画龙点睛

"画龙点睛"源于唐代张彦远的《历代名画记》，又见于明代无名氏的《宣和画谱》。

南北朝时期的张僧繇（yáo）是有名的画家，画技非常高超。相传他在金陵（今江苏南京）安乐寺的墙壁上画了四条龙，条条栩栩如生、活灵活现，但是都没有点上眼睛，令人看后总觉得有点美中不足。有人问他其中的缘由，他说："如果点上眼睛，龙就要飞走啦。"人们对此非常怀疑，一定要他试一试。张僧繇无奈，只好答应大家的要求，给其中的两条龙点上了眼睛。谁知刚一点上，顿时乌云翻滚，雷电交加，两条龙果然破壁而起，飞走了。这个故事是人们仰慕张僧繇的绘画才能而编造出来的。

后来，人们把这个故事概括成"画龙点睛"，用来比喻人说话或者做文章时，在关键处用一两句话点明要旨，使他说的话或写的文章更加鲜明、生动和深刻。

◎ 求知

《古诗四帖》

《古诗四帖》是唐朝书法家张旭的代表作。张旭书法功力深厚，并以精能之至的笔法和豪放不羁的性情，开创了狂草书风格的典范。张旭以独特的狂草书体，在名贵的"五色笺"上，纵情挥写了南北朝时期两位文豪——谢灵运与庾（yǔ）信的古诗，共4首。作品落笔力顶千钧，倾势而下，行笔婉转自如，有急有缓地荡漾在舒畅的韵律中。他的字奔放豪逸，笔画连绵不断，有着飞檐走壁之险。草书之美其实在于信手拈来，一气呵成，给人以酣畅淋漓之感。《古诗四帖》现收藏于辽宁省博物馆。

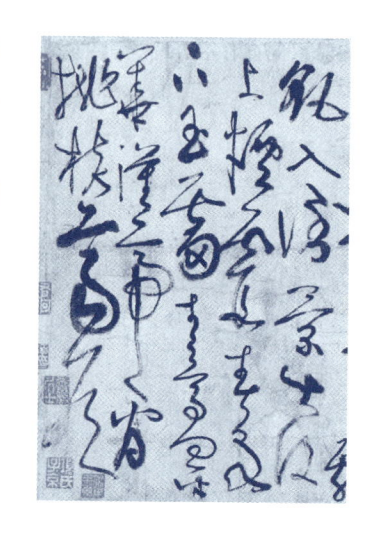

孔 曹 严 华　金 魏 陶 姜
(kǒng cáo yán huà　jīn wèi táo jiāng)

◎溯源

【孔】 建立商朝的成汤名太乙，姓子，汤后人中的一支就把"子"和"乙"组合在一起，形成了一个新的姓——"孔"。当代孔姓人口以山东、浙江、江苏、吉林居多。

●名人代表

孔　子（前551—前479）：名丘，字仲尼，鲁国（今山东曲阜）人。春秋末期思想家、政治家、教育家，儒家学派的创始人。相传孔子有弟子三千，其中身怀"六艺"者有七十二贤人，开平民教育先河，后世尊之为"至圣先师"。

孔　伋：字子思，作《中庸》。　　　　　**孔安国**：西汉学者。
孔颖达：唐代学者。　　　　　　　　**孔尚任**：清代戏曲作家。
孔德成：孔子第77代嫡长孙，袭封第31代衍圣公。
孔繁森：优秀援藏干部，党员领导干部楷模。

【曹】 周朝时，周武王的一个弟弟被封到曹邑（约今山东菏泽定陶一带），建立了曹国。曹国的子孙后来都以国名为姓，世代姓曹。早期的曹氏出于山东，长期在山东居住和繁衍，后迁徙山西、陕西、河北、安徽等地。曹姓是当今中国姓氏排行第32位的大姓。

●名人代表

曹雪芹（约1715—1763）：名霑（zhān），号雪芹、芹圃、芹溪，清代著名小说家。自曾祖起，三代任江宁织造，其祖父曹寅尤为康熙帝所信任。雍正初年，在统治阶级内部政治斗争牵连下，曹家受到重大打击，家产被抄，日渐衰微。曹雪芹随家人迁回京师居住。他早年经历了一段封建大官僚地主家庭的奢华生活，后因家道衰落，趋于艰困。晚年居住在北京西郊，贫病而卒，年未及五十。曹雪芹性情高傲，嗜（shì）酒健谈，具有深厚的文化修养和卓越的艺术才能。他以坚韧不拔的毅力，历经多年艰辛，终于创作出极具思想性和艺术性的伟大作品——《红楼梦》。

曹　刿（guì）：春秋时期鲁国名将。　　　**曹　参**：西汉丞相。
曹　操：东汉末年著名政治家、军事家、诗人。
曹　植：三国著名诗人。　　　　　　　**曹　霸**：唐代画家。

曹 鼐（nài）：明代政治家。

【严】严姓是由庄姓演变来的。春秋时，楚国有位君王叫侣（也作旅），死后追加称号，叫庄王，庄王的子孙就以庄作姓。东汉时，汉明帝叫刘庄，后为避明帝讳，庄姓人就改姓严。当今严姓人口尤以湖北、江苏、浙江三省居多。

● 名人代表

严 羽：生卒年不详。邵武人。宋代文学理论家，著有《沧浪集》二卷，现传世作品有《沧浪诗话》一卷。

严子陵：东汉名士。　　　　　严 武：唐代节度使。
严可均：清代学者。　　　　　严 复：近代著名翻译家、教育家。

【华】一说源自子姓，春秋时期宋国宋戴公封子孙于华邑，他的后代就以封地名为姓。一说源于姒（sì）姓，出自夏朝仲康封观于西岳华山，属于以居邑名为姓。当今华姓人口在陕西、上海、吉林、江苏等省市分布较多。

● 名人代表

华 佗（约145—208）：沛国谯（qiáo）〔今安徽亳（bó）州〕人。东汉末年医学家。精通内、外、妇、儿、针灸各科，曾用麻沸散使病人麻醉而手术，为世界医学史上最早的全身麻醉，首创五禽戏。后为曹操所杀。

华 歆（xīn）：三国时魏国大臣。　　华 峤（jiào）：西晋学者。
华 恒：晋朝大臣。　　　　　　　华蘅芳：清末数学家。
华彦钧：民间音乐家，即阿炳。其代表作为二胡名曲《二泉映月》。
华罗庚：现代数学家。

【金】源于远古黄帝的儿子少昊。少昊统治天下时，用金属做标志，所以有金天氏的称呼。传说少昊登上王位时，有金凤鸟飞来，人们认为这是吉祥的象征，于是他的部落就以凤鸟为图腾，旗上画有金凤。少昊的后代就以金为姓，世代相传。

● 名人代表

金圣叹（1608—1661）：明末清初文学评论家。为文怪诞，性情狂傲，不求功名，以著述为务。提出"六才子书"（一《庄子》、二《离骚》、三《史记》、四《杜工部集》、五《水浒传》、六《西厢记》）之说，其评语流传甚广。

金日䃅（mì dī）：西汉大臣。　　　　金　侃：明末清初藏书家、刻书家。
金　农：清代书画家，"扬州八怪"之首。　金　榜：清代著名学者。
金　和：清代诗人。　　　　　　　　　金岳霖：现代著名哲学家。

【魏】春秋时，晋国大夫毕万，被晋国君主晋献公封于魏邑。在"三家分晋"时，毕万的后代毕斯建立魏国，称魏文侯。后来魏国的公族子孙散居各地，相约以原国名为姓，世代姓魏。

● **名人代表**

魏　征（580—643）：馆陶（今属河北）人。唐代政治家。辅佐太宗开创"贞观之治"，被后人称为"一代名相"。曾任谏议大夫，敢于直言进谏，提出"兼听则明，偏信则暗""君，舟也；人，水也。水能载舟，亦能覆舟"等治世名言。先后谏二百余事，为太宗所器重。其博学多才，文采飞扬，著有《群书治要》等。

魏　延：三国时蜀汉大将。　　　　　魏　源：清代著名学者。
魏　巍：当代著名作家。

【陶】陶姓始祖是远古的尧帝。尧在任部落首领之前，曾在今天的山东菏泽定陶一带制陶。后来尧出了名，大家称他为陶尧，将他制陶的地方叫作陶丘。尧的子孙中，有人以制陶为荣耀而姓陶，世代延续。陶姓分布以江苏、上海、浙江三省市为多。

● **名人代表**

陶渊明（约365—427）：字元亮。一说名潜，字渊明。陶侃（kǎn）曾孙，浔（xún）阳柴桑（今江西九江西南）人，东晋大诗人、文学家。其文章不群，词采精拔；其诗更卓然高标，独树一帜，影响深远。代表作有诗歌《读山海经》《咏荆轲》《归园田居》，散文《桃花源记》，辞赋《归去来兮辞》等。

陶　谦：东汉末年徐州牧。　　　　陶　侃：东晋大臣。
陶弘景：南朝著名隐士。　　　　　陶宗仪：元末明初文学家、史学家。
陶　澍（shù）：清代学者。　　　　陶行知：现代著名教育家。

【姜】远古时期的神农氏，出生在今陕西岐山西南方的姜河岸。神农氏的亲族就

19

以地名为姓，形成姜姓。

● **名人代表**

姜　夔（1154—1221）：南宋著名词人、音乐家，号白石道人，鄱（pó）阳（今江西鄱阳）人。工诗，擅音乐，满腹经纶，后由于秦桧当政而隐居。

姜　维：三国时期蜀汉大将。　　姜公辅：唐代宰相。
姜立纲：明代书画家。　　　　　姜　彭：清代画家。

◎ **说典**

不为五斗米折腰

"不为五斗米折腰"出自《晋书·陶潜传》："吾不能为五斗米折腰，拳拳事乡里小人邪。"陶渊明最后一次做官，已过"不惑之年"。在朋友的劝说下，他再次出任彭泽县令。到任第81天时，陶渊明碰到浔阳郡派遣督邮来检查公务。浔阳郡的督邮刘云，以凶狠贪婪闻名远近，每年两次以巡视为名向辖县索要贿赂，每次都是满载而归，否则就会栽赃陷害。县吏说："当束带迎之。"就是应当穿戴整齐、备好礼品、恭恭敬敬地去迎接督邮。陶渊明叹道："我岂能为五斗米向乡里小儿折腰！"意思是：我怎能为了县令的五斗薪俸，就低声下气地去向这些小人行贿赂、献殷勤！说完，陶渊明就挂冠而去，辞官归乡。

◎ **求知**

九　族

"九族"泛指亲属。但"九族"所指，诸说不同。《三字经》中对"九族"的说法是"高曾祖，父而身；身而子，子而孙；自子孙，至玄曾；乃九族，人之伦"，说的是上自高祖、下至玄孙，即高祖父、曾祖父、祖父、父、身、子、孙、曾孙、玄孙。一说是父族四、母族三、妻族二，父族四是指姑之子（姑姑的子女）、姊妹之子（外甥）、女儿之子（外孙）、己之同族（父母、兄弟、姐妹、儿女）；母族三是指母之父（外祖父）、母之母（外祖母）、从母子（娘舅）；妻族二是指岳父、岳母。

qī xiè zōu yù　bǎi shuǐ dòu zhāng
戚 谢 邹 喻　柏 水 窦 章

◎ 溯源

【戚】春秋时期，卫国大夫孙林父受封于戚邑（今河南濮阳戚城）。孙林父的后代子孙居住于此，以封地名为姓。

● 名人代表

戚继光（1528—1587）：字元敬，号南塘，晚号孟诸。明代抗倭名将，杰出的军事家、书法家。戚继光编建新军，加强训练，纪律严明，将士无不用命，所率之军闻名当时，人称"戚家军"。著有《纪效新书》《练兵实纪》《止止堂集》《武备新书》等。

戚　衮：梁代太常博士。　　　　　　戚　仲：宋代画家。
戚同文：北宋诗人。　　　　　　　　戚文秀：宋代画家。
戚延龄：明代官员。

【谢】西周末期，周宣王将他的舅父申伯封在谢地。申伯受封后筑起了谢城，建立了谢国，其子孙后代就以地名为姓，世代姓谢。当今谢姓人口以广东、江西、四川、湖南四省居多。

● 名人代表

谢　安（320—385）：陈郡阳夏（今河南省太康）人。东晋宰相、太傅。与弟弟谢石、侄子谢玄通力合作，将号称拥有百万大军的前秦皇帝苻（fú）坚大败于淝（féi）水，创造了以少胜多的著名战例。

谢　玄：东晋名将。　　　　　　　　谢道韫（yùn）：东晋女诗人。
谢灵运：南朝著名诗人。　　　　　　谢　朓：南朝齐诗人。
谢觉哉：现代法学家、教育家。　　　谢婉莹：笔名冰心，现代作家。

【邹】源于姬姓，出自战国时期鲁穆公所改设的邹国，属于以国名为氏。一说源于子姓，出自商纣王的庶兄微子启后人的封地邹邑，属于以居邑名为氏。当今邹姓人口分布尤以四川、江西、山东、湖北、浙江、福建等省居多。

●名人代表

邹　容（1885—1905）：原名邹绍陶。1903年加入爱国学社，组建中国学生同盟会，写成著名的《革命军》一书，颂扬革命为世界之公理，自称"革命军中马前卒"。

邹　忌：战国时齐国相。　　　邹　阳：西汉文学家。
邹元标：明代名臣。　　　　　邹韬奋：现代著名新闻记者、政论家、出版家。

【喻】一说喻姓的得姓始祖是谕猛。谕猛，字骄孙，汉和帝永元己丑年（公元89年）升苍梧太守，为官清廉，郡人称之。后改姓喻，为喻姓第一大支始祖。一说源于芈（mǐ）姓，春秋时期楚国公族有被封在喻地的，后即以"喻"为姓，属于以封邑名称为姓。

●名人代表

喻　皓：生卒年不详。浙东人，北宋初建筑家，特别擅长建塔。负责建造开封开宝寺塔时，考虑到开封地处平原，多西北风，就在建塔时使塔身略向西北倾斜，以抵抗主要风力。

喻汝砺：北宋名臣。　　　　　喻　樗（chū）：南宋初名臣。
喻　昌：清代名医。

【柏】源于柏皇氏。柏皇氏中有柏招，为炎帝之师。其子孙受封于柏（今河南舞阳与西平两县部分地区），后人便以封地名为姓。一说源于嬴姓，出自远古舜帝时期的贤人柏翳（伯益）。帮助舜帝驯养鸟兽，因功被舜帝赐姓嬴，此后柏翳便有了两个姓，即嬴姓和柏姓。柏翳就是柏姓的始祖。今柏姓也有读 bó 的。当代柏姓人口分布尤以湖南、山东、安徽等省居多。

●名人代表

柏良器：生卒年不详。唐代人，柏良器的父亲在"安史之乱"中被安禄山杀死，他立志为父报仇，少年从军，屡立战功，后被封为平原王。

柏　英：西汉大鸿胪。　　　　柏立本：清代画家、诗人。
柏　谦：清代书法家。

【水】大禹治水时，他的族人有的当了水工，后来就以水为姓。另外，在古时浙江有姓"水丘"的，后来由水丘改为水姓。

● **名人代表**

水佳胤（yìn）：生卒年不详，字启明。明代天启年间进士，任礼部郎。精通典故，谙（ān）熟兵法，升任建宁兵备参议。奉令平靖白莲教之乱，活捉教主王森。又奉令平靖粤寇，以锐不可当之势，肃清60余股贼寇。后人为纪念水佳胤的功德，在蓟（jì）州建造了水督庙。

水苏民：明初邵武知县。　　　**水乡漠**：明代宁国知县。

【窦】夏朝国君相被叛贼杀死时，他的后妃缗（mín）已怀孕，就从窦（墙洞）中逃出，逃回娘家有仍（今山东济宁），生下了遗腹子少康。后来少康恢复了夏朝，勤政爱民，史称"少康中兴"。少康的两个儿子仍然居住在有仍，就以窦为姓。窦姓人口在全国分布较广，尤以江苏省为多。

● **名人代表**

窦燕山：生卒年不详。五代后晋时期人，《三字经》中说："窦燕山，有义方。教五子，名俱扬。"由于窦燕山教子有方，其五子仪、严、侃、偁、僖，勤奋学习，先后登科。

窦　婴：西汉丞相。　　　　　**窦　固**：东汉名将。

窦建德：隋末农民起义军首领。　**窦　威**：唐代宰相。

【章】春秋时，姜太公的子孙被封在鄣（zhāng）地（今山东章丘），建立鄣国。鄣国后被齐灭掉，其后人以国名鄣为氏，又因为国家已不复存在，就去掉表示疆邑的"阝"，成为今天的章姓。当今章姓人口分布以湖北、浙江、江西等省居多。

● **名人代表**

章太炎（1869—1936）：浙江省余杭人。清末民初思想家、史学家、国学大师、民主革命家。曾参加维新运动、二次革命和护法运动。并参与组建光复会，后参加同盟会。研究范围涉及小学、历史、哲学、政治、佛学、医学等，著述甚丰。

章　邯（hán）：秦朝大将。　　**章　惇**（dūn）：北宋丞相。

章士钊：现代著名民主人士。

◎ 说典

风声鹤唳（lì），草木皆兵

东晋的时候，北方的前秦皇帝苻坚，想要征服东晋，统一天下。东晋大将谢石、谢玄率兵去淮河迎战。苻坚派东晋降将朱序去谢营劝降，可是朱序到了谢营不但没劝降，反而告诉谢石说："秦军虽夸口说有百万强兵，可大部分士兵还在路上，如果现在趁秦大军未到，晋军迅速打过去，败其先锋，后军锐气就可削弱。"于是谢石立刻派部下刘牢之率精兵5万，趁着天黑渡过洛涧，奇袭秦军，结果苻坚的军队大败。苻坚打了败仗，勃然大怒，他登上城楼，朝淝水南岸的晋军望去，不由得打了个冷战。苻坚远远望见晋军队伍整齐，士气高昂；再看，八公山上草木丛丛，迎风摇曳，以为那是晋兵，不由得惴（zhuì）惴不安，自言自语道："晋兵真不少啊！"后来秦军士气极度低落，苻坚对此已无能为力。结果秦军全线崩溃，苻坚中箭逃回洛阳，一路上"风声鹤唳，草木皆兵"。

◎ 求知

第一个姓氏

第一个姓氏诞生在河南。相传，6500多年前，人类的始祖伏羲带领族人来到河南淮阳，繁衍生息。他规定了姓氏，制定了婚嫁制度，教人结网捕鱼、饲养牲畜、烹制食物，推演出了八卦，制造武器用于战斗。伏羲氏姓风，因此，风成为中华第一个姓氏，淮阳也被誉为"羲皇古都"。

yún　sū　pān　gě　　xī　fàn　péng　láng
云　苏　潘　葛　　奚　范　彭　郎

◎ 溯源

【云】春秋时期有诸侯国妘国，又称郧（yún）国，后被楚国灭掉。其后代就以国名为姓，后分出四个姓：云、郧、芸和员（负，yùn）。

● 名人代表

云景龙：生卒年不详。字良遇，宋代许州人。乾道年间任慈州知州，为政严明，兴学校，劝农桑，谨身节用，又不为权要所屈。离任时，饯行者为之流泪。

云　敞：西汉末年大臣。　　　　云定兴：隋代大将。

【苏】周朝时，颛顼帝后裔司寇公受封于苏，建立苏国。其后代子孙遂以国名为姓，称苏氏。当今苏姓人口分布以广东省为多。

● 名人代表

苏　轼（1037—1101）：字子瞻，号东坡居士，宋代眉州眉山（今四川眉山）人。与父洵、弟辙合称"三苏"。北宋著名文学家、书画家。他写的文章挥洒畅达，因此被称为"唐宋八大家"之一。著有《东坡七集》《东坡乐府》《东坡易传》《东坡书传》等。

苏　秦：战国时期纵横家。　　　苏　武：西汉名臣。

苏良嗣：唐代宰相。　　　　　　苏　洵：北宋文学家。

苏　辙：北宋文学家。　　　　　苏舜钦：北宋诗人。

苏步青：现代著名数学家。

【潘】周文王第十五子毕公高封他的儿子伯季于潘邑（今陕西西安、咸阳一带），其子孙遂以邑名为姓，称潘氏。现在广东、江苏、安徽、内蒙古、河南、四川、湖北、浙江等省区多有此姓。

● 名人代表

潘　岳（247—300）：西晋文学家、名臣，以"美姿容"著称。善缀（zhuì）辞令，长于铺陈，造句工整，在当时与陆机受到同样的推崇。其《悼亡诗》为世代传诵。

潘　尼：西晋文学家。　　　　　潘　美：北宋大将。

潘　任：南宋抗元将领。　　　　潘天寿：现代画家。

【葛】葛国是夏朝的盟国，后被商汤灭，其国君后代就以国名为姓。而江南也有一支葛姓，始祖是汉时的葛庐，他帮助汉光武帝起兵立了大功，被封为侯爵。但他将封位让给了弟弟，自己则渡长江，居住在江南，其后代成为名门望族，世代姓葛。

● 名人代表

葛云飞（1789—1841）：字鹏起，号雨田，清代浙江山阴（今绍兴）人。道光年间武进士。为人刚毅勇敢，廉洁正直，曾自制两把宝刀，并分刻"昭勇""成忠"以自励。道光二十一年（1841年）九月英军再犯定海，葛云飞以定海主将的身份，团结从外地调来的郑国鸿、王锡朋二总兵共同抗敌，坚守阵地，奋战六昼夜。十月一日，葛云飞在抗击英军战斗中英勇战死。

葛　婴：秦末农民起义军领袖之一。　　葛　玄：三国时期东吴道士。
葛　洪：东晋名士。　　　　　　　　　葛　林：明代名医。

【奚】黄帝的后代奚仲曾担任夏朝的车正官，专门管理车子。据说奚仲是马车的发明者，先被封于薛，后又因功被封于奚，他的后代就以封邑名为姓。

●名人代表

奚　超：生卒年不详。徽墨的创始人。唐朝末年，奚超因避战乱携全家南逃至歙（shè）州，见当地松林茂密、溪水清澈，便定居下来，重操制墨旧业。他造出的墨"丰肌腻理，光泽如漆"。南唐后主李煜（yù）得奚氏墨，视之为珍宝，遂令奚超之子奚廷珪为墨务官，并赐国姓"李"作为奖赏，奚氏一家从此更姓李。歙州李墨遂名扬天下，世有"黄金易得，李墨难获"之誉。

奚　涓：西汉名将。　　　　　　　　　奚　斤：北朝后魏大将。
奚　鼐（nài）：唐代制墨专家。　　　　奚　陟（zhì）：唐代官员。

【范】尧帝的后代士会为晋国的上卿，因功被封于范。于是，士会的子孙便按照"以邑为氏"的习惯，以范为姓，世代繁衍下去。当代范姓人口主要分布于河南、安徽、山东三省。

●名人代表

范仲淹（989—1052）：北宋政治家、文学家。少时贫困苦学，出仕后有敢言之名。他在《岳阳楼记》中写的"先天下之忧而忧，后天下之乐而乐"，被世人奉为千古名句。

范　蠡（lǐ）：春秋时越国大夫。
范　增：秦汉之际项羽的谋臣。
范　晔（yè）：南朝宋史学家。
范　缜（zhěn）：南朝齐梁之际学者、思想家。
范成大：南宋诗人。
范文澜：现代史学家。

【彭】颛顼的后代陆终有六个儿子，其中第三子名铿，因功被封于彭地（今江苏徐州），建立大彭国。其子孙以国名为姓，称彭氏。彭铿是个有名的长寿者，经历了夏、商两代，所以又被称为彭祖。当今彭姓人口以湖南、四川、湖北等省分布居多。

● 名人代表

彭　蒙（约前370—前310）：战国时哲学家，齐国人，田骈（pián）的老师。主张"齐万物以为首"，强调事物的齐一、均一。认为对万物应做到"莫之是，莫之非"，因循自然，不置可否，与庄子思想有相通之处。

彭　越：西汉大将。　　　　　　彭　宣：西汉大司空。
彭　俞：宋代进士。　　　　　　彭　春：清代将领。
彭德怀：中华人民共和国元帅。

【郎】周朝时，鲁国的费伯率领军队驻扎在郎城（今山东济宁鱼台一带）。后来驻兵时间长了，费伯的不少族人就在郎城安居下来，并以地名为姓。

● 名人代表

郎士元：生卒年不详。字君胄（zhòu），唐代定州人。天宝年间进士，官至郢（yǐng）州刺史。工诗，擅长五律，与钱起齐名，时人喻称："前有沈宋，后有钱郎。"

郎　茂：隋代尚书左丞。　　　　郎　坦：清代议政大臣。

◎ 说典

划粥断齑（jī）

范仲淹从小家境贫寒，出生第二年，父亲便病逝了。范仲淹从小读书就十分刻苦，常去家附近长白山上的醴泉寺寄宿，昼夜苦读。那时，他的生活极其艰苦，每天只煮一锅粥，凉了凝固以后用刀划成四块，早晚各取两块，拌几根腌菜，调半盂醋汁，吃完继续读书。他勤奋好学的精神感动了寺院长老，长老送他到南都学舍学习。范仲淹十分珍惜新的学习环境，依然坚持简朴的生活习惯，婉拒富家子弟的馈赠，以磨砺自己的意志。后终成为北宋著名政治家、文学家。

◎ 求知

苏武牧羊

西汉天汉元年（前100年），苏武奉命作为中郎将持节出使匈奴，不幸被匈奴人扣留。匈奴贵族多次威胁利诱苏武，欲使其投降；遭到苏武拒绝后，将他迁到北海（今贝加尔湖）边牧羊，扬言要公羊生子才会释放他回国。在这里，与苏武做伴的是那根代表汉朝的节杖和一群羊。苏武每天拿着这根节杖放羊，心想总有一天能够拿着它回到自己的国家。渴了，就吃一把雪；饿了，就挖野鼠收集的野果充饥；冷了，就与羊依偎在一起取暖。这样日复一日，年复一年，节杖上挂着的旄（máo）牛尾装饰物都掉光了，苏武的头发和胡须也都花白了。始元六年（前81年），苏武方获释回国。苏武历尽艰辛，留居匈奴19年持节不屈。他去世后，汉宣帝将其列为"麒麟阁十一功臣"之一，以表彰其节操。

lǔ　wéi　chāng　mǎ　　miáo　fèng　huā　fāng
鲁　韦　昌　马　　苗　凤　花　方

◎ 溯源

【鲁】 周初，周成王封周公旦之子伯禽于鲁国（今山东曲阜），是为鲁公。后鲁国被楚国灭，其后代便以国名为姓。

● 名人代表

鲁　肃（172—217）：字子敬，临淮东城（今安徽定远）人。东汉末年江东杰出的政治家、外交家。他为孙权提出鼎足江东的战略规划，奠定了"三国鼎立"的格局。

鲁仲连：战国时齐国高士。　　　　**鲁　峻**：东汉学者。

鲁　胜：西晋学者。　　　　　　　**鲁　超**：清代广东布政使。

【韦】 韦氏正宗来源于彭姓，是颛顼之后。夏朝时，颛顼的一个后代被封在豕（shǐ）韦（今河南滑县东南），其子孙后代先以豕韦为姓，后简化为韦姓。另有一支源于韩姓，韩信被杀后，其子为了避祸，将"韩"字减半改姓为韦。当今韦姓人口主要集中在河南和广西。

●名人代表

韦应物（737—792）：唐代诗人，长安（今陕西西安）人。因出任过苏州刺史，世称"韦苏州"。其诗风恬淡高远，以善于写景和描写隐逸生活著称。今传有《韦江州集》和《韦苏州诗集》。

韦玄成：西汉丞相、学者。　　韦　贤：西汉学者。
韦处厚：唐代名相。　　　　　韦　庄：唐末词人。

【昌】黄帝的一个儿子名叫昌意，为嫘（léi）祖所生。他的后代就以其名字中的"昌"字为姓。

●名人代表

昌　豨（xī）：生卒年不详。三国时期魏国徐州太守。
昌　永：宋代名士。　　　　　昌应会：明代知县。

【马】由马服氏改变而来。战国时赵国大将赵奢于公元前270年打败秦军，赵惠文王因此把马服一地分封给赵奢。赵奢的子孙后代便以"马服"为姓，后又改为单姓马。

●名人代表

马　超（176—222）：字孟起，扶风茂陵（今陕西兴平）人。东汉末年及三国时期蜀汉开国名将，汉末群雄之一。刘备建立蜀汉后，马超官至骠（piào）骑将军、斄（tái）乡侯、凉州牧。

马　援：东汉名将。　　　　　马　周：唐代名臣。
马致远：元代戏剧家。　　　　马寅初：现代著名经济学家、教育家。

【苗】春秋时，楚国大夫伯棻（fén）因罪被杀，其子贲（bēn）皇逃到晋国，后被封于苗（今河南济源西），其后代就以邑名为姓。当今苗姓人口约一半集中在山东、甘肃、河南。

●名人代表

苗　发：生卒年不详。唐代壶关人。擅长写诗，与卢纶（lún）、吉中孚、司空曙、钱起等九人齐名，合称"大历十才子"。

苗晋卿：唐代宰相。　　　　　苗　训：宋初大臣。

苗　夔（kuí）：清代学者。

【凤】远古黄帝的曾孙帝喾（kù）时，凤鸟氏为历正（官名，专管历法天文，指导人们按照季节时令耕田种地和收获）。他的子孙便以凤为姓，世代相传，称凤氏。另一说，凤氏即风氏。

●名人代表

凤翕（xī）如：生卒年不详。字邻凡，明代吴县人。崇祯年间，任汉阳通判，虽然官职小，但非常尽忠负责。张献忠攻打汉阳，太守弃职逃跑。凤翕如组织民众，奋勇抗敌。张献忠猛攻七日，大感失望，遂放弃汉阳，攻打其他地方。崇祯皇帝为嘉许凤翕如的忠勇，升他为衡州知州。

凤　纲：汉代名医。　　　　　凤冠绥（suí）：现代采煤专家。

【花】出自华氏。北朝以前没有"花"字，"花"字出现后，一些人改华姓为花姓。花姓也有一部分是从满族姓氏转变而来的。当今花姓人口主要集中于辽宁。

●名人代表

花　云（1321—1360）：明初将领。凤阳府怀远（今属安徽）人。貌伟而黑，骁勇绝伦。1353年，花云到临濠（háo）投奔朱元璋，屡建奇功。1360年，花云守卫当涂，陈友谅来攻，城陷，花云被擒，后因坚持不投降而被陈军乱箭射死。朱元璋称吴王后，追封花云为东丘郡侯。

花敬定：唐代猛将。　　　　　花润生：明代诗人。

【方】黄帝伐蚩（chī）尤时，神农氏的后裔雷因功被封于方山，称方雷氏。其子孙以地名为氏，分为雷姓和方姓。周宣王时，方雷氏子孙中有一位叫方叔的将军，平定了荆蛮的叛乱，为周室的中兴立下大功。后世不少方姓宗谱采用了"周大夫方叔之后"之说。

●名人代表

方　苞（1668—1749）：字灵皋，晚年号望溪，安徽省安庆府桐城县（今安徽桐城）人。清代散文家，桐城派散文创始人，与姚鼐（nài）、刘大櫆（kuí）合称"桐城三祖"。

方　干：唐代诗人。　　　　　方　腊：北宋末年农民起义军领袖。

方孝孺：明代学者。　　　　　　**方志敏**：中国无产阶级革命家、军事家。
方东美：现代著名哲学家。

◎ 说典

画虎不成反类犬

东汉初年，伏波将军马援对子侄后辈教育十分严格，希望他们成为有用的人才。他不喜欢侄子马严和马敦在别人背后说长道短，便写了一封信《诫兄子严敦书》告诫他们，让他们学习龙伯高，而不要学习杜季良。信中说："龙伯高敦厚、周到、谨慎，口无异言，勤俭节约，清廉公正，很有威望。我很爱他、敬重他，愿你们向他学习。杜季良豪侠、好讲义气，忧人之忧，乐人之乐，好人坏人都合得来，他父亲死了，几个郡的人都来吊唁。我爱他、敬重他，但不愿你们向他学习。"因为学习龙伯高，达不到他的境界，还可以是一个谨慎勤勉的人，正如雕刻鸿鹄不成还可以像一只鹜（wù）。如果学习杜季良，达不到他的境界，就会堕落成为天下的轻薄儿，正如画不成老虎反而画得像一条狗一样。后遂以"画虎不成反类犬"比喻好高骛远，终无成就，反成笑柄。亦喻仿效失真，反而弄得不伦不类。

◎ 求知

《百家姓》为什么会成为童蒙读物

《百家姓》和《三字经》《千字文》一样，都是童蒙读物，并称"三百千"。《百家姓》将中华姓氏排列成四字一句，辅以韵律，供孩子们识字用。读来合辙押韵，朗朗上口。

《百家姓》之所以被选作童蒙读物，不只是为了教孩子们认字，还因为它汇聚的不是一般的汉字，而是做姓氏的汉字。中华民族历来重姓氏，以家族为中心，以血缘分别亲疏，这是中国传统文化的核心内容之一，可以说是中华民族极为重要的信仰。另外，古人识字先认《百家姓》还有礼节方面的考虑。人们初次见面，一般先问"您贵姓"，当对方告知姓氏后，如果你不知道或不会写，就会比较尴尬，而且也显得对别人不尊重。为使小孩子尽早记住别人的姓，家长从小教孩子识读《百家姓》，《百家姓》便逐渐成为重要的童蒙读物。

yú	rèn	yuán	liǔ	fēng	bào	shǐ	táng
俞	任	袁	柳	酆	鲍	史	唐

◎溯源

【俞】 黄帝时有名医跗（fù），其医术高超，精于腧经之治。腧，为"脉之所注"，因而大家都称名医跗为腧跗。又因古代"腧"字与"俞"字相通，后简写为俞跗。其后人为光大先人医术，即以物事为姓，称俞氏。当今俞姓人口主要分布于安徽、上海、福建、江西等省市。

●名人代表

俞大猷（1503—1579）：字志辅，号虚江，福建晋江人。明代抗倭名将。他博读兵书，有将才，历官参将、总兵、右都督等职。俞大猷曾屡率水军打败倭寇，所部被称为"俞家军"。他用兵先计后战，不贪近攻，"俞家军"所至之处，蛮番望风披靡（mǐ），再也不敢随随便便就骚扰明朝廷。

俞文俊：唐代名士。　　　　　　**俞　琰**：宋末元初道教学者。
俞　纲：明代大臣。　　　　　　**俞　山**：明代大臣。
俞　樾：清末学者。

【任】 黄帝的小儿子叫禹阳，受封于任邑，并建立了任国（在今山东济宁一带），他的子孙就以国名为姓。当今任姓人口主要分布于河南、河北、山东、山西等省。

●名人代表

任　颐（1840—1896）：任伯年，浙江山阴（今绍兴）人。清代画家。其父任鹤声，善画并长于写照。任颐年轻时从文学画，后得著名画家任熊赏识，收为弟子，并通过任熊介绍，又拜著名画家任薰为师。与任熊、任薰合称"三任"，与吴昌硕、蒲华、虚谷齐名，并称"清末梅派四杰"。其画风在江浙一带影响很大，代表作品有《观刀图》《九老图》《苏武牧羊图》等。

任不齐：孔门七十二贤之一。　　**任　敖**（áo）：西汉开国名臣。
任　光：东汉初名将。　　　　　**任　延**：东汉名吏。

任　昉（fǎng）：南朝梁文学家。　　　任　环：明代著名抗倭将领。
任弼（bì）时：中国共产党和中国人民解放军的卓越领导人。

【袁】周朝时，陈胡公十一世孙有一个叫诸的，字伯瑗（yuàn）。伯瑗的孙子涛涂用祖父的字"瑗"作为姓氏，因"瑗"与"袁"音近，后来便有了袁姓。

●名人代表

袁　枚（1716—1797）：字子才，号简斋，别号随园老人，钱塘（今浙江杭州）人。清代诗人，"江右三大家"之一。乾隆四年（1739年）进士，选庶吉士，曾任溧（lì）水、江浦、江宁等地知县。著有《小仓山房集》《随园诗话》《随园随笔》等。

袁　盎：西汉名臣。　　　　　　　袁　绍：东汉末政治家。
袁天罡（gāng）：唐代名士。
袁宗道、袁宏道、袁中道：明代文学家。
袁崇焕：明末名将。
袁隆平：中国杂交水稻育种专家、中国工程院院士。

【柳】春秋时期，鲁国有个士师叫展禽，即柳下惠，曾受封于柳下。其子孙便以封地名为姓，成为柳姓。当今柳姓人口尤以山东、四川、湖北、湖南居多。

●名人代表

柳宗元（773—819）：字子厚，唐代河东人，也称柳河东。"唐宋八大家"之一，唐代著名的文学家和哲学家，与韩愈齐名，并称"韩柳"。后人因其在文学上的卓越成就，建柳侯祠和他的衣冠墓，以示纪念。传世有《柳河东集》，也称《唐柳先生集》。

柳元景：南朝宋名将。　　　　　　柳　亨：隋代名臣。
柳　彧（yù）：隋代名臣。　　　　柳公绰（chuò）：唐代大臣。
柳公权：唐代大臣、著名书法家。　　柳　永：北宋著名词人。

【酆】周武王建立周朝后，将他的弟弟子于封于酆邑（今湖南永兴北）。其后代以地名为姓，酆姓由此产生。

● **名人代表**

鄢云鹤（1900—1988）：化学家、麻纤维专家。毕生致力于麻纤维的研究事业，创立苎麻化学脱胶和苎麻变性纤维技术，推动了苎麻生产工业化进程。

鄢去奢：北宋道士。　　　　　　　**鄢伸之**：南宋进士。
鄢寅初：元末明初名士。　　　　　**鄢　庆**：明代官员。

【鲍】春秋时期，有位叫敬叔的贵族在齐国做官，因功受封于鲍邑，人称鲍敬叔，其后代就以鲍为姓。当今鲍姓人口主要分布于浙江、山东、青海、江苏等省。

● **名人代表**

鲍　照（约415—466）：字明远，南朝宋文学家、诗人。所作长于乐府诗，多写边塞战争和征夫戍卒之情景。其七言乐府对后世影响甚大，著有《鲍参军集》。

鲍叔牙：春秋时齐国大夫。　　　　**鲍　宣**：汉代谏议大夫。
鲍敬言：两晋之际思想家。　　　　**鲍同仁**：元代名医。

【史】源于姬姓，出自周朝太史尹佚（yì），属于以官职名为姓。尹佚是见于史籍最早的史氏人物，古代文献多把他推为史氏始祖。西周初年，尹佚出任太史一职，为人严正，后人把他作为史官的楷模，并将史佚、姜太公、周公、召公合称为"西周四圣"。史佚的子孙后代便以先祖的官职名为姓，称史氏。当今史姓人口尤以湖南、山东为多。

● **名人代表**

史可法（1601—1645）：字宪之，又字道邻，祖籍北京大兴县（今北京大兴区），河南开封祥符县人，抗清名将。兵困扬州之际，他拒降固守，奋战到底，不幸英勇就义。

史　鱼：春秋时卫国史官。　　　　**史　游**：西汉学者。
史大成：清代名臣。

【唐】远古时，尧帝曾经在唐地做首领。尧死后，他的儿子丹朱被舜封为唐侯，建立唐国。唐国被灭以后，周成王封他的弟弟叔虞在唐，史称唐叔虞，叔虞的子孙有以唐为姓的，形成唐姓。

●名人代表

唐　寅（1470—1524）：字伯虎，号六如居士，明代文学家、书画家。自放名山大川，筑桃花坞以居，毕生致力于绘画，且能诗文，与祝允明、徐祯卿、文徵明并称"吴中四才子"，与沈周、仇英、文徵明合称"明四家"。著有《六如居士全集》《六如居士画谱》等。

唐　狡：春秋时楚国大将。　　　　**唐　眛**：战国时楚国名将。

唐　俭：唐代名臣。　　　　　　　**唐　英**：清代陶瓷艺术家。

唐君毅：现代著名思想家、哲学家。

◎说典

置水之情

东汉的时候，新任太守庞参前去拜访当地很有名望的隐居学者任棠。

庞参到了任棠家，站在院子里等候了一阵子。可是任棠并不跟庞参说话，只是从花圃中拔了很大一株名叫薤（xiè）的野草摆在地上，又把一盆水放在门口的屏风前，他自己则抱着小孙子跪在门口，低头不语。

庞参的随从很生气，质问任棠："本郡大人特意来看你，你怎么这么无礼呢？"任棠还是不说话。庞参拦住随从，看看任棠，又看看他放在地上的东西，思量了好一阵子，点点头说："任棠老先生这是在教我呀：一盆水，是要我做官清净如水，不可有贪念；拔出一大株薤草，是要我为老百姓铲除当地的恶霸；怀抱幼儿跪在门前，是要我照顾好本郡无依无靠的老人和孩子。"

后来，庞参在太守的职位上，果然按照任棠所教的，锄强扶弱，为百姓办了很多好事。南朝的沈约曾说："尽任棠置水之情，弘郭伋待期之信。"前一句就是称颂任棠用清水启迪为官者清廉爱民的良苦用心。

◎求知

家　谱

家谱，又称族谱、宗谱、家乘、房谱、世谱等，是同宗共祖的男性血亲集团，以特殊的形式记载本族世系和事迹的历史图籍，内容包括姓氏源流、家族迁徙、世系图录、人物事迹、风俗人情等。中国家谱历史悠久，产生于上古时期，完善于封建时代。数千年来，在不同时代，家谱显示了不同的形态，家谱文献是中华民族悠久历史文化的重要组成部分。中国的家谱一般都有家规族训，对于规范人生和教育子弟有着积极的意义。古代《颜氏家训》《柳氏家训》《朱柏庐治家格言》等都是很好的德育教材。

费 廉 岑 薛　雷 贺 倪 汤
（fèi lián cén xuē　léi hè ní tāng）

◎ 溯源

【费】 一说，远古大禹治水时，有位大臣叫伯益，因协助大禹治水有功，受封于大费，他的后代就有以费为姓的，如夏桀时去夏归商的费昌，就是伯益的后裔。一说，春秋时，鲁懿公的孙子大夫无极被封在费地，人称费无极，他的子孙就以其封地名为姓。费，古音读 bì。

● 名人代表

费 震：生卒年不详。明代鄱（pó）阳人，洪武初以贤良征，为吉水知州。因宽惠得民，升为汉中知府。岁遇灾荒，盗贼四起。费震发仓粟十余万斗贷民，到秋收时还仓。盗贼闻之，皆来归正。

费 穆：南北朝时期北魏将军。　　**费长房**：隋代著名佛教学者。

费冠卿：唐代诗人、著名孝子。　**费 襄**（xiāng）：唐代著名孝子。

费 杰：明代名医。　　　　　　**费 宏**：明代状元、内阁首辅。

【廉】 一说，远古黄帝的玄孙叫秦大廉，大廉的后代就以他名字中的"廉"字为姓。一说，元朝时，维吾尔族中有一人叫布鲁海牙。元朝廷封布鲁海牙为肃政廉访使的时候，正好他的儿子降生，他就以官职名为姓，给儿子取名叫廉希元。廉希元的后人与汉族人一起生活，友好相处，形成了一支廉姓。

● 名人代表

廉 颇：生卒年不详。战国时赵国将领，惠文王时，率军大破齐兵，拜为上卿。后又多次带兵打败齐、魏等国的军队，以勇敢善战闻名于诸侯。

廉 洁：春秋时卫国名士，孔子弟子。　**廉 范**：东汉云中太守。

廉 布：宋代画家。　　　　　　　　**廉希宪**：元初大臣。

【岑】 周武王建立周朝时候，分封了一大批功臣和贵族，他的堂弟姬渠被封在岑（今陕西韩城一带）。姬渠所封的爵位是子爵，所以人们称他为岑子。后来，岑子建立岑国，他的子孙后代就以国名为姓，形成岑姓。

● **名人代表**

岑　参（约715—770）：南阳（今属河南）人，唐代诗人，天宝年间进士。岑参曾为安西节度使高仙芝幕府掌书记，后任安西北庭节度判官，往来于北庭、轮台间。大历初任嘉州刺史，世称岑嘉州。诗风与高适相近，并称"高岑"，为盛唐边塞诗派杰出代表。著有《岑参集》，已佚（yì）。后人辑有《岑嘉州诗集》。

岑　彭：东汉大将军。　　　　　岑德润：隋代诗人。
岑文本：唐代宰相。　　　　　　岑安卿：元代名士。

【薛】 大禹为王的时候，黄帝的小儿子禹阳的第十二代孙子奚仲受封于薛（今山东滕州一带），建立了薛国。战国中期，薛国为齐国所灭，公子登出奔楚国，楚怀王赐食邑于沛地（今安徽宿州西北）。公子登遂率族人迁居于沛，以故国名为姓，称薛氏。当今薛姓人口分布以江苏、山西、陕西、河北、福建等省为多。

● **名人代表**

薛仁贵（614—683）：绛（jiàng）州龙门（今山西河津）人，唐代名将。骁勇善战，善于骑射。东征时"白衣驰敌阵"，大败高句丽；西征以"三箭定天山"，威震突厥。其对巩固唐王朝的边疆有很大贡献。

薛道衡：隋代著名诗人。　　　　薛　稷（jì）：唐代大臣、书画家。
薛　涛：唐代女诗人。　　　　　薛居正：北宋宰相。

【雷】 相传炎帝神农氏的九世孙雷，因战功被黄帝封于方山（今河南中北部嵩山一带），建立诸侯国。其子孙以国名为姓，为复姓方雷氏，后又分为两支，一支姓方，一支姓雷。当今雷姓人口以四川、湖北、陕西等省居多。

● **名人代表**

雷发达（1619—1693）：字明所，江西建昌（今永修）人。明末清初建筑工匠。曾参与过北京故宫太和殿等工程的重建，有"样式雷"之称。其后代继承其业，在工部样房主持宫廷的营造工作达二百余年，圆明园和颐和园中大部分建筑均为雷氏设计。

雷　义：东汉名士。　　　　　　雷　敩（xiào）：南朝宋时著名药物学家。
雷　焕：晋代天文学家。
雷　锋：中国人民解放军战士，全心全意为人民服务的楷模。

【贺】贺姓由庆姓转变而来，因为汉朝时汉安帝的父亲叫刘庆，为了避名讳，朝廷就让天下姓庆的人都改为姓贺。

● 名人代表

贺知章（约659—约744）：唐代著名诗人。少因文辞知名，晚年自号"四明狂客"。是著名的诗人和书法家，工书法，尤擅草隶，诗以七绝见长，通俗而时有新意。他的诗作《回乡偶书》《咏柳》广为传诵。

贺　铸：北宋著名词人。　　　　贺　岳：明代著名医学家。
贺　龙：中华人民共和国元帅。　贺绿汀（tīng）：当代著名音乐家。
贺　麟：现代著名哲学家。

【倪】春秋时期，郳国国君郳武公封其次子公子肥于郳（ní）（今山东滕州东），建立郳国。战国时，郳国被楚国灭亡，公子肥的后裔便以国名郳为姓，称郳氏。后来为避仇，去掉"阝"为兒（ní）氏，后又加"亻"旁成为倪姓。

● 名人代表

倪　瓒（1301—1374）：元代画家、诗人。其绘画实践和理论观点对明清文人画家有很大影响，享誉极高，与黄公望、吴镇、王蒙并称"元四家"。

倪　说：战国时期著名哲学家。　　倪若水：唐代名臣。
倪　曙：五代时期南汉大臣。　　　倪　思：宋代学者、官吏。

【汤】汤是上古著名的氏族领袖，打败夏朝的暴君桀（jié），建立了商朝，成为商朝的开国君王。汤王的后代有人就以祖先的名为姓，世代姓汤。

● 名人代表

汤显祖（1550—1616）：明代戏曲家、文学家。因触怒权贵，而招致非议与反对，后愤而弃官归里。之后居家二十余年，潜心研究词曲，专事著述，写成《紫钗记》、《还魂记》（即《牡丹亭》）、《南柯记》、《邯郸记》。

汤惠休：南朝诗人。　　　　　　汤　和：明代开国功臣。

汤克宽：明代抗倭名将。　　　汤贻汾：清代画家。

汤世澍：清代诗人、书画家。　　汤用彤：国学大师、哲学家、教育家。

◎ 说典

负荆请罪

战国时，赵国有一位足智多谋的上大夫蔺相如，还有一位英勇善战的大将军廉颇。蔺相如被封为上大夫，位居廉颇之上，廉颇对此很不服气，他对人说："我出生入死，立了许多战功，而蔺相如只凭三寸不烂之舌，就官居我之上，倘若被我遇见，我一定要当面羞辱他。"蔺相如听说后便处处忍让，到了上朝的日子故意装病在家，以免与廉颇发生争执。

有一天，蔺相如出门，远远看见廉颇的马车迎面而来，吩咐仆人调转车子行驶的方向，以避开廉颇。身边的人都说他太胆小了，蔺相如一笑，问大家："你们看廉将军与秦王哪个厉害？"大家异口同声地说："那当然是秦王厉害啦。"蔺相如又道："我敢在秦国当众呵斥秦王，又怎会偏偏怕廉将军呢？我只是想到，强秦不敢侵赵，是因为有我们两个人在，我们两人要是争斗起来，敌人就要来钻空子。我不能忘掉国家的安危啊！"

蔺相如的话传到了廉颇的耳朵里。廉颇感觉很惭愧，于是光着脊背，背着荆条，到蔺相如府上请罪。这就是成语"负荆请罪"的由来。

◎ 求知

姓氏来源知多少

1. 以居住地名、方位、封国名命氏。如赵、西门、郑、苏等。

2. 以古姓命氏。如任、子等。

3. 以先人名或字命氏。如汤、高、刁、公、施、皇甫等。

4. 以兄弟行次顺序为氏。如伯、仲、叔、季等。

5. 以官职名称命氏。如史、仓、库、司徒、司寇、太史等。

6. 以职业技艺命氏。如巫、屠、优、卜等。

7. 以祖上谥号为氏。如戴、召等。

8. 古代少数民族与汉族大融合，借用汉字单字为氏。如拓跋氏改为元氏、叱（chì）卢氏改为祝氏。

9. 因赐姓、避讳改姓氏。如李唐王朝赐给立有大功的大臣们以李姓，朱明王朝赐以朱姓；汉文帝名刘恒，恒姓皆因避讳改为常氏；晋朝帝王祖上有司马师，天下师姓皆缺笔改为帅氏。

10. 因逃避仇杀改姓。如端木子贡后代避仇改沐姓，牛姓避仇改牢姓等。

téng　yīn　luó　bì　　hǎo　wū　ān　cháng
滕　殷　罗　毕　　郝　邬　安　常

◎ 溯源

【滕】周武王封弟弟错叔绣于滕国。战国初期，滕国被越国灭，不久复国，后又被宋国灭掉。滕国国君的后代子孙以国名为姓，称滕氏。

● 名人代表

滕宗谅（991—1047）：字子京，北宋诗人，即宋代范仲淹《岳阳楼记》中提到的"滕子京"，与范仲淹是同科进士。因与梅尧臣在池州（今安徽贵池）西南牌楼镇大王洞赋诗唱和而名传千古。

滕　抚：汉代大将。　　　　**滕　胄**（zhòu）：汉代名士。
滕　修：西晋名将。　　　　**滕代远**：中华人民共和国第一任铁道部部长。

【殷】商朝中期，频生内乱。盘庚即位后，将都城从奄迁到殷，国势趋于稳定，所以历史上称为殷商。周武王灭商纣后，不少商族遗民便以殷为姓。

● 名人代表

殷　峤（？—622）：字开山，雍州鄠（hù）县（今陕西户县）人。唐代开国功臣，凌烟阁二十四功臣之一。

殷仲堪：东晋将领。　　　　　　**殷　浩**：东晋名臣。
殷　芸：南朝梁文学家。　　　　**殷树柏**：清代画家。

【罗】源于熊姓，属于以国名为姓。西周时有诸侯国罗国，国君姓熊。春秋时罗国为楚国所灭，国人遂以罗为姓。当代罗姓人口主要分布于四川、广东、湖南三省。

●名人代表

罗贯中：生卒年不详。元末明初杰出的小说家。相传他一生作过十七史演义，现存有《三国志通俗演义》（简称《三国演义》）、《隋唐两朝志传》、《残唐五代史演义》、《三遂平妖传》等，其中代表作《三国演义》为中国古代四大名著之一。

罗士信：唐初将领。	**罗　隐**：唐代文学家。
罗　邺（yè）：唐代诗人。	**罗洪先**：明代学者。
罗　牧：明末清初著名画家。	**罗荣桓**：中华人民共和国元帅。

【毕】周文王第十五子名叫姬高，被封在毕国，称为毕公高。毕公高与召公一起辅佐周康王，使周朝的经济文化有了较快的发展，形成"成康之治"的盛世。毕公高的后代以国名为姓。

●名人代表

毕　昇（约970—1051）：北宋人，活字印刷术的发明者。他研究过胶泥活字、木活字排版，活字可以多次使用。毕昇的活字印刷术被列为中国古代"四大发明"之一。

毕　宏：唐代画家。	**毕　耀**：唐代诗人。
毕士安：北宋宰相。	**毕　本**：明代画家。
毕　慧：清代女诗人、画家。	

【郝】传说远古时代，佐臣郝骨氏辅助太昊治理部落。到了商朝末期，郝骨氏的裔孙期，被商帝乙封在太原郝乡。于是期的后代就以封地名为姓，称郝氏。当今郝姓人口尤以河南、山西、河北三省为多。

●名人代表

郝　经（1223—1275）：元代泽州陵川（今属山西）人。家贫好学，深受元世祖忽必烈信任，中统元年（1260年）曾以翰林侍读学士使宋。他的文采不俗，治学务求实用，著作有《续后汉书》《太极演》《通鉴书法》等。

郝处俊：唐代官员。	**郝　澄**：宋代画家。
郝　锦：明代学者。	**郝懿行**：清代学者。

【邬】颛顼的后裔陆终的第四子求言（妘姓）被封于邬，其后代子孙以邬为姓。另有春秋时晋国正卿祁盈的家臣臧为祁氏管理封地邬邑，他的后代亦改称邬氏。

● **名人代表**

邬　彤：生卒年不详。唐代书法家。人称"寒林栖鸦"，少人能及。擅写草书，曾与书法家怀素论草书，怀素自叹不如。

邬　单：春秋时期孔子弟子。　　　邬克诚：南宋学者。
邬　信：明代学者。　　　　　　　邬佐卿：明代诗人。

【安】黄帝之孙名安，居于西方，建立安息国（今伊朗高原东北部），其后人以安为姓。当代安姓人口分布以山东、山西、河北、安徽、辽宁居多。

● **名人代表**

安　民：生卒年不详。宋代陕西长安（今西安一带）人。著名石匠。当时著名的石碑皆出其手。其品格高尚，不畏权贵，时颁蔡京所书《元祐党籍碑》于各州县，安民刻完碑后才知蔡京乃当朝奸臣，遂拒刻"安民刻石"四字，并拒收百两酬金，为人所称颂。

安　同：北朝北魏名将。　　　　　安鸿渐：唐代诗人。
安重荣：五代后晋名将。　　　　　安　然：明初名臣。

【常】一支出自黄帝的大臣。黄帝手下有两位大臣，分别叫常仪和常先，其后代以他们名字中的"常"字为姓，称常氏。二支出自姬姓。春秋时，卫国康叔的子孙以封地名为姓，称常氏。三支出自恒姓。西汉时，为避文帝刘恒名讳，将恒姓改为常姓。当今常姓人口分布以河南、山西、黑龙江、吉林、河北等省居多。

● **名人代表**

常遇春（1330—1369）：字伯仁，安徽怀远人。明代名将。臂长善射，勇力绝人。元末跟随刘聚起事，元顺帝至正十五年（1355年）投奔朱元璋，历官总管府先锋、都督、统军大元帅、中翼大元帅。一生为将，未曾败北。自言能将十万军横行天下，军中有"常十万"之称，人们美称他为"天下奇男子"。

常　播：三国时期名士。　　　　　常　璩（qú）：东晋史学家。
常　建：唐代诗人。　　　　　　　常香玉：豫剧表演艺术家。

◎ 说典

两面派

"两面派",一般指口是心非、善于伪装的人。那么,"两面派"一词是怎么来的呢?元朝末年,朱元璋领导的义军和元军在黄河以北展开了拉锯战。老百姓苦不堪言,谁来了都要欢迎,都要在门板上贴上红红绿绿的欢迎标语,两方军队来得勤,欢迎标语换得也快。豫北怀庆府人生活节俭,于是想出了个一劳永逸的办法:用一块薄薄的木板,一面写着欢迎元军的"保境安民"的标语,另一面写上欢迎义军的标语,哪方军队来了,他们就翻出欢迎哪方的标语,既省钱,又方便。但想不到这个办法后来竟惹出大祸。一次,朱元璋的大将常遇春率军进驻怀庆府,进城见家家门口五颜六色的木牌上满是欢迎标语,心里非常高兴。可是突然一阵狂风刮来,木牌翻转,他发现木牌反面全是欢迎元军的标语。常遇春恼怒之余,下令将凡是挂两面牌的人都满门抄斩。现在常说的"两面派",就是从怀庆府"两面牌"演变而来的,殊不知这里面还有一段血泪史。

◎ 求知

毕昇与活字印刷术

北宋庆历年间,一位叫毕昇(约970—1051)的平民创造了活字印版。他的方法是用胶泥刻字,字的厚薄像铜钱的边缘一般,每个字制成一个字模,用火烧烤使它变得坚硬。先放置一块铁板,上面用松脂、蜡混合纸灰这一类东西覆盖住。想要印刷时,就拿一个铁框子放在铁板上,然后密密地排列好字模。排满一铁框就作为一个印版,拿着它靠近火烘烤;等松脂等物开始熔化时,就拿一块平板按压它的表面,于是,排在板上的字模就平整得像磨刀石一样。如果只印制两三本书,这种方法不能算很简便;如果印刷几十乃至成百上千本书,这种方法就显得特别快捷。印刷时通常制作两块铁板,一块用于印刷,另一块排字模;这一块刚印完,另一块也已经准备好了。两块铁板交替使用,极短的时间就可以完成。每一个字都有好多个字模,像"之""也"等常用字,每个字有二十多个字模,以备同一块板里面有重复出现的字。字模不用时,就用纸条做的标签分类加以标示,每个韵部做一个标签,用木格把它们储存起来。遇到平时没有准备的生僻字,随即把它刻出来,用草火烧烤,很快可以制成。毕昇还试验过木活字印刷,由于木头的纹理有疏有密,沾了水就会变得高低不平,加之容易与药物互相粘连等原因,所以他没采用。而用胶泥烧制字模，使用完毕后，再次用火烘烤使药物熔化，用手一抹，那些字模就会自行脱落，一点也不会被药物弄脏。

yuè yú shí fù　pí bǐan qí kāng

乐 于 时 傅　皮 卞 齐 康

◎ 溯源

【乐】春秋时期，宋国国君宋戴公的儿子叫公子衎（kàn），字乐父。公子衎的第四世孙叫乐莒，是宋国的大司寇。乐莒的子孙就以其名字中的"乐"字为姓。乐（yuè）和乐（lè）是两个姓。

● 名人代表

乐　毅：生卒年不详。燕国大将。曾带领五国联军攻打齐国，大败齐军，所以他在中国古代战争史上是一位很有地位的军事家、军事将领。因功受封于昌国，号昌国君。

乐　羊：战国时魏国将军。　　　　　乐　恢：东汉名儒。

乐　进：三国时魏国猛将。　　　　　乐　广：晋代名士。

【于】一支源于周武王之子邘（yú）叔。西周初年，周武王封第二子于邘（称邘叔）。后来，邘叔的子孙就以国名为姓，有的姓了邘，有的则去掉"阝"姓于。一支出自古复姓淳于氏，唐代时为避唐宪宗李纯讳而改单姓于氏。当今于姓人口分布以山东省为多，黑龙江、辽宁、吉林、湖南、陕西等省亦多此姓。

● 名人代表

于　谦（1398—1457）：字廷益，浙江钱塘（今杭州）人。永乐年间进士，明代大臣。曾历任监察御史、巡抚、兵部右侍郎。巡抚河南、山西期间，平反冤案，赈济灾荒，颇得民心。英宗时，蒙古瓦剌（là）贵族也先率军来犯，英宗被俘。于谦等大臣拥立英宗的弟弟为皇帝，誓死保卫京师，击毙也先，大败瓦剌军。英宗被释放后，夺回帝位。于谦被捕下狱，以"意欲谋逆"罪被判处死刑，史称"行路嗟叹，天下冤之"。

于定国：西汉丞相。　　　　　　　于志宁：唐代宰相。

于慎行：明代文学家。　　　　　　于成龙：清代名臣。

【时】一支源于封地名。春秋时南方有时国，后被楚国灭，国人便以国名为姓。一支以先人名字为姓。春秋时，齐国有一位贤士，被人们尊称为时子，他的后代以其名字中的"时"字为姓。当今时姓人口分布以河南、山东为多。

● **名人代表**

时大彬（1573—1648）：明代制陶专家。他对紫砂陶的泥料配制、成型技法、造型设计与铭刻，都极有研究，确立了至今仍为紫砂业沿袭的用泥片镶接、凭空成型的高难度技术体系。

时 苗：三国时魏国官吏。　　**时 洪**：晋代道士。

时 澜：南宋学者。　　**时 铭**：清代学者。

【傅】商高宗武丁在位时，国势衰微，他在傅岩找到了一个叫说（yuè）的人（即傅说），并拜他为相，结果天下大治。傅说的后人有以傅为姓的。傅氏另有一支，因黄帝裔孙大由受封于傅邑，其后代以地名为姓。当今傅姓人口主要分布在山东、湖南等省。

● **名人代表**

傅 玄（217—278）：字休奕，北地泥阳（今陕西铜川）人。西晋哲学家、文学家，是傅姓族人中非常有学问的名人。其学问渊博，精通音律，于诗擅长乐府。在哲学上，他把自然界和人类历史都看作一种纯粹的自然过程，批判了有神论的世界观和玄学空谈。

傅 宽：汉初名臣。　　**傅 毅**：东汉文学家。

傅友德：明代名将。　　**傅以渐**：清代武英殿大学士。

【皮】春秋时期，周公旦后人仲山甫曾经辅佐周宣王，致宣王中兴，被封于樊国。仲山甫的子孙中有个叫樊仲皮的，后来做了周朝卿士。樊仲皮的后人以他名字中的"皮"字为姓。

● **名人代表**

皮日休（约828—约883）：唐代文学家。他的诗有两种不同的风格：一种继承白居易新乐府传统，语言平易近人，以《正乐府》为代表；另一种走韩愈逞奇斗险之路，以在苏州时与陆龟蒙唱和描写吴中山水之作为代表。

皮光业：五代时吴越国丞相。　　**皮龙荣**：南宋参知政事。

【卞】一支属于以国名为姓。相传黄帝有个儿子叫龙苗，龙苗的孙子姬明被封在卞国（今山东泗水县东的泉林镇卞桥村附近），史称卞明。其后代子孙以国名为姓，遂成卞氏。一支属于以封邑名为姓。西周时，周武王姬发的弟弟叔振铎的后人中有个勇士名庄，在鲁国做官，又被封于卞邑（今山东兖州、泗水一带），故时称卞庄子。其后人遂以卞为姓。

● **名人代表**

卞　和：生卒年不详。春秋时楚国人。相传他在荆山得一璞玉，先后献给楚厉王、楚武王，都被认为是石头，厉王、武王认为他犯了欺君之罪，分别砍去了他的左右脚。楚文王即位后，卞和怀抱璞玉坐在荆山下痛哭。文王令工匠雕琢璞玉，发现果真是宝玉，遂称此玉为"和氏之璧"。

卞　粹：晋代中书令。　　　　**卞　壸**（kǔn）：东晋初名臣、书法家。

卞大亨：南宋初学者。　　　　**卞　荣**：明代文学家。

【齐】周武王灭商后，姜太公被封于营丘，建立齐国（故城在今山东临淄），其子孙以国名为姓。当今齐姓人口分布以东北三省和河北、河南为多。

● **名人代表**

齐白石（1864—1957）：名璜（huáng），号白石，湖南湘潭人。著名画家。早年为木工，后定居北京，专以卖画、刻印为业。擅作花鸟虫鱼，亦画山水人物。篆刻初学浙派，后多取法汉代凿印。1953年，齐白石被授予"人民艺术家"称号。

齐　映：唐代官吏。　　　　**齐季若**：唐代官吏。

齐彦槐：清代科学家。

【康】周武王的弟弟康叔谥（shì）号"康"，后人有以其谥号为姓者，称康氏。当今康姓人口分布以安徽、四川、甘肃、山东、陕西五省居多。

● **名人代表**

康有为（1858—1927）：广东省南海人，近代资产阶级改良派代表人物之一。1895年联合会试举人上书朝廷，要求变法，后依靠光绪帝发动"戊戌变法"，促成"百日维新"。"戊戌变法"因遭慈禧太后镇压而失败，康有为遂逃亡日本。著有《新学伪经考》《孔子改制考》等作品。

康子元：唐代经学大师。	康昆仑：唐代琵琶演奏家。
康进之：元代剧作家。	康茂才：明初名将。
康　海：明代文学家。	康　涛：清代画家。

◎ 说典

画坛"南吴北齐"

"清代以来，绘事多主因袭，能独树一帜且画印俱精者，近代以来，唯'南吴北齐'可以称之。"这句话说的就是吴昌硕和齐白石两位画坛巨匠。吴昌硕汲古润今，不尚临摹，以篆籀之笔入画，古朴淳横。齐白石早年研习明末清初画家朱耷即大家熟知的"八大山人"之画风，后遇吴昌硕入室弟子陈师曾，乃引入吴画厚重浑朴之长，于己刚健劲挺之中，个性特出，尤擅水墨鳞介禽鸟，一时腾誉南北。齐白石57岁接受陈师曾的指点，决定"衰年变法"，改变自己一贯的绘画风格。绘画师法吴昌硕、徐渭、石涛等，主张艺术"妙在似与不似之间"，形成独特的大写意风格，开红花墨叶一派，达到了中国花鸟画高峰。

◎ 求知

《百家姓》为何以"赵钱孙李"开头

《百家姓》以赵姓开头，并非因为赵是天下第一大姓，而是因为《百家姓》成书于北宋初年，由宋代钱塘儒生所作。宋朝皇帝姓赵，赵自然成为那时"天下第一姓"，如果不将赵排在首位，就有"欺君之罪"，会引祸上身。五代十国时期，吴越国的国王姓钱，其后裔居住在浙江，所以，钱姓便排在第二位。吴越王钱俶的正妃姓孙，借钱氏之威势，孙姓又排在第三位。李是南唐李后主的姓，所以李姓排在第四。这就是《百家姓》的开篇语——"赵钱孙李"次序的由来。

wǔ　yú　yuán　bǔ　　gù　mèng　píng　huáng
伍　余　元　卜　　顾　孟　平　黄

◎ 溯源

【伍】黄帝为部落首领时，有位大臣名叫伍胥。伍胥就是楚国望族伍氏的始祖。伍氏家族传至春秋时期，楚庄王有位谋臣叫伍参，传说他便是伍胥的后裔。此后，伍参的后裔子孙遂以先祖名字中的"伍"字为姓。当今伍姓人口分布以湖北、湖南、广东居多。

● **名人代表**

伍　员（前559—前484）：字子胥（xū），春秋时吴国大夫。起初，伍员与父兄俱仕楚，后楚王听信谗言杀其父兄，他便逃往吴国，借助吴国的力量伐楚报仇。吴王夫差打败越国后，非但不听伍员进谏，释放越王勾践回国，而且听信谗言将伍员杀死。伍员死前预言越必灭吴，后吴国果然为越国所灭。

伍　孚：汉代校尉。　　　　　　**伍隆起**：南宋抗元名将。

伍文定：明代兵部尚书。　　　　**伍廷芳**：清末民初外交官、法学家。

【**余**】春秋时，周携王的子孙中有个叫由余的。由余本来在西戎为官，后奉命出使秦国，见秦穆公贤德大度，就留在秦国为臣。他为穆公谋划征伐西戎，使秦国成为西方霸主。由余的后代子孙以其名字为姓，有的姓由，有的姓余，二氏同出一宗。

● **名人代表**

余光中（1928—2017）：当代著名作家。祖籍福建永春，1928年生于江苏南京。他一生从事诗歌、散文的写作、评论和翻译，代表作有《蓝色的羽毛》《白玉苦瓜》《记忆像铁轨一样长》等。

余　懃（qín）：唐代大臣。　　　**余　靖**：北宋名臣。

余端礼：南宋宰相。　　　　　　**余象斗**：明代书商、小说家。

【**元**】一支出自商代太史元铣，曾反对帝乙把帝位传给辛（商纣），他的后代就以他名字中的"元"字为姓。一支出自姬姓，周文王第十五子毕公高的后代毕万被晋献公封于魏地，成为魏国先祖。魏武侯公子元的后代，以其名字为姓，称元氏。另有一支出自拓跋姓，为鲜卑族的后代，至北魏孝文帝时下诏改姓为元。

● **名人代表**

元好问（1190—1257）：字裕之，号遗山，金代秀容〔今山西忻（xīn）州〕人。金朝文学家。元好问天资聪颖，七岁能诗。兴定年间进士，官至尚书省左司员外郎，金亡不仕。古文继承韩柳，结构严密。诗主风骨，反对浮艳。其《论诗绝句三十首》在文学批评史上颇有地位。编有《中州集》《遗山集》《续夷坚志》。金庸小说中的"问世间，情是何物？直教生死相许"，正是出自他的词《摸鱼儿》。

元　宏：拓跋宏，北朝北魏孝文帝。　　元　稹（zhěn）：唐代诗人。

元　结：唐代诗人。

【卜】周文王的儿子叔绣曾任占卜之官，其后代以官名为姓，称卜氏。安徽、广西、广东、内蒙古等地多此姓。

● 名人代表

卜　商（前507—?）：字子夏，春秋末温（今河南温县）人。晋国学者。孔子得意门生，为孔门七十二贤之一，以文学见称。孔子死后，卜商在孔墓守孝三年，之后即到西河设教讲学，传播儒家思想，足迹遍布汾阳地区。卜商培养了不少治世人才，比较著名的有春秋战国时的吴起、李悝、公羊高、穀梁赤、段干木、田子方、禽滑厘等。

卜　式：西汉御史大夫。　　　　　　卜　惠：明代名医。

卜世臣：明代学者、传奇小说家。　　卜道英：清代名医。

【顾】夏代昆吾氏的子孙受封于顾国（今河南范县）。夏末商初时，顾国被商汤灭掉，亡国后的顾国王族子孙以国名为姓。另一支出自春秋时期越王勾践的后裔，勾践第八代孙被封为顾余侯，他的子孙以顾为姓。

● 名人代表

顾炎武（1613—1682）：明末清初人。他学识渊博，在国家典制、郡邑掌故、天文仪象、河漕、兵农，以及经史百家、音韵训诂等方面都有研究。著有《日知录》《音学五书》等。是我国历史上最受尊崇的学者之一。

顾恺（kǎi）之：东晋著名画家。　　顾　况：唐代诗人。

顾　瑛：元代文学家。　　　　　　顾宪成：明代名臣。

顾祖禹：清代地理学家。　　　　　顾贞观：清代文学家。

【孟】鲁庄公的弟弟庆父死后，他的儿子公孙敖继承庆父的禄位。因庆父在庶子中排行老大，而"孟"字在兄弟排行次序里代表最大的，又为避讳弑君之罪，所以，庆父的子孙改称孟孙氏。后来，孟孙氏又简化为孟氏。

● **名人代表**

孟　子（约前372—前289）：名轲（kē），字子舆（yú），邹国（今山东邹城）人。战国时期思想家、政治家、教育家，儒家代表人物，世称"亚圣"。政治上，主张法先王、行仁政；学说上，推崇孔子，反对杨朱、墨翟。孟子继承并发展了孔子的思想，提出"民贵君轻"的民本思想，曾游历于齐、宋、滕、魏、鲁等国。

孟　宗：三国时东吴孝子。　　　**孟　获**：三国时期蜀汉少数民族首领。
孟浩然：唐代诗人。　　　　　　**孟　郊**：唐代诗人。
孟　珙：南宋名将。　　　　　　**孟　善**：明初大臣。

【平】战国末期，韩哀侯之子诺被封于平邑。秦灭韩后，诺率族人迁居于下邑，他的孙子以原封地名为姓，称平氏。另外，战国时齐国大夫晏婴，字平仲，他的子孙以其字为姓，也称平氏。

● **名人代表**

平　当（？—前4）：字子思，汉代平陵人。以明经为博士。对于夏禹治水的情况很有研究，因此成帝封他为骑都尉，负责开河筑堤，防治水患。哀帝即位以后，升他为丞相，赐爵关内侯。后又要给他升官加薪，他因生病拒绝了。他说："我的官位已经够高了，薪俸已经够多了，给子孙留的财产太多，会使他们习惯于过奢侈生活而不思进取！"

平　安：明代将军。　　　　　　**平步青**：清代学者。
平　刚：近代民主人士。

【黄】皋陶的孙子大廉被禹封在黄，建立了黄国。大廉的后代就以黄为姓。一说，颛顼帝的曾孙陆终的后人受封于黄国，后被楚国灭，其子孙以原国名为姓。当今黄姓人口分布以广东、四川、湖南、广西、江西等地居多。

● **名人代表**

黄庭坚（1045—1105）：字鲁直，号山谷道人，又号涪翁，宋代分宁（今江西修水）人。北宋诗人、书法家。与张耒、晁补之、秦观合称"苏门四学士"。工诗，为"江西诗派"的开创人，并擅行、草书。著有《山谷内集》《山谷外集》《山谷别集》等。

黄　香：东汉名臣。　　　　　　黄　忠：东汉末年名将。
黄　巢：唐末农民起义军领袖。　黄道婆：宋末元初棉纺织家。
黄宗羲：明末清初著名思想家。　黄遵宪：清末政治家、诗人。
黄　兴：近代民主革命家。　　　黄继光：中国人民志愿军特级英雄。

◎ 说典

孟母断织

孟子是战国时邹国（今山东邹城）人，名轲，字子舆。他幼年丧父，家境贫困，靠母亲织布维持全家人的生计。孟母非常重视对孟轲的教育，盼望他成为一个有作为的人。初到学宫，孟轲的学习兴趣很浓厚，也很用功。但年幼的孟轲并不懂得母亲望子成龙的良苦用心，在学宫里读了一段时间书后，便整天只知玩耍。

有一日，孟轲趁老师不注意，偷偷地溜出学宫，跑回了家。正在家中辛苦织布的孟母见孟轲逃学回来，随手抄起身旁的一把利刀，猛地几下把织布机上马上就要织好的一块布拦腰割断了。孟母严厉地问道："这布匹断了还能再接起来吗？""不能。"孟轲怯声答道。孟母又说："你不专心读书，半途而废，将来也会像这断了的布匹一样，成为无用之人。"孟轲看看伤心的母亲，又看看被母亲割断的布，恍然大悟，一下跪在母亲面前，说："母亲，原谅孩儿吧，今后我一定好好念书，不再逃学。"后来，"孟母断织"这一典故，就被用来形容母亲对子女的有益教导。

◎ 求知

卜姓和占卜

卜姓系以职官、职业为姓，属于以技为氏，源于古代从事占卜职业的人。古代大凡出猎、征战、风雨、年成、祭祀、婚丧、疾灾等事，都要预知吉凶，于是就有了占卜的人，并产生了专管此事的官职。卜巫一般由氏族部落首领，或者首领的亲族，或者智者、长者担任。史称夏代开国君主夏启、夏王太康之弟曾任此职，又周文王之子滕叔绣亦曾任此职。春秋时，晋有卜偃、鲁有卜楚丘、秦有卜徒父，俱曾任此职。其后有以官职为氏者，遂称卜姓。尤可一提的是卜偃，其卜技高超，百不失一，史书对此有较详尽的描述。

和 穆 萧 尹　姚 邵 湛 汪
（hé mù xiāo yǐn　yáo shào zhàn wāng）

◎ 溯源

【和】 一说源于祝融氏，唐尧时，重黎原的后人羲和担任掌管天地四时的官。其后人以他名字中的"和"字为姓，遂成和氏。一说源于芈（mǐ）姓，出自春秋时期楚国大夫卞和之后。

● 名人代表

和 凝（898—955）：字成绩，郓州须昌（今山东东平）人。少好学，19岁登进士第。初仕后唐，继为后晋宰相。和凝喜好文学，长于短歌艳曲，有"曲子相公"之称。有集百卷，其长短名句《红叶稿》，又名《香奁（lián）集》。

和 洽：三国时魏国大臣。　　　　**和 峤**（jiào）：西晋中书令。

和 素：清代学者。

【穆】 春秋时期，宋宣公没有将君位传给自己的儿子与夷，而是传给了弟弟和，就是宋穆公。宋穆公去世后，群臣根据他的遗愿拥立与夷继位，即宋殇（shāng）公。宋穆公因此受到国人称赞，谥（shì）号为穆，宋穆公的支庶系子孙以此为荣，有的就以穆为姓。

● 名人代表

穆 宁（716—794）：唐代人，累官秘书监。个性秉直，奉公守法。穆宁家教很严，要求儿女一言一行不可失礼，让儿子从小熟读礼法。他和韩休两人都以家教严格出名，所以有成语形容有家教的人家为"韩穆二门"。

穆 崇：北朝北魏大臣。　　　　**穆修己**：唐代诗人、画家。

穆 赞：唐代大臣。　　　　　　**穆 修**：北宋文学家。

穆桂英："杨家将"故事中的女英雄，见于《杨家府演义》《杨家将演义》等明代小说。

【萧】 起源于西周初年，始祖名大心。大心由于功勋卓著而受封于萧，建立了萧国，人称萧叔。后来萧国为楚国所灭，大心的后代子孙便以国名为姓。四川、湖南、江西、湖北、山东、广东等省多此姓。

● 名人代表

萧 何（约前257—前193）：沛县（今属江苏）人，西汉政治家，开国功臣。秦末随刘邦起义，知人善任，在楚汉相争中为刘邦战胜项羽建立汉朝起到重要作用，后因功被封为酂（zàn）侯。

萧 衍（yǎn）：南朝梁武帝。　　　　萧 统：南朝梁文学家。
萧 瑀：唐初大臣。　　　　　　　　萧太后：辽代太后。
萧朝贵：太平天国西王。

【尹】一支源于上古少昊氏的后裔。少昊帝的儿子殷担任掌管百工的官——工正，受封于尹城〔今山西隰（xí）县东北一带〕，人称尹殷，他的后代子孙便以封地名作为姓。另一支源于商朝初年朝廷设立的"尹"（相当于后代的丞相）一职。担任这一官职是很高的荣誉，于是，这些尹的子孙很多都以尹为姓。

● 名人代表

尹 洙（1001—1047）：北宋文学家。他的文章内容多为讨论西北军政，风格简古，摆脱了宋初的华靡之风，有《河南先生文集》传世。

尹 文：战国时期思想家。　　　　尹 敏：东汉学者。
尹思贞：唐代工部尚书。　　　　　尹 昊：明代大学士。
尹 凤：明代抗倭将领。　　　　　尹继善：清代大臣。

【姚】相传五帝之一的舜因生在姚墟，其后代子孙便以地名为姓，称姚氏。另，春秋时有姚国，商族的后代生活在此地，并以国名为姓，称姚氏。

● 名人代表

姚 鼐（1731—1815）：清代著名文学家，与方苞、刘大櫆创立了清代散文重要流派——桐城派，三人并称为"桐城三祖"。姚鼐曾参加过清代《四库全书》的编纂，其治学以经为主，兼及子、史、诗、文，但他的主要文学成就在散文上。

姚思廉：唐代史学家。　　　　　姚 崇：唐代名相。
姚 枢：元代名臣。　　　　　　姚广孝：明代《永乐大典》纂修官。
姚 绶：明代官员、书画家。　　姚文然：清初名臣、文学家。

【邵】 周文王第五子召公奭（shì），受封于召（今陕西岐山西南），后又封于燕。至太子丹时，燕国为秦国所灭，其子孙遂以召为姓，后加"阝"为邵姓。

● **名人代表**

邵　雍（1011—1077）：北宋著名的哲学家。幼随其父邵古迁居河南共城苏门山下，后在苏门山聚众讲学，创办太极书院。著有《皇极经世》等作品。

邵信臣：西汉著名大臣。　　　　邵　续：晋代大臣。

邵　兴：南宋初名将。　　　　　邵长蘅：清代学者。

邵晋涵：清代史学家。　　　　　邵逸夫：著名慈善家、香港电影制片人。

【湛】 夏朝时，有个斟灌氏国。国家灭亡后，原斟灌氏族人为避害，便约定把原国名斟、灌二字各取一半，合成一个"湛"字，遂成湛姓。

● **名人代表**

湛若水（1466—1560）：字元明，号甘泉，广东增城甘泉都人。明代哲学家，被学者称为"甘泉先生"。从陈宪章游，是陈宪章弟子中成就最显著者。明弘治十八年（1505年）进士，历官南京吏、礼、兵部尚书。湛若水与王守仁皆以心学著名而分庭抗礼，反对王守仁"致良知"说。著有《湛甘泉集》。

湛　重：汉代大司农。　　　　　湛　贲：唐代诗人。

湛　俞：北宋官员。

【汪】 鲁国国君成公的儿子被封到汪邑，其后世子孙就以封邑名为姓。当今汪姓人口集中分布于安徽、湖北两省。

● **名人代表**

汪士慎（1686—1759）：字近人，号巢林、溪东外史等，安徽休宁人，寓居扬州。清代著名画家、书法家，"扬州八怪"之一。善于写诗，精通篆刻和隶书，工画花卉，尤其擅于画梅，笔墨清劲，对后世影响较大。

汪　藻：南宋初文学家。　　　　汪大渊：元代航海家。

汪廷讷：明代戏曲作家。　　　　汪曾祺：当代作家。

◎ 说典

成也萧何，败也萧何

西汉的萧何是汉高祖刘邦的重要谋臣，曾向刘邦推荐了善于用兵打仗的韩信做大将军，使之为汉朝的建立立下汗马功劳。后来，有人向刘邦的妻子吕后告发韩信谋反，吕后想把韩信召进宫来除掉，又怕他不肯就范，就同萧何商议。萧何设计以庆贺平叛胜利为理由，骗韩信进宫。韩信一进宫，就被吕后以谋反罪名杀于长乐宫钟室。民间因此有"成也萧何（韩信成为大将军是萧何推荐的），败也萧何（韩信被杀是萧何出的计谋）"的说法。

"成也萧何，败也萧何"，比喻事情的成败、好坏都由同一个人造成。

◎ 求知

姓氏中的多音字

有不少汉字，在作为姓氏时有它特殊的读音，这在姓氏学上被称为"异读"。由于姓氏中保留了古音，加之受地方方言影响，所以出现了"异读"现象。常见的姓氏用字异读有：

重：chóng，音崇；区：ōu，音欧；仇：qiú，音求；秘：bì，音闭；解：xiè，音谢；折：shé，音舌；单：shàn，音善；叶：shè，音摄；朴：piáo，音瓢；翟：zhái，音宅；查：zhā，音渣；万俟：mò qí，音莫奇；尉迟：yù chí，音玉迟。

还有一些姓氏用字，一字两音，代表了两个不同的姓，而且源流不一。如："乐"姓，北方读音与"月（yuè）"字同，而南方读音则与"勒（lè）"字同；"召"姓，汉族人读作"少（shào）"，而傣族人则读作"赵（zhào）"；原籍在中原一带的"覃"姓，读音作"谈（tán）"，而"覃"读音与"秦（qín）"字同音的，多为广西壮族姓氏。这些同字不同音者，分别表示不同的姓，不能认为是同一姓氏在不同地区、不同族属的不同读法。

qí　máo　yǔ　dí　　mǐ　bèi　míng　zāng
祁　毛　禹　狄　　米　贝　明　臧

◎ 溯源

【祁】出自姬姓，春秋时晋献侯四世孙奚为晋大夫，被封于祁（今山西省祁县），他的子孙就以封地名为姓。另一说，周朝有一个管理武器、盔甲的官叫祁父（fǔ），祁父的后代有的就以官职中的"祁"字为姓。当今祁姓人口以江苏为多。

● **名人代表**

祁　奚（前620—前545）：字黄羊。春秋时晋国大夫。孔子赞其："外举不避仇，内举不避亲，可谓尚公矣。"后世子孙遂尊祁奚为得姓始祖。

祁　午：春秋时晋国军尉。　　　　**祁　宰**：金代名医。

祁尔光：明代学者。

【毛】出自姬姓。周武王的弟弟毛叔郑于西周初年受封于毛国，他的后世子孙以其封地名为姓，遂成毛氏。当今毛姓人口多分布在浙江省。

● **名人代表**

毛泽东（1893—1976）：字润之，湖南湘潭人。马克思主义者，中国伟大的无产阶级革命家、战略家、理论家、军事家，中国共产党、中国人民解放军和中华人民共和国的主要缔造者和领袖，毛泽东思想的主要创立者。

毛　遂：战国时赵国平原君门客。

毛　亨：西汉初学者，世称"大毛公"。

毛　苌（cháng）：西汉初学者，世称"小毛公"。

毛伯温：明代大臣。

毛先舒：明末清初文学家，"西泠十子"之一。

毛　晋：明末清初藏书家。

【禹】一说出自大禹，禹的后代子孙以祖上的名字为姓，尊奉夏禹为禹姓的得姓始祖。一说出自春秋时期楚国的附庸国禹国，禹国公族就以国名为姓。当今禹姓人口主要分布于山东、河南、湖南、安徽等地。

● **名人代表**

禹之鼎（1647—1716）：清代画家。康熙中任鸿胪寺序班。他以善画供奉内廷，尤工写照，秀媚古雅，许多名人小像都出自他的手笔。

禹　祥：明代知县。　　　　**禹之谟**：近代资产阶级革命家、实业家。

【狄】一说源于周代，周代的时候狄族活动于齐、鲁、晋、卫之间，后世子孙于是以族名为姓，称狄氏。一说西周时，周成王封炎帝后裔孝伯于狄城（今山东省高青县南），建立了狄国。狄国灭亡以后，国人便以国名为姓，称狄氏。当今狄姓人口主要分布在山东、辽宁、吉林和黑龙江等省。

● **名人代表**

狄　青（1008—1057）：字汉臣，汾州西河（今山西）人。北宋名将。他出身贫寒，面有刺字，善骑射，勇而善谋，人称"面涅（niè）将军"。

狄　希：春秋时期酿酒师。　　　　**狄　山**：汉代博士。

狄仁杰：唐代名臣。

【米】源于官位，出自两周时期官吏舍人。舍人，亦称米史、粟史，主要职责就是掌管国库九谷六米的出入。在舍人的后裔子孙中，有以先祖官职名为姓者，称米氏。当今米姓人口尤以山东、山西、河北、河南等省为多。

● **名人代表**

米　芾（1051—1107）：北宋书法家、画家。其书法与苏轼、黄庭坚、蔡襄并称为"宋四家"。著有《书史》《画史》等。

米友仁：南宋书画家。　　　　**米万钟**：明代书画家。

米汉雯：清初书画家。

【贝】出自姬姓，文王庶子姬奭（shì）之后。姬奭的支庶子孙被封在巨鹿甘泉浿水流域，建立了郥国，其公族子孙就世代以国名为姓。后来他们去掉"阝"旁，遂为贝氏。当今贝姓人口主要分布在江苏、广东二省。

● **名人代表**

贝义渊：生卒年不详。吴兴（今浙江湖州）人。南朝时期梁国著名书法家。擅书法，尤其擅长大字，其字精严遒（qiú）劲，笔势灵动。所书大字带行书笔意，更为雄健。

贝钦世：宋代江阴知县。　　　　**贝青乔**：清代诗人。

贝时璋：现代生物学家。　　　　**贝聿铭**：现代著名建筑师。

【明】出自姬姓，属于以字为氏。春秋时，秦国大夫百里奚的儿子视，字孟明，其子孙以其名字中的"明"字为姓。

● **名人代表**

明玉珍（1331—1366）：元末义军领袖。1362年称帝，国号夏，建都重庆。

明　亮：北朝后魏阳平太守。　　　　　明克让：隋代大臣。

明安图：清代科学家。　　　　　　　　明　辰：清代画家。

【臧】出自姬姓。春秋时，鲁孝公的儿子驱（kōu）受封于臧邑（在今山东省境内），其后代子孙以封地名为姓。当今臧姓人口主要分布在山东、江苏、河北等省。

● **名人代表**

臧克家（1905—2004）：山东潍坊诸城人，现代诗人。曾任中国诗歌学会会长、《诗刊》主编，其短诗《有的人》被广泛传诵。著有《臧克家全集》。

臧　霸：三国时曹魏大将。　　　　　臧中立：北宋名医。

臧懋（mào）循：明代文学家、戏曲家。

◎ 说典

大公无私

春秋时，晋国有位品格非常高尚的大臣祁黄羊。有一次，晋平公召祁黄羊入宫，问他："南阳县缺个县令，你看，派谁去比较合适呢？"

祁黄羊推荐了自己曾经的仇人解狐。解狐到任后治理有方，深受同僚和当地百姓的尊重。

过了一些日子，平公又向祁黄羊征求意见。这回，平公想找个合适的人选担任朝廷法官。祁黄羊推荐了自己的儿子祁午。事实证明，祁午是个正直、有才能的法官，很受人们的爱戴。

孔子听说这两件事后，十分称赞祁黄羊。孔子说："祁黄羊是对的。他推荐人，完全是以才能为标准，不会因为个人有偏见便不推荐，也不会因为怕人议论就不推荐。像祁黄羊这样的人，才称得上是'大公无私'啊！"

◎ 求知

《研山铭》

米芾的《研山铭》手卷，水墨纸本，高36厘米，长138厘米，分三段。第一段为米芾用南唐澄心堂纸书写的39个行书大字，在运笔上刚劲强健，具奔腾之势，筋雄骨毅，变化无穷，为米芾书法中的精品。启功先生赋诗赞曰："羡煞襄阳一支笔，玲珑八面写秋深。"此卷第二段绘研山图，用篆书题款为："宝晋斋研山图不假雕饰，浑然天成。"第三段为后人题跋（bá）。此手卷曾经入北宋、南宋官廷，南宋理宗时被右丞相贾似道收藏。由于历史原因，此卷不幸流落海外。2002年12月6日，《研山铭》在北京拍卖成功，以2999万元人民币的成交价创下了当时中国艺术品拍卖的世界纪录。现收藏于北京故宫博物院。

jì　fú　chéng　dài　　tán　sòng　máo　páng
计　伏　成　戴　　谈　宋　茅　庞

◎溯源

【计】源于姒姓。夏、商时期，有一个非常古老的计国（今山东胶州），传说是大禹后人的封国。计国灭亡后，计国公族的后人就以原封国名为姓以资纪念，遂成计氏。一说周武王灭商后，封古帝少昊的后代在莒，建立莒国，建都计斤，莒国公族的后代就以计为姓。当今计姓人口分布尤以陕西、上海等省市居多。

● **名人代表**

计有功：生卒年不详。南宋文学家。曾搜集唐朝文献及口耳相传的诗歌逸事，汇成《唐诗纪事》。

计　衡：南宋初御史。　　　　　　**计宗道**：明代官吏。

计六奇：明清之际隐士。

【伏】一说源自上古时伏羲氏的后裔，他们有的用伏作为自己的姓，遂成伏氏。一说源于赐姓。北朝时有侯植，武艺绝伦，跟随北魏孝武帝西迁。西魏建立后，侯植被赐姓为侯伏氏，后逐渐演变为伏姓。当今伏姓人口分布以湖南等地居多。

● 名人代表

伏　生（前260—前161）：也称伏胜。西汉今文《尚书》的最早传授者。

伏　滔：东晋将军。　　　　　　　　伏　晅：南朝梁学者。

【成】源于姬姓。周武王姬发封其弟叔武于郕（今山东泰安宁阳），叔武在郕建立了郕国。后郕国被齐襄公灭，郕国公族的后代遂以国名为姓，后有的去"阝"旁为成氏。当今成姓人口分布尤以湖南省为多。

● 名人代表

成　连：春秋时著名琴师。他的高足之一就是人们熟悉的伯牙，伯牙跟随他学琴3年，而成为天下妙手。

成得臣：春秋时楚国名将。　　　　　成翊（yì）世：东汉官吏。

成无己：金代医学家。　　　　　　　成仿吾：中国教育家、社会科学家。

【戴】一说源于子姓，周成王封商纣王之庶兄微子启于商的旧都（今河南商丘南），建立宋国。宋国的第十一位国君逝世后谥（shì）号为戴公，他的子孙有以谥号"戴"为姓的，形成戴氏一族。一说源于姬姓，出自春秋时期姬姓诸侯国戴国，属于以国名为氏。当代戴姓人口分布以安徽、湖北、江苏三省居多。

● 名人代表

戴　圣：生卒年不详。西汉今文礼学"小戴学"的开创者。编成《小戴礼记》，即今本《礼记》。

戴　德：西汉学者，人称"大戴"。　　戴　嵩（sōng）：唐代画家。

戴复古：南宋诗人。　　　　　　　　戴　震：清代学者。

【谈】周武王建立周朝后，后代中有一人被封在谈邑，又建立谈国。后谈国被楚国灭亡，其子孙以国名为姓。当今谈姓人口分布以江苏省最多。

● 名人代表

谈　迁（1593—1657）：明末清初史学家。终生不仕，以佣书、做幕僚为生。好审古今治乱，尤熟于历代典故。著有《国榷（què）》《枣林集》《海昌外志》等。

谈允贤：明代女名医。　　　　　　　谈家桢：现代著名遗传学专家。

【宋】西周初年，周成王封微子启于宋（今河南商丘），称宋公，建立宋国，其子民有的以国名为姓。当今宋姓人口分布以山东、河南、河北、黑龙江四省居多。

● 名人代表

宋 慈（1186—1249）：字惠父，建阳（今属福建南平）人。南宋著名法医学家，被尊为"世界法医学鼻祖"。宋慈所著的《洗冤集录》是世界上最早的法医专著。

宋　玉：战国时楚国文学家。　　　宋　弘：东汉初名臣。
宋　璟：唐代名相。　　　　　　　宋之问：唐代诗人。
宋　庠（xiáng）：北宋文学家。　　宋　祁：北宋文学家。
宋　濂：明代文学家。　　　　　　宋应星：明末清初科学家。

【茅】周朝时期，周公旦的第三子茅叔被周成王封于茅邑（今山东济宁金乡与江苏丰县之间），建立了茅国。后茅国被邹国吞灭，茅国公族子孙以及国民就以国名为姓。一说出自春秋时期晋国大夫先茅，其后人以先祖名字为姓。

● 名人代表

茅以升（1896—1989）：字唐臣，江苏镇江人。土木工程学家、桥梁专家。曾主持修建了中国人自己设计并建造的第一座双层铁路、公路两用桥——钱塘江大桥。1955年至1957年主持修建武汉长江大桥。

茅知至：北宋学者。　　　　　　　茅汝元：宋代画家。
茅　维：明代诗人。

【庞】出自姬姓，周文王的儿子毕公高因功受封于庞乡，他的后世子孙以其受封地名"庞"作为姓氏。当今庞姓人口分布以广西、山东、河北居多。

● 名人代表

庞　统（179—214）：东汉末年刘备谋士，初与诸葛亮齐名，号称"凤雏（chú）"。跟随刘备入蜀，谋策居多，为刘备军师中郎将。后在进军雒（luò）县途中，中箭而死，年仅36岁。

庞　涓：战国时魏国名将。　　　　庞福成：五代十国时后蜀名将。
庞　籍：北宋宰相。　　　　　　　庞尚鹏：明代官吏。

◎ 说典

空穴来风

楚国的文人宋玉和景差跟随楚襄王在兰台宫游玩。这时，一阵凉爽的风吹来，楚王敞开衣襟让风吹着自己的胸膛，感到非常舒畅。他不禁感叹道："这风吹得我好畅快呀！这是我和百姓共同享有的吗？"宋玉听了回答说："这只是大王的风罢了！百姓哪里能够和您共同享有呢？"楚王听后非常奇怪，不由惊讶地问："风是天地间的大气，从各个角落毫无阻挡地吹过来，又不分高低贵贱地吹到每一个人身上。如今你却说这风是我独有的，这其中的道理是什么？"宋玉回答说："我听老师说过，树枝分叉的地方，常有鸟来做窝；有空隙的地方，就有风吹来。由于地位不同，风自然就两样了。"

后来，人们根据宋玉的话概括出"空穴来风"这个成语，用来比喻消息和传说不是完全没有原因的，而现在多用来指消息和传说毫无根据。

◎ 求知

《天工开物》

《天工开物》初刊于1637年，是世界上第一部关于农业和手工业生产的综合性著作，其作者是明代科学家宋应星。外国学者称它为"中国17世纪的工艺百科全书"。作者在书中强调人类要和自然相协调，人力要与自然力相配合。《天工开物》是中国科技著作中保留史料最为丰富的一部，它更多地着眼于手工业，反映了中国明代末年出现资本主义萌芽时期的生产力状况。

《天工开物》共三卷十八篇，全书收录了中国古代诸如机械、砖瓦、陶瓷、硫黄、烛、纸、兵器、火药、纺织、染色、制盐、采煤、榨油等农业、手工业的生产技术。尤其是《机械》篇详细记述了包括立轴式风车、牛转绳轮汲卤（lǔ）等农业机械工具，具有极高的科学价值。

熊 纪 舒 屈 项 祝 董 梁
（xióng jǐ shū qū xiàng zhù dǒng liáng）

◎溯源

【熊】 熊为春秋战国时期楚国君王特有姓氏，取其"熊熊烈火"之意。颛顼有个后代叫鬻（yù）熊，曾为周文王之师，他的曾孙熊绎（yì）受封于楚地，建立楚国，其后代子孙都以熊为姓。一说源于有熊氏，相传黄帝建都于有熊（今河南新郑），其后代便有人以地名为姓，称熊氏。当今熊氏人口分布以湖北、江西、四川、湖南等省居多。

●名人代表

熊安生：生卒年不详。字植之，长乐阜城（今河北阜城东）人。北朝经学家，北学代表人物之一。通"五经"，精"三礼"。北齐时任国子博士，后入北周，武帝宣政元年（578年），官露门学博士。他沿袭东汉儒家经说，撰有《周礼》《礼记》《孝经》诸义疏。

熊 侣：楚庄王，春秋时期楚国最有成就的君主。

熊朋来：宋末元初文学家。　　　　　　**熊文灿**：明代大臣。

熊廷弼：明代将领。

【纪】 出自姜姓。西周初年，为追念先圣先王的功德，周武王封炎帝的一个后代于纪（在今山东寿光东南），建立了纪国。春秋时，纪国被齐国灭，纪国王族子孙就以国名为姓。当代纪姓人口分布以北京、安徽、江苏、山东四省市居多。

●名人代表

纪 昀（1724—1805）：字晓岚，清代著名政治家、文学家。官至兵部、礼部尚书，协办大学士，曾任《四库全书》总纂修官。

纪 昌：中国古代寓言故事人物，著名射手。

纪 信：西汉初名将。　　　　　　**纪僧真**：南朝齐将军。

纪映淮：明末清初女诗人。

【舒】 出自偃（yǎn）姓。周朝时期，皋陶的后代被封于舒国（在今安徽庐江西）。后舒国被楚国灭，其子孙以舒为氏。当今舒姓人口分布以四川、湖南、江西、湖北居多。

●名人代表

舒庆春（1899—1966）：老舍。字舍予，北京人，现代著名作家，是新中国第一位获得"人民艺术家"称号的作家。主要著作有长篇小说《骆驼祥子》《四世同堂》和剧本《茶馆》等。

舒元舆：唐代诗人。　　　　　　舒　璘：南宋宜州通判。
舒　清：明代布政使。　　　　　　舒　婷：当代女诗人。

【屈】春秋时期，楚武王封儿子瑕到屈邑去做首领。屈瑕的子孙也就以封地名为姓，世代姓屈。一说源于姬姓，出自远古黄帝后裔狂屈竖。当今屈姓人口分布以湖南、陕西等省居多。

●名人代表

屈　原（前340—前278）：名平，字原，战国末期楚国丹阳〔今湖北秭（zǐ）归〕人。中国最伟大的浪漫主义诗人之一，也是我国已知最早的著名诗人。他创立了"楚辞"这种文体，代表作品有《离骚》《九歌》等。

屈　建：春秋时期楚国大夫。　　屈　匄（gài）：战国时楚国大将。
屈大均：清初文学家。

【项】出自姬姓。周朝有项国，后被灭，项国国君的子孙便以国名为姓。一说出自芈姓，为楚国王族后裔。当今项姓人口分布以湖南、浙江、湖北、贵州等省居多。

●名人代表

项　羽（前232—前202）：名籍，字羽。秦末农民起义军领袖。秦亡，自封西楚霸王，后在楚汉战争中被刘邦击败。

项　橐（tuó）：春秋时神童。　　项　斯：唐代诗人。
项　昕（xīn）：元代名医。　　　　项元淇：明代书法家。

【祝】出自姬姓，为黄帝后裔。周武王灭商后，将黄帝的一支后裔封在祝，后来就有了祝国，其后代子孙就以国名为姓。一说古有巫史祝祀（sì）之官，其子孙以官职名为氏。当今祝姓人口分布尤以安徽、四川等省居多。

● 名人代表

祝允明（1461—1527）：字希哲，号枝山，长洲（今江苏苏州）人。他家学渊源，能诗文，工书法，特别是其狂草颇受世人赞誉，并与唐寅、文徵明、徐祯卿并称"吴中四才子"。

祝钦明：唐代学士。　　　　　　　　祝　徽：明代才子。

祝　嘉：著名书法家。

【董】相传黄帝的子孙中有个叫董父的，为帝舜驯养龙，因为被舜赐姓为董，任为豢（huàn）龙氏，并封之于鬷（zōng）川（今山东定陶），他的后代便以董为姓。一说春秋时周大夫辛有的两个儿子到晋国，与籍氏一起主管晋之典籍，因其职责是"董督晋史"，其后代就以其职务中的"董"字为姓。当今董姓人口分布以河北、河南、山东、山西、云南、辽宁、浙江等省居多。

● 名人代表

董仲舒（前179—前104）：广川（今河北景县）人，西汉哲学家。他提出"推明孔氏，抑黜百家"的建议，为汉武帝所采纳，开此后两千余年封建社会以儒家思想为正统的先声。

董　奉：东汉末年名医。　　　　　董　允：三国时期蜀汉宰相。

董其昌：明代书画家。　　　　　　董必武：中国共产党的创始人之一。

【梁】出自嬴姓，起源于东夷少昊部。伯益后裔康被封于夏阳梁山（在今陕西韩城南），建立梁国。后梁被秦灭，其子孙便以国名为姓。当今梁姓人口分布以广西、广东两地居多。

● 名人代表

梁启超（1873—1929）：广东省新会人。清代光绪年间举人，中国近代思想家、政治家、教育家、史学家、文学家。中国近代维新派代表人物，曾与康有为一起倡导维新变法。

梁　鸿：东汉文学家。　　　　　　梁　竦（sǒng）：东汉文学家。

梁　寅：明初学者。　　　　　　　梁诗正：清代大臣。

梁漱溟：现代著名思想家、国学大师。　梁实秋：现代作家。

◎ 说典

破釜沉舟

公元前208年，秦将章邯镇压陈胜、吴广起义之后，又攻破邯郸。反秦武装赵王歇及张耳被迫退守到巨鹿（今河北平乡西南），被秦将王离率20万人围困住。章邯率军20万屯于巨鹿南数里的棘原，并修筑两侧有土墙的通道直达王离营，以供给粮草。

楚怀王派宋义为上将军，项羽为次将，带领20万人马去救赵国。项羽率所有人马悉数渡黄河前去营救赵国，以解巨鹿之围。待楚军全部渡过漳河以后，项羽让士兵们饱饱地吃了一顿饭，每人再带三天干粮，然后传下命令："皆沉船，破釜甑（zèng）"。意思是说把渡河的船（古代称舟）凿穿沉入河里，把做饭用的锅（古代称釜）砸个粉碎，把军中的营帐统统放火烧毁。这就叫"破釜沉舟"。项羽以此来表示他有进无退、一定要夺取胜利的决心。

就这样，没有退路的楚军将士以一当十，喊杀声惊天动地。经过九次激战，楚军最终大破秦军。后来，"皆沉船，破釜甑"演化为成语"破釜沉舟"，以比喻拼死一战，决心很大。

◎ 求知

屈原与端午节

屈原是战国时期楚怀王的大臣，倡导举贤授能，富国强兵，却遭到楚国贵族的强烈反对，并被赶出都城。公元前278年，秦军攻破楚国都城。屈原眼看着自己的国家被侵略，心如刀割，于农历五月五日写下绝笔作《怀沙》之后，抱石投汨罗江而死。

传说屈原死后，楚国百姓异常哀痛，纷纷拥到汨罗江边凭吊屈原。渔夫们划起船只，在江上来回打捞他的尸身。有位渔夫将为屈原准备的饭团、鸡蛋等食物纷纷丢进江里，说是让鱼龙虾蟹吃饱了，就不会去咬屈大夫的身体了。人们见后纷纷仿效。一位老医师则拿来一坛雄黄酒倒进江里，说是要灌晕蛟龙水兽，以免它们伤害屈大夫。人们担心饭团被蛟龙吃了，就用楝（liàn）树叶包饭，外缠彩丝，后来逐渐演变成粽子。

以后，在每年的五月初五，就有了龙舟竞赛、吃粽子、喝雄黄酒的习俗，以此来纪念爱国诗人屈原。

杜 阮 蓝 闵　席 季 麻 强
dù ruǎn lán mǐn　xí jì má qiáng

◎溯源

【杜】 一说商朝时已经有杜国，是神农氏的后裔后土的居住地，国人以杜树为神树，故称杜。至周宣王时，杜伯无罪被杀，杜国子孙一部分出逃，留居杜国者为杜氏。一说西周初年，周成王封尧的儿子丹朱的后代于杜，建立杜国，杜国子民有的以国名为姓。当代杜姓人口分布以河北、河南、辽宁、湖北四省居多。

●名人代表

杜　甫（712—770）：字子美，自号少陵野老。盛唐时期伟大的现实主义诗人，被世人尊为"诗圣"，其诗被称为"诗史"。著有《杜工部集》。

杜　康：夏朝人，传说中的酿酒始祖。　　杜　周：西汉酷吏。

杜延年：西汉大臣。　　　　　　　　　杜如晦：唐初名相。

杜审言：唐代诗人。　　　　　　　　　杜　牧：唐代诗人。

【阮】 源于偃姓，皋陶有后裔子孙在商王朝时期被封在阮国（今甘肃泾川）。商代末年，周文王率军灭了阮国，原阮国王族相约以国名为姓，称阮氏。当今阮姓人口分布尤以浙江、福建、广东、湖北等省居多。

●名人代表

阮　籍（210—263）：字嗣（sì）宗，陈留尉氏（今河南尉氏）人。三国时魏国文学家、名士，"竹林七贤"之一。阮籍是"正始之音"的代表，著有《咏怀》《大人先生传》等。

阮　瑀（yǔ）：东汉末年文学家。　　　阮　咸：西晋名士。

阮孝绪：南朝梁学者。　　　　　　　　阮　元：清代内阁大学士、学者。

【蓝】 源于嬴姓，出自远古贤者伯益的后裔秦子向的封地，属于以封邑名称为姓。战国中期，秦献公在蒲、蓝（今陕西蓝田）等地设县，后封秦子向为蓝田君。在秦子向的后裔子孙中，有以先祖封地名称为姓者，称蓝氏。当今蓝姓人口分布以广西壮族自治区，以及广东、福建等省居多。

● 名人代表

蓝　玉（？—1393）：南直隶定远（今安徽定远）人，明朝开国名将。官拜大将军，封凉国公。曾率军大破北元，基本摧毁其职官体系，名震天下。1393年，蓝玉以谋反罪被杀，牵连致死者达一万五千余人，史称"蓝玉案"。80多年后，明孝宗为蓝玉昭雪，并追封其为"开国勋臣"，肯定蓝玉的历史地位与丰功伟绩。

蓝采和：唐末逸士。　　　　　　**蓝　奎**：南宋学者。
蓝　智：元末明初诗人。　　　　**蓝　田**：明代大臣。

【闵】出自姬姓。鲁国国君鲁闵公继位不到两年便被庆父杀害，谥号为闵。鲁闵公的后世子孙以其谥号闵为姓，称闵氏。

● 名人代表

闵子骞（前536—前487）：名损，字子骞，春秋末期鲁国人。孔子高徒，为孔门七十二贤之一。因孝行而为人所称道，作为二十四孝子之一，是中华民族文化史上的先贤人物。

闵　贡：东汉名士。　　　　　　**闵　鸿**：三国时期东吴名士。
闵　楷：明代大臣。

【席】尧为部落首领的时候，遇到一个自称为席氏的老翁，击壤（古代一种投掷的游戏）而歌。尧听了以后很佩服，于是拜他为师。席师就是席氏的始祖。一说出自春秋时期晋国大夫伯黡(yǎn)。伯黡是周王室派至晋国负责管理典籍的官，他的后代以官名中的"籍"字为姓。后来为了避项羽的名讳（项羽，名籍），项羽部下姓籍的人都改姓席。

● 名人代表

席佩兰（1760—1829）：名蕊珠，自号佩兰。清代女诗人。有《长真阁诗集》。
席　豫：唐代礼部尚书。　　　　**席　旦**：北宋官员。
席　书：明代官吏。　　　　　　**席慕蓉**：当代画家、诗人、散文家。

【季】源于姬姓，出自春秋时期吴国公族季札（zhá）。因为季札远见卓识，贤明仁德，后世子孙以其排行次第为姓，称季氏。一说春秋时期，鲁桓公有子季友,子孙以其名字中的"季"字为姓。当今季姓人口分布尤以江苏、浙江二省居多。

● **名人代表**

季羡林(1911—2009):山东临清人。当代中国语言学家、文学家、历史学家、教育家、国学大师。著有《季羡林文集》。

季　布:西汉初名将。　　　　**季广琛**:唐代大臣。

季　陵:北宋末年学者。　　　**季厚礼**:明代孝子。

【麻】源于芈姓,出自周朝时期楚国大夫的封地。楚国有公族大夫受封于麻邑〔今安徽砀(dàng)山〕,其后代子孙以先祖封邑名为姓。一说源于地名,出自战国时期秦国麻邑,属于以居邑名称为姓。

● **名人代表**

麻九畴(1183—1232):金代文人、医学家,有"神童"之称,通晓经典,为文精密奇健,诗词工致豪壮。勤奋好学,博通五经,尤精于春秋。为了研究易经,他熟读邵尧夫的《皇极经世》。后来研究医学时,他又习读张子和的著作。著有《知几文集》。

麻　光:汉代御史大夫。　　　**麻居礼**:唐代画家。

麻　革:金元时期文学家。　　**麻　贵**:明代宁夏总兵。

【强】一支源于姬姓。相传黄帝有一个玄孙,名字叫禺疆。在禺疆的后裔子孙中,有以疆为姓者,称疆氏。因古代"疆"与"强"二字相通,所以后来简笔改为强(jiāng)氏。另一支出自春秋时期郑国大夫强鉏(zǔ)。在强鉏的后裔子孙中,有以先祖名字为姓的,称强氏,世代相传至今,属于以先祖名字为氏。这支强姓读作qiáng。

● **名人代表**

强行健:生卒年不详。清代人。幼时家贫,好学不倦,后又行医,借所得以养亲。工诗书,尤精篆刻。著有《印论》《印管》《医案》《伤寒直指》等书。

强　循:唐代官员。　　　　　**强　至**:北宋祠部郎中。

强　伸:金末将领。

◎ 说典

芦衣顺母

春秋时期，鲁国有个少年名叫闵损，字子骞。他的生母早死，父亲娶了后妻。刚开始，继母待闵子骞还比较好，后来她生了两个儿子，就经常虐待闵子骞。冬天，两个弟弟穿着用丝棉做的冬衣，而闵子骞穿的却是用芦花做的冬衣。一天，闵子骞跟随父亲出门，他驾车时因寒冷打战，将绳子掉落到地上，遭到父亲的斥责和鞭打。当看到芦花随着打破的衣缝飞了出来时，父亲方知闵子骞受到虐待。回到家里，闵子骞的父亲要将后妻休掉。闵子骞跪求父亲饶恕继母，说："留下母亲只是我一个人受冷，休了母亲三个孩子都要挨冻。"父亲十分感动，就依了他。继母听说后，悔恨不已，从此对待闵子骞如亲子。

◎ 求知

二十四孝

《二十四孝》全名《全相二十四孝诗选》，元代郭居敬编录，收录了历代二十四个孝子在不同角度、不同环境中行孝的故事。二十四个故事如下：

孝感动天	戏彩娱亲	鹿乳奉亲	百里负米	啮指痛心	芦衣顺母
亲尝汤药	拾葚异器	埋儿奉母	卖身葬父	刻木事亲	涌泉跃鲤
怀橘遗亲	扇枕温衾	行佣供母	闻雷泣墓	哭竹生笋	卧冰求鲤
扼虎救父	恣蚊饱血	尝粪忧心	乳姑不怠	涤亲溺器	弃官寻母

贾 路 娄 危 江 童 颜 郭
jiǎ　lù　lóu　wēi　jiāng　tóng　yán　guō

◎ 溯源

【贾】 周康王时，唐叔虞的小儿子公明被封在贾（今山西襄汾），建立了贾国。其后代有的以国名为姓。当今贾姓人口分布以河北、河南、山西三省居多。

● 名人代表

贾　谊（前200—前168）：西汉初年著名政论家、文学家，世称贾生。少有才名，18岁时，以善文为郡人所称道。文帝时任博士，迁太中大夫，受大臣周勃、灌婴排挤，谪为长沙王太傅，故后世亦称其贾长沙、贾太傅。代表作有《过秦论》《论积贮疏》《陈政事疏》等。其辞赋皆为骚体，形式趋于散体化，是汉赋发展的先声，以《吊屈原赋》《鵩鸟赋》最为著名。

贾捐之：西汉著名政治家、文学家。　**贾思勰**（xié）：北朝北魏农学家。

贾　岛：唐代诗人。

【路】唐尧担任部落首领时，黄帝后裔玄元因功受封为路中侯，建立路国，其子孙以国名为姓。一说源于姜姓，出自炎帝后代支子的封地潞地，后去掉"氵"旁成为路氏，属于以封邑名为姓。当今路姓人口分布以河北、山东、安徽、河南等省居多。

● 名人代表

路　迎（1483—1562）：字宾旸，山东汶上人。明代大臣。正德三年（1508年）进士，授南京兵部主事。后转任襄阳、松江、淮安知府，官至兵部尚书。其处事沉稳，平易近人，与人结交首先施以仁爱。善诗文，与同代大儒王阳明有文字之交。在济宁汶上流传着明代内阁首辅严嵩与时任工部尚书郭朝宾的一句戏对："满朝文武半江西，小县不大四尚书。"其中，"四尚书"就是皆为汶上籍的兵部尚书路迎、吏部尚书吴岳、户部尚书王杲、工部尚书郭朝宾。

路温舒：西汉官员。　**路　雄**：北魏大将。

路　隋：唐代宰相。　**路　岩**：唐代大臣。

【娄】周武王灭商朝后，把颛顼的一支后代封在娄地，建立邾娄国，其国君后代子孙有的就以国名中的"娄"字为姓。一说出自姒姓，周武王灭商后，把少康的后裔东楼公封于杞（今河南省杞县）。杞君有一支子孙被封在娄邑（今山东省诸城市西南），遂以地名为姓。

● 名人代表

娄　敬：生卒年不详。西汉初年著名政治家、外交家。他深谋远虑，曾向汉高祖刘邦提出三大决策性建议：建都秦地、和亲匈奴、徙六国贵族以充实关中，甚得刘邦器重，被赐姓刘。

娄师德：唐代宰相。　**娄仲英**：元代画家。

娄　坚：明代诗人。　**娄　谅**：明代著名理学家。

【危】一说危姓源自三苗族所居住的地方"三危"。一说危姓来自周武王庶子的赐姓。当今危姓人口分布以江西、福建、湖北、湖南等省居多。

●名人代表

危 素 (1303—1372)：元末明初文学家。后人辑有《说学斋稿》《云林集》。

危 稹 (zhěn)：南宋学者。　　　　危亦林：元代名医。

【江】一说出自嬴姓，传说大禹的贤臣伯益的后代受封于江，后为楚所灭，其后代子孙以国名为氏。一说源于姬姓，为翁氏所分，属于长者赐姓为氏。当今江姓人口分布以广西壮族自治区，以及广东、江西、安徽等省居多。

●名人代表

江 淹 (444—505)：南朝梁文学家。早年以文章著名，晚年所作诗文不如前期，人称"江郎才尽"。

江 蕤 (ruí)：西晋吏部尚书。　　　江 革：南朝梁廉吏、孝子。

江 参：宋代画家。　　　　　　　　江万里：南宋末宰相。

江 灏：明代学者。　　　　　　　　江有诰 (gào)：清代音韵学家。

【童】源于姬姓，出自颛顼之子老童，属于以先祖名字为氏。一说源于风姓，出自春秋时期晋国大夫胥童，其后人为了避难改姓为童。当今童姓人口分布以浙江、云南、湖南三省居多。

●名人代表

童第周 (1902—1979)：浙江省宁波市鄞 (yín) 州区塘溪镇人。著名生物学家、教育家、实验胚胎学家，中国实验胚胎学的主要奠基人，被誉为"中国克隆之父"。

童 轩：明代著名科学家、文学家。　　童 钰：清代画家。

【颜】一说源于曹姓，出自古邾国国君曹夷父（字伯颜，又称邾颜公）。后邾国被楚国灭，颜公子孙便以颜为姓，称颜氏，史称颜氏正宗。一说源于姬姓，出自春秋时期鲁国的颜邑，属于以封邑名称为姓。当今颜姓人口分布以山东、河北、河南三省居多。

●名人代表

颜真卿 (709—785)：字清臣，唐代著名政治家、书法家。颜真卿创立

"颜体"楷书，与赵孟頫、柳公权、欧阳询并称为"楷书四大家"。

颜　回：孔子得意门生。　　　　　颜延之：南朝宋诗人。
颜之推：北朝文学家。　　　　　　颜师古：唐代学者。
颜杲卿：唐代官员。　　　　　　　颜　元：清代学者。

【郭】一说源自任姓。黄帝后裔禺虢（guó）受封于任（在今山东济宁），禺虢的后裔在夏代建立了虢国，亦称郭国，后代子孙遂以国名为姓。一说源自姬姓。周武王封其叔虢仲于西虢（"虢"通"郭"），虢仲的后裔以郭为氏。当今郭姓人口分布以四川、河南、山西、甘肃等省居多。

● 名人代表

郭守敬（1231—1316）：顺德邢台（今河北邢台）人，元代著名的文学家、水利学家、天文学家、数学家。主持编制了《授时历》，施行达360年，为中国历史上施行最久的历法。

郭　嘉：东汉末年谋士。　　　　　郭　淮：三国时期魏国名将。
郭　象：西晋思想家。　　　　　　郭　璞：东晋学者。
郭子仪：唐代名将。　　　　　　　郭沫若：现代诗人、作家。

◎ 说典

推　敲

诗人贾岛骑着毛驴返回长安的路上，想起前夜即兴写成的小诗，觉得"鸟宿池边树，僧敲月下门"中的"敲"字用得不够妥帖，或许改用"推"字更恰当些。他骑着毛驴，一边吟诵，一边做着敲门、推门的动作，不知不觉进了长安城。这时，正在京城做官的韩愈，在仪仗队的簇拥下迎面而来。行人、车辆都纷纷避让，贾岛骑着毛驴，比比划划，竟然闯进了仪仗队中。于是，差人把他带到韩愈面前。

韩愈问明缘由，也很有兴致地思索起来。过了一会儿，他对贾岛说："我看还是用'敲'字好，万一门是关着的，推怎么能推开呢？再者去别人家，又是晚上，还是敲门有礼貌呀！而且一个'敲'字，使夜静更深之时，多了几分声响。静中有动，岂不活泼？"贾岛听了连连点头。他这回不但没受处罚，而且和韩愈交上了朋友。

"推敲"从此也就成为脍炙人口的常用词，用来比喻作文章、写诗或做事时，反复琢磨，反复斟酌，才能得到最佳。

◎求知

《齐民要术》

古代劳动人民不仅积累了数千年的耕作经验，还留下了丰富的农学著作，如先秦诸书中多含有农学篇章，《齐民要术》正是对农业生产经验的系统总结。《齐民要术》是中国现存最完整的农书，书名中的"齐民"，指平民百姓，"要术"指谋生方法。《齐民要术》大约成书于北魏末年，系统地总结了6世纪以前黄河中下游地区农牧业生产经验、食品的加工与贮藏、野生植物的利用以及治荒的方法，详细介绍了季节、气候和不同土壤与不同农作物的关系，强调要因时制宜、因地制宜。提倡精耕细作，防旱保墒（shāng），主张轮作，多施绿肥，提出果树栽培可通过培育实生苗、扦插、嫁接等方法培育优良品种等，对中国古代农学的发展有重大影响。

梅(méi) 盛(shèng) 林(lín) 刁(diāo) 锺(zhōng) 徐(xú) 邱(qiū) 骆(luò)

◎溯源

【梅】一说源于子姓。武王灭商后，封梅伯后裔于梅邑（今安徽怀宁梅城）。其后世子孙遂以祖先封地名为姓，史称梅氏正宗。一说源于姒（sì）姓，越国灭亡后，越王勾践的后人受封于梅里，遂以封邑名称为姓。当今梅姓人口分布以安徽、云南、浙江、江西、江苏、河南等省居多。

●名人代表

梅尧臣（1002—1060）：字圣俞，宣州宣城（今属安徽）人。北宋著名现实主义诗人，世称宛陵先生。梅尧臣少即能诗，与苏舜钦齐名，时号"苏梅"，又与欧阳修并称"欧梅"。为诗主张写实，反对西昆体，所作力求平淡、含蓄，被称为宋诗的"开山祖师"。曾参与编撰《新唐书》，并为《孙子兵法》作注。

梅　福：西汉逸士。　　　　　**梅鼎祚**（zuò）：明代戏曲作家。

梅贻琦：著名教育家，曾任清华大学校长。

梅兰芳：京剧表演艺术家。

【盛】源于姬姓。周文王之子姬樊崔被周穆王姬满封于盛（在今山东泰安华丰），是为盛国，后为齐襄公所灭。亡国后的盛国公族为纪念故国，遂以国名为姓。当今盛姓人口分布以湖南、浙江、安徽、江苏四省居多。

● **名人代表**

盛　懋（mào）：生卒年不详。字子昭，嘉兴武塘（今浙江嘉兴）人。元代后期著名画家。当时吴镇的墨竹、岳彦高的草书、章文茂的文笔，以及盛懋的山水，被人们誉为"武塘四绝"。传世作品有《秋林高士图》《秋江待渡图》《松石图》等。

盛时泰：明代诗文家、史学家、画家。　　**盛　林**：明代画家。

【林】一说源于子姓，出自黄帝高辛氏之后商朝的比干。周武王因比干之子坚是在树林中出生的，便特别为他赐姓林，称林坚，其后人都姓林。一说源于姬姓，出自周平王的后世子孙，属于以先祖名字为氏。当今林姓人口分布以福建、广东、浙江等省居多。

● **名人代表**

林则徐（1785—1850）：福建省侯官（今福州）人，清代政治家、思想家和诗人。林则徐以禁断鸦片的爱国之举而留名清史，同时也主张努力学习西方的先进技术，是近代中国"开眼看世界"的第一人。

林慎思：唐代学者。　　　　　　　　　**林大钦**：明代状元。

林　纾（shū）：近代文学家、翻译家。　**林徽因**：著名建筑学家、作家。

【刁】源于姬姓。周武王灭商纣之后，将他的一个弟弟封于雕，建立雕国。其子孙以国名为姓，后更为刁氏。另一说，春秋时期，齐桓公有个宠臣叫竖刁。竖刁的子孙取其名为姓。当今刁姓人口分布尤以贵州、湖南两省居多。

● **名人代表**

刁　协（？—322）：渤海饶安人，东晋大臣。东晋初建，任尚书左仆射、尚书令，参与制定朝廷典章制度。为晋元帝心腹，竭力拥护帝室，与王敦、王导所代表的王氏势力相抗衡。

刁 韪（wěi）：东汉尚书。　　　　　　刁 包：明末学者。

【锺】出自周王朝时期伯益后人的封地锺离国，属于以国名为氏。一说源于芈姓。楚公族锺建受封于锺吾国，其后为锺吾氏，后简写为锺氏。另一说，周朝时专管奏乐的官员叫锺师，其后人有以官名中的"锺"字作为姓的，称锺氏。如锺繇（yáo）。当今锺姓人口分布以广东、江西、四川等省，以及广西壮族自治区居多。

●名人代表

锺 繇（151—230）：字元常，颍（yǐng）川长社（今河南长葛）人。三国时期书法家。博采众长，自成一家，尤精于隶、楷，与王羲之并称"锺王"。

锺子期：春秋时期楚国音乐家。　　　　锺 嵘：南朝梁文学批评家。

锺敬文：中国民俗学家、民间文学大师。

【徐】因伯益辅佐大禹治水有功，夏王封伯益之子若木于徐，徐国的子孙遂以国名为姓。当今徐姓人口分布以河南、山东、浙江三省居多。

●名人代表

徐霞客（1587—1641）：名弘祖，字振之，号霞客，明朝南直隶江阴（今江苏江阴）人。著名的地理学家、旅行家，地理名著《徐霞客游记》的作者。

徐 幹：东汉末年文学家。　　　　　　徐 达：明初大将。

徐 渭：明代文学家、书画家。　　　　徐悲鸿：现代画家。

徐志摩：现代诗人。　　　　　　　　　徐向前：中华人民共和国元帅。

徐复观：新儒家代表人物。

【邱】出自姜姓。西周初年，太师吕尚因辅佐武王灭商有功，被封于齐，建立齐国，定都营丘。其子孙后代中有以地名为姓的，称丘氏，史称丘姓正宗。后来为了避孔子的名讳（孔子，名丘），就把丘改成了邱。邱姓也就是丘姓。当今邱姓人口分布以四川、湖南、广东、湖北等省居多。

●名人代表

丘处机（1148—1227）：字通密，道号长春子，登州栖霞（今属山东烟台）人。全真道掌教、思想家、文学家。

丘巨源：南朝齐藏书家。　　　　　　丘　为：唐代诗人。
丘光庭：五代太学博士。　　　　　　丘　福：明代大将。
丘逢甲：清末诗人、教育家。　　　　邱少云：中国人民志愿军战斗英雄。

【骆】一说源于姜姓，出自齐国姜太公的后裔公子骆，属于以先祖名字为姓。一说源于嬴姓，出自殷朝纣王时大臣恶来的玄孙大骆，亦属于以先祖名字为姓。当今骆姓人口分布尤以广东、贵州、北京等省市居多。

● 名人代表

骆宾王（约638—684）：婺州义乌（今属浙江）人。唐代文学家，为"初唐四杰"之一。

骆　统：三国时期东吴名将。　　　　骆　牙：南朝陈将军。
骆文盛：明代翰林院编修。　　　　　骆玉笙：京韵大鼓表演艺术家。

◎ 说典

虎门销烟

19世纪前期，英国为了扭转对华贸易逆差的不利局面，把鸦片走私到中国，给中国带来巨大的危害。为了解决这个问题，道光帝派林则徐禁烟。1839年6月3日，林则徐下令在虎门海滩当众销毁鸦片，至6月25日结束，共历时23天，销毁鸦片19 187箱和2 119袋，总重量2 376 254斤。"虎门销烟"是中国近代史上反对帝国主义的重要史例，维护了中华民族的尊严和利益，展示了中华民族反对外来侵略的决心，对中国人民抗击外来侵略有着标志性的意义。

◎ 求知

《徐霞客游记》

1613年5月19日，"游圣"徐霞客从浙江宁海西门出发，游历名山大川，开始了他"驰骛数万里，踯躅三十年"的游程。《徐霞客游记》是一本日记体式的地理著作。徐霞客经过34年旅行，写下了关于天台山、雁荡山、黄山、庐山等名山游记17篇和《浙游日记》《江右游日记》《楚游日记》《粤西游日记》《黔游日记》《滇游日记》等著作。除佚

散者外，遗有60余万字游记资料，由后人整理成《徐霞客游记》。世传本有10卷、12卷、20卷等数种，主要讲述作者1613年至1639年旅行观察所得，对地理、水文、地质、植物等方面均作了详细记录，在地理学和文学史上有着重要的价值。2011年3月30日，国务院常务会议通过决定，自2011年起，每年的5月19日为"中国旅游日"。

gāo xià cài tián　fán hú líng huò
高 夏 蔡 田　樊 胡 凌 霍

◎溯源

【高】源于姜姓。春秋时期齐惠公之子公子祁，字子高，其后代便以祖上之字为姓。一说齐文公次子受封于高邑，其后代也以高为姓。当今高姓人口分布以山东、安徽、江苏三省居多。

● **名人代表**

高　适（约704—约765）：唐代著名的边塞诗人。高适与岑参并称"高岑"，其诗笔力雄健，气势奔放，洋溢着盛唐所特有的奋发进取、蓬勃向上的时代精神。

高士廉：唐代宰相。　　　　　　　高　骈（pián）：唐代名将。

高　启：元末明初著名诗人，"明初诗文三大家"之一。

高　拱：明代内阁首辅。　　　　　高　鹗（è）：清代文学家。

【夏】源于姒姓。为了奖赏大禹的丰功伟绩，舜帝封他于夏（今河南登封）。大禹的儿子启建立了中国历史上第一个奴隶制国家夏王朝。夏亡后，其后裔以夏为姓。当今夏姓人口分布以江苏、浙江二省居多。

● **名人代表**

夏完淳（1631—1647）：明代末年抗清将领、诗人。14岁跟随父亲和老师起兵抗清，17岁被捕后因不屈被杀。

夏　竦（sǒng）：北宋大臣。　　　夏明翰：中国无产阶级革命家。

【蔡】源于姬姓。周武王姬发灭商后，将五弟叔度封于蔡（今河南上蔡），建立蔡国。后蔡国被楚国灭，叔度的子孙就以国名为姓。当今蔡姓人口分布以广东、浙江、江苏、四川四省居多。

● **名人代表**

蔡　邕（133—192）：陈留圉（yǔ）（今河南杞县南）人，东汉时著名文学家、书法家。曾创"飞白"书体，且善画，是"东汉四大画家"之一。

蔡　伦：东汉官员，中国古代"四大发明"中造纸术的改进者。

蔡文姬：东汉末年女诗人。　　　　蔡　襄：北宋书法家。

蔡元培：著名教育家。　　　　　　蔡　锷：中国民主革命家、军事家。

蔡和森：中国共产党早期的重要领导人。

【田】一说出自虞舜之后齐国官吏妫（guī）完，妫完被齐国国君封于田地，后世子孙因而以"田"为姓，属于以封地名为姓。一说源于官位，出自西周时期官吏田仆，属于以官职名为姓。当今田姓人口分布以河南、四川、山东、河北、江苏等省居多。

● **名人代表**

田　汉（1898—1968）：湖南省长沙县人。剧作家、戏曲作家、诗人，中国现代戏三大奠基人之一。中华人民共和国国歌《义勇军进行曲》的词作者，有剧本百余部。

田　忌：战国时齐国大将。　　　　田　文：战国时齐国孟尝君。

田　何：西汉著名学者，今文易学的传授者。田文镜：清代大臣。

【樊】源于姬姓，出自周太王后裔仲山甫的封地——樊地，属于以封邑名称为姓。当今樊姓人口分布尤以陕西、河南、江西等省居多。

● **名人代表**

樊　迟：生卒年不详。名须，字子迟，春秋末期齐国人，孔子的弟子。他求知心切，上进心强，有勇力，二十多岁就仕于季氏，并在对齐作战中表现出了非凡才识。唐开元二十七年（739年）追封"樊伯"。宋大中祥符二年（1009年）加封"益都侯"。明嘉靖九年（1530年）改称"先贤樊子"。

樊於期：战国末期将领。　　　　　樊　哙（kuài）：西汉初名将。

樊梨花：唐代女将。　　　　　　　樊继祖：明代兵部尚书。

樊　圻（qí）：清代画家。　　　　　　樊腾凤：《五方元音》的作者。

【胡】西周初年，虞舜的第三十三代孙虞满受封于陈（今河南淮阳），建立陈国，谥号"胡公"，因而又称胡公满。陈国王族后裔及国人多有以先祖谥号为姓者，称胡氏。当今胡姓人口分布以湖北、湖南、四川、浙江、安徽五省居多。

● 名人代表

胡令能（785—826）：唐代诗人，隐居圃田。他的诗语言浅显而构思精巧，生活情趣很浓。

胡　安：西汉教育家。　　　　　　胡　铨：南宋政治家、文学家。
胡惟庸：明初丞相。　　　　　　　胡宗宪：明代名臣。
胡应麟：明代学者。　　　　　　　胡雪岩：晚清著名徽商。
胡　适：著名学者、诗人。

【凌】一说源于地名，出自传说中远古帝王伏羲氏的诞生地凌（今江苏泗阳西北），属于以居邑名称为氏。一说源于周武王的弟弟康叔，他有一个儿子担任"凌人"（掌管藏冰之事）这个职务，其后代就取官名中的"凌"字为姓。

● 名人代表

凌濛（méng）初（1580—1644）：明代小说家。著有《初刻拍案惊奇》《二刻拍案惊奇》。

凌　统：三国时期东吴名将。　　　　　　　　凌　瑚：清代画家。
凌召文：清代礼部侍郎，《康熙字典》的编修官。　凌光斗：清代官吏。

【霍】出自周文王姬昌的第六个儿子叔处，他被封于霍国，其后代以国名为姓。
● 名人代表

霍去病（前140—前117）：西汉著名将领。曾带兵大破匈奴，将河西走廊纳入了中国的版图，打开了通往西域的道路。

霍　光：西汉大将军。　　　　　　霍　峻：三国时蜀汉大将。
霍元甲：著名爱国武术家。

◎ 说典

田忌赛马

战国时期，齐国大将田忌非常喜欢赛马。有一回，他和齐威王约定进行一场比赛。他们将自己的马分为上、中、下三等，并用上等马对上等马，中等马对中等马，下等马对下等马。由于齐威王每个等级的马都比田忌的强，所以田忌三场比赛都输了。正当田忌垂头丧气准备离开赛马场时，他在人群中看到了孙膑。孙膑认为齐威王的马比田忌的马快不了多少，所以建议田忌再比一次，并说："您只管下大赌注，我能让您取胜。"田忌相信并答应了他，与齐威王用千金来做赌注。比赛即将开始，孙膑说："现在用您的下等马对付他的上等马，用您的上等马对付他的中等马，用您的中等马对付他的下等马。"三场比赛结束，田忌一场败而两场胜，最终赢得齐威王的千金赌注。于是，田忌把孙膑推荐给了齐威王。齐威王不仅向孙膑请教兵法，还把他当成老师。

◎ 求知

蔡伦造纸

中国是世界上最早养蚕织丝的国家，人们用上等蚕茧抽丝织绸，剩下的恶茧、病茧等则用漂絮法制取丝绵。漂絮完毕，箴（miè）席上会遗留一些残絮。当漂絮的次数多了，箴席上的残絮便积成一层纤维薄片，经晾干之后剥离下来，可用于书写。这种漂絮的副产物数量不多，在古书上称之为"赫蹏（tí）"（亦作"赫蹄"）或"方絮"。东汉和帝元兴元年（105年），蔡伦在总结前人制造丝织品经验的基础上，用树皮、破渔网、破布、麻头等作为原料，制成了适合书写的植物纤维纸，改进了造纸术，使纸成为人们普遍使用的书写材料，这种纸被称为"蔡侯纸"。造纸术是中国四大发明之一。在古代，埃及有莎草纸，欧洲有羊皮纸，中国历史上有丝絮纸和专门用于书写的缣帛纸和蔡侯纸，其中用植物纤维制造的蔡侯纸对世界造纸业的发展及人类文化的传播具有非常深远的影响，其基本工艺一直沿用至今。造纸术在7世纪经朝鲜传到日本，在8世纪中叶传到阿拉伯，到12世纪，欧洲才仿效中国的方法设厂造纸。

虞 万 支 柯 昝 管 卢 莫

◎溯源

【虞】源于姚姓，是姚姓的分支，出自舜帝之子商的封地虞（在今河南虞城西南），属于以封地名为姓。一说源于姬姓，西周初期，周武王姬发封仲雍的庶孙于虞（今河南安阳），建立了虞国。后虞国被晋国灭，其后代子孙就以国名为姓。

●名人代表

虞世南（558—638）：字伯施，余姚人。唐代开国功臣，唐初书法家、文学家，与欧阳询、褚遂良、薛稷（jì）并称"唐初四大家"。"十八学士"之一，也是大唐"凌烟阁二十四功臣"之一。

虞 诩（xǔ）：东汉官员。　　　　**虞 喜**：东晋天文学家。

虞世基：隋代书法家、文学家。　　**虞黄昊**：清代诗书画家。

【万】一说源于姬姓，周成王姬诵敕（chì）封同族人姬良夫于芮（ruì）地，建立芮国。春秋时期，芮国传至芮伯万，其王族后裔子孙中有以先祖的名字为姓者，称万氏。一说出自春秋时期晋国大夫毕万。当今万姓人口分布尤以山东、江西、江苏、湖北等省居多。

●名人代表

万家宝（1910—1996）：笔名曹禺，字小石，祖籍湖北省潜江县。曹禺是中国现代话剧史上成就最高的剧作家，其作品《雷雨》《日出》《原野》《北京人》的出现也标志着中国现代话剧艺术的成熟，他被称为"中国的莎士比亚"。

万 脩：东汉名将。　　　　**万宝常**：隋代音乐家。

万 全：明代名医。　　　　**万寿祺**：明末清初文学家、书画家。

【支】一说源于子姓，出自尧、舜时期的隐士子州支父，其后代有以支为姓的，属于以先祖名字为姓。一说源于姬姓，出自周代姬姓后代姓支的氏族，属于以先祖谱序为姓。一说古代有一个月支（也作"月氏"）国，是秦汉时"丝绸之路"上的一个小国。到了晋代，月支国人有的迁徙中原定居，并取"支"字为姓。当今支姓人口分布以江苏省居多。

● 名人代表

支 谦：生卒年不详。三国吴佛教翻译家。译有《大明度无极经》《维摩诘经》《大阿弥陀经》。

支仲元：五代时期前蜀画家。　　　　支 渐：宋代孝子。

【柯】出自姬姓，始成于春秋。黄帝后裔仲雍的五代孙、吴国国王相，因与诸侯会盟于柯山，故号柯相。柯卢是柯相的曾孙，其后代遂以"柯"字作为自己的姓氏，遂成柯姓。当今柯姓人口分布以浙江、广东、福建、安徽等省居多。

● 名人代表

柯维骐（1497—1574）：明代史学家。专心研究宋代历史，对元人所修宋史的错误和疏漏，多有补正。著有《宋史新编》。

柯九思：元代画家。　　　　　　　　柯 潜：明代大臣。

柯 乔：明代官吏。　　　　　　　　柯 抡：清代清官。

【昝】商汤时有位宰相叫咎单，他的后代就以咎为姓。由于"咎"在古代是灾祸的意思，被认为不吉利，于是咎姓人在"口"字中加上一横，便成了昝姓。

● 名人代表

昝 殷（约797—860）：唐代医学家。撰《产宝》一书，后由周颋（tǐng）增辑成《经效产宝》三卷，是现存最早的妇产科专书。

昝 商：唐代博士。　　　　　　　　昝居润：五代及宋初官吏。

【管】源于姬姓。周武王灭商以后封其三弟叔鲜在管（今河南郑州），建立了管国，史称管叔。管叔死后，他的后代就用他以前的封邑名称为姓，称管氏，世代相传至今。当今管姓人口尤以江苏、山东等省居多。

● 名人代表

管 仲（约719—前645）：名夷吾，字仲，谥敬，颍上（今安徽颍上）人。春秋时期法家代表人物，著名的哲学家、政治家、军事家，被称为"管子"。

管 宁：三国时学者。　　　　　　　管 及：宋代官吏。

管 湛：宋代官吏。　　　　　　　　管道升：元代著名女画家。

【卢】 源于姜姓，属于以邑名为姓。春秋时期，齐国第九代国君齐文公之子名高，受封于卢邑（今山东济南长清），其后人以卢为姓。一说以国名为姓。春秋时期，有庐子国（今安徽合肥），卢氏为庐子国戢（jí）黎之后。当今卢姓人口分布以广东、河北两省，以及广西壮族自治区居多。

● **名人代表**

卢照邻（约636—695）：字升之，幽州范阳（今河北定兴）人。初唐诗人。在文学史上，与王勃、杨炯（jiǒng）、骆宾王以诗文齐名，号为"初唐四杰"。

卢 植：东汉大臣。　　　　　　　**卢 纶**（lún）：唐代诗人。

卢 群：唐代诗人。　　　　　　　**卢 坤**：清代大臣。

【莫】 源于高阳氏，出自上古颛顼帝所建的鄚（mào）阳城，属于以居邑名称为氏。一说出自春秋时期楚国所设的官职莫敖，其权位仅次于令尹。其后有以官职名为姓者，称莫氏。

● **名人代表**

莫友芝（1811—1871）：清代学者、诗人。少喜聚忆，通苍雅故训六艺名物制度，旁及金石目录家言。治诗尤精，书法四体皆工，与遵义郑珍齐名，时称"郑莫"。著有《黔诗纪略》《遵义府志》《声韵考略》等。

莫宣卿：唐代状元。　　　　　　　**莫休符**：唐代官吏、学者。

莫是龙：明代文学家、书画家、藏书家。

◎ **说典**

管鲍之交

从前，齐国有一对好朋友，一个叫管仲，另外一个叫鲍叔牙。

管仲年轻的时候，家里很穷，又要奉养母亲。鲍叔牙知道后，就找管仲合伙做买卖。由于管仲家里穷，所以他出的本钱比鲍叔牙少，但赚钱以后，他却比鲍叔牙拿得多。鲍叔牙的仆人看不过去，就说："这个管仲真奇怪，本钱拿的比我们主人少，分钱的时候却拿的比我们主人还多！"鲍叔牙却对仆人说："不可以这么说！管仲家里穷，又要奉养母亲，多拿一点没有关系的。"后来，管仲和鲍叔牙一起去打仗。每次进攻的时候，管仲都躲在最后面，大家就骂："管仲是一个贪生怕死的人！"鲍叔牙马上替他说话："你们误会管仲了，他不是怕死，他得留着命去照顾老母亲呀！"齐襄公时，国政混乱。鲍叔牙预感齐国一定会发生内乱，就带着公子小白逃到莒国，管仲则带着公子纠逃到鲁国。不久之后，齐国真的发生了内乱，齐襄公被杀，公子纠和公子小白都想回国继位。管仲想杀掉公子小白，让公子纠能顺利当上国君，可惜管仲在暗算公子小白的时候，把箭射偏了，射到了公子小白的衣带钩上，所以公子小白没死。后来，鲍叔牙和公子小白比管仲和公子纠早回到齐国，公子小白就当上了齐国的国君，也就是历史上有名的齐桓公。齐桓公继位后，决定重用鲍叔牙。鲍叔牙却对齐桓公说："管仲各方面都比我强，应该请他来辅佐您才对呀！"齐桓公一听，立马说道："管仲要杀我，他是我的仇人，您居然让我重用他！"鲍叔牙却说："这不能怪他，他是为了帮他的主人纠才这么做的呀！"齐桓公见鲍叔牙如此推崇管仲，便请管仲辅佐自己，而管仲也真的帮助齐桓公把齐国治理得非常好，并成为中原霸主。

天下的人不但赞美管仲的才干，更赞美鲍叔牙能了解人。后来，大家用"管鲍之交"称赞朋友之间的友谊深厚。

◎ 求知

边塞诗

边塞诗以边塞军旅生活为主要内容，或描写奇异的塞外风光，或反映戍边的艰辛，或表达戍边将士的思乡之情。边塞诗初步发展于汉魏六朝时期，隋代开始兴盛，唐代即进入发展的黄金时代。据统计，唐代以前的边塞诗，现存不到二百首，而《全唐诗》中所收的边塞诗多达两千余首。其中有些宏伟的篇章不但是汉族文学的宝贵财富，而且极具历史意义。

<pre>
jīng fáng qiú miào   gān xiè yīng zōng
 经   房   裘   缪   干   解   应   宗
</pre>

◎ 溯源

【经】 源于姬姓。春秋时期的周王室有位卿士被封于经邑（今河南洛阳），因此史称经侯。在经侯的后裔子孙中，有以先祖封地名为姓者，称经氏，世代相传至今。

● 名人代表

经享颐（1877—1938）：字子渊，号石禅，晚号颐渊，浙江上虞人。近代教育家、画家。著有《经颐渊金石诗书画合集》。

经承辅：明代隐士。　　　　　　　**经文岱**：清代将领。

经元善：清代官吏。

【房】 舜继位以后，改封尧的儿子丹朱于房（今河南遂平），为房邑侯。丹朱的后代陵，袭封后以封地名为姓，史称房陵。

● 名人代表

房玄龄（579—648）：名乔，字玄龄。唐初名相。因房玄龄善谋，而杜如晦处事果断，因此人称"房谋杜断"。曾受诏重撰《晋书》。

房 琯（guǎn）：唐代宰相。　　　**房 融**：唐代大臣、翻译家。

房彦谦：隋代名官。

【裘】 春秋时期，卫国有一位大夫名叫食，被分封在裘邑（今河南夏邑），称裘侯。其后世子孙便以居住地名为姓，遂成裘氏一族。一说出自周朝官职司裘，属于以官职名为氏。当今裘氏人口分布以浙江、江苏二省居多。

● 名人代表

裘 琏（1644—1729）：浙江省慈溪人。清代康熙年间进士，著名的戏曲家。他创作的杂剧《昆明池》《集翠裘》《鉴湖隐》《旗亭馆》，均取材于唐代故事，合称"四韵事"。

裘万顷：宋代著名诗人。　　　　　**裘盛戎**：现代京剧表演艺术家。

【缪】 源于姬姓，出自春秋时期秦国的国君秦穆公。秦穆公死后谥号为"缪"。

因为古代"缪""穆"二字同音，都读作 mù，所以秦穆公又常常被写作秦缪公。秦穆公的支庶子孙就以他的谥号为姓，称缪氏。一说源于官位，出自秦、汉时期官吏缪吏，亦属于以先祖谥号为氏。

● 名人代表

缪希雍（约1546—1627）：字仲淳，号慕台，明代末年名医。精通医药之学，治病多奇效。

缪元德：南宋官吏。　　　　　　　缪昌期：明代东林党早期人物。

缪　谟：清代诗人、画家。

【干】古代有干国（今江苏扬州一带），春秋时被吴国灭，其国人便以国名为姓，遂成干氏。一说源于子姓，出自春秋时期宋国大夫干犨（chōu），属于以先祖名字为姓。

● 名人代表

干　宝（？—351）：字令升，新蔡（今河南新蔡）人。东晋文学家、史学家。著述颇丰，主要有《周易注》《晋纪》《春秋序论》《百志诗》《搜神记》等。

干　将：春秋时期著名的铸剑师。　　干　桂：明代官吏。

【解】源于姬姓。周朝时，唐叔虞的儿子中有一个叫良的受封于解地（今山西解县），称解良。解良的后代在解地世代定居，以地名解为姓。

● 名人代表

解　缙（1369—1415）：明代大臣。曾任翰林学士，主持纂修了《永乐大典》。

解　潜：宋代镇抚使。　　　　　　解处中：五代时期南唐画家。

解桢期：明代书法家。　　　　　　解学龙：明末官吏。

【应】源于姬姓。周武王姬发灭殷商后，将其第四子应叔封于应（今河南平顶山），称应侯，建立了应国。在应侯的后裔子孙中，多以先祖封国名号为姓，称应氏，世代相传至今，史称应氏正宗。一说源于官位，出自西周时期应门史，属于以官职名为氏。当今应姓人口分布以浙江省最多。

● **名人代表**

应 劭（约153—196）：字仲瑗，汝南郡南顿县（今河南项城南顿镇）人。东汉学者。著有《汉官仪》《风俗通义》《汉书集解音义》。

应 曜：汉代隐士。　　　　　　　应 顺：东汉大臣。

应 玚（yáng）：三国时期曹魏文学家。

【宗】源于子姓，出自春秋时期宋桓公裔孙伯宗之后，属于以先祖名字为姓。一说源于偃姓，出自春秋时期宗国，属于以国名为姓。一说源自官位，远古四岳的后代在周朝时期为宗伯官，掌握邦国祭祀典礼之职，属于以官职名为姓。当今宗姓人口分布尤以浙江、江苏、山东、安徽、江西、河北等省居多。

● **名人代表**

宗 泽（1060—1128）：宋代名将。任用岳飞为将，积极抗击金兵。

宗 绀（gàn）：东汉天文学家。　　　宗 臣：明代官吏。

◎ **说典**

厉兵秣马

春秋时期，秦国派杞子、逢（páng）孙、杨孙三人领军驻守郑国，却美其名曰帮助郑国守卫其国都。

公元前628年，杞子秘密报告秦穆公，说他已"掌其北门之管"，即掌握了郑国国都北门的钥匙，如果秦国进攻郑国，他将协作内应。

秦穆公接到杞子的密报后，觉得机不可失，便不听大夫蹇（jiǎn）叔的劝阻，立即派孟明、西乞（qǐ）术、白乙丙三位将军率兵进攻郑国。

秦军经过长途跋涉，终于来到离郑国不远的滑（xiáo）国，刚好被郑国商人弦高碰到。弦高便派人向郑穆公报告。

郑穆公接到弦高的报告后，急忙派人到都城的北门查看，果然看见杞子的军队"束载、厉兵、秣马矣"，即人人扎束停当，兵器磨得雪亮，马喂得饱饱的，完全处于一种作为内应的作战状态。对此，郑穆公派皇武子向杞子说："很抱歉，恕未能好好款待各位。孟明就要来了，你们跟他走吧！"杞子等人见事情已经败露，便分别逃往齐国和宋国去了。孟明得知此消息后，也只好怏怏地下令撤军。

成语"厉兵秣马"即来自"束载、厉兵、秣马矣"，指准备战斗，也比喻做事前的准备工作。

◎ 求知

房谋杜断

唐太宗李世民有两个得力的宰相，一个是"尚书左仆射"房玄龄，一个是"尚书右仆射"杜如晦（huì）。唐代开国之初，许多规章典法，都是他们两人商量制定的。人们把他们两人并称为"房杜"。《旧唐书·房玄龄杜如晦传》说：唐太宗同房玄龄研究国事的时候，房玄龄总是能够提出精辟的意见和具体的办法，但是往往不能做决定。这时候，唐太宗便把杜如晦请来，将问题略加分析，就立刻肯定了房玄龄的意见和办法。房、杜二人，一个善于出计谋，一个善于作决断，所以叫作"房谋杜断"。世人称赞他们"笙磬同音，惟房与杜"。

房玄龄

dīng　xuān　bēn　dèng　　yù　shàn　háng　hóng
丁　宣　贲　邓　　郁　单　杭　洪

◎ 溯源

【丁】西周初年，姜尚因辅佐武王灭商有功，受封于齐（今山东省北部、河北省东南部）。其长子名伋，谥号为齐丁公，史称丁公伋。其子孙便以其谥号为姓，称丁氏，并尊丁公伋为丁姓始祖。一说源于子姓，出自殷商时诸侯丁侯的后裔。当今丁姓人口分布以江苏、湖北、安徽、河南四省居多。

● 名人代表

丁　恭：生卒年不详。山阳东缗（今山东金乡县东）人。汉代学者，时称大儒，曾任谏议大夫、博士。

丁　度：北宋大臣、训诂学家。　　丁　颙（yǐ）：北宋著名藏书家。

丁宝桢：清代大臣。　　　　　　　丁汝昌：清代海军北洋水师提督。

丁　玲：现代作家。

【宣】一说源于姬姓，周王朝时期周厉王之子姬静，逝世后谥号为宣王，史称周宣王。其支庶后裔子孙中有以先祖谥号为姓者，史称宣氏正宗。一说源于子姓，出自春秋时期宋国国君宋宣公子力，属于以帝王赐号为姓。当今宣姓人口分布以陕西、河南二省居多。

● 名人代表

宣　缯（zēng）：生卒年不详。庆元府（今浙江宁波）人。南宋大臣，拜兵部尚书、参知政事。著有《孝宗宝训》。

宣　秉：东汉大臣。　　　　　　宣　亨：宋代画家。

宣　昶（chǎng）：明代大臣。

【贲】一说出自春秋时期鲁国一位叫县贲父的贵族。一说源于芈姓，出自春秋时期晋国大夫苗贲父。皆属于以先祖名字为姓。此处贲字读作 bēn。

● 名人代表

贲　赫：生卒年不详。西汉初淮南王黥（qíng）布手下中大夫。

贲　嵩：汉代名士。　　　　　　贲　亨：元代大将军。

【邓】源于曼姓。商高宗武丁封叔父曼季于邓地（今湖北襄阳邓城）。亡国之后的邓侯子孙，为纪念故国便以国名为姓，称邓氏，史称邓氏正宗。当今邓姓人口分布以四川、广东、福建、湖南、江苏、江西等省居多。

● 名人代表

邓小平（1904—1997）：学名希贤，四川广安人。马克思主义者，中国无产阶级革命家、政治家、军事家、外交家，中国社会主义改革开放和现代化建设的总设计师，邓小平理论的主要创立者。

邓　禹：东汉名将。　　　　　　邓　艾：三国时曹魏名将。

邓　攸：东晋大臣。　　　　　　邓　牧：元代思想家。

邓子龙：明代名将。　　　　　　邓世昌：清代名将。

邓廷桢：清代名将。　　　　　　邓稼先：当代科学家。

【郁】源于大禹之师郁华。郁华的后裔子孙中，有以先祖名字为姓者，称郁氏。一说源于地名，春秋时期有郁国，是吴国的邻国，后来成为吴国大夫的封地，其后人称郁氏。当今郁姓人口分布以江苏、浙江、上海等省市居多。

● 名人代表

郁达夫（1896—1945）：名文，字达夫，浙江富阳人。中国现代著名小说家、散文家、诗人。代表作有《沉沦》《故都的秋》等。

郁文博：明代校勘家、藏书家。　　　　**郁　植**：清代神童。

【单】源于姬姓。西周时，周成王姬诵封少子姬臻于单邑（今河南孟津），称单伯。其子孙后代便以封地名为氏，世代相传至今。当今单姓人口分布以江苏、山东、安徽、吉林、黑龙江五省居多。

● 名人代表

单思恭：生卒年不详。字惠仍，扬州人。清代学者。著有《甜雪斋集》二十卷。

单　父：宋代人，善种牡丹。　　　　**单士魁**：中国档案学家。

【杭】源于姬姓，属于以先祖名字为氏。春秋时期，鲁国有位贵族受封于军事要地亢父（今山东济宁），世称其为"亢父"。古代"杭""抗""亢""伉"四字通假，所以称杭姓。一说出自姒（sì）姓。大禹的后代建立了余航国（今浙江余杭），后来，其子孙将"航"去"舟"加"木"写成"杭"，称杭氏。

● 名人代表

杭世骏（1695—1773）：清代学者、文学家。校勘《十三经》《二十四史》，纂修《三礼义疏》，著有《诸史然疑》等。

杭　淮：明代中丞。　　　　**杭　雄**：明代将领。

【洪】源于姬姓，出自西周时期古洪洞国子民。一说源自西周初期，姬姓族人有被封于共（今河南辉县）的，建立共国，后被卫国灭。其王族子孙以国名为姓，后因避仇，加"氵"旁成洪氏，世代相传至今。皆属于以国名为氏。广东为洪姓第一大省。

● 名人代表

洪熙官：生卒年不详。清代著名武术家，洪拳的创始者。

洪觉范：宋代官吏。　　　　**洪　适**：宋代金石学家、诗人。

洪　皓：宋代词人、官员。　　　　**洪亮吉**：清代经学家、文学家。

洪承畴：明末清初大臣。　　　　　　洪秀全：太平天国创建者。

◎ 说典

明哲保身

周宣王在位期间，朝廷有两位大臣，一位叫尹吉甫，另一位叫仲山甫。他们辅佐周宣王，立下汗马功劳。尹吉甫曾领兵打退过西北少数民族猃狁（xiǎn yǔn）族的进攻，还曾奉命在成周（今河南洛阳东）一带征收南淮夷等族的贡赋。仲山甫很有见识，敢于直谏，受到大家的敬重。当时，鲁国诸侯鲁武公有两个儿子，大儿子叫姬括，小儿子叫姬戏。周宣王竟然武断地立姬戏为鲁国太子。这种废长立幼的做法违背了当时的规矩，很容易酿成内部的动乱。仲山甫极力谏阻，周宣王不听，坚持立姬戏为鲁国太子。后来姬戏继位，即鲁懿公。鲁国人果然不服，不久就杀了鲁懿公。

周宣王为了防御东方各部族的进攻，命令仲山甫到齐地去筑城。这时，尹吉甫写了一首诗送给仲山甫，诗中赞美仲山甫的品德和才能，当然也对周宣王任贤使能，使周朝得以中兴作了一番歌颂。这首诗就是《诗经·大雅》里的《烝民》，它一共有八章，其中第四章有两句写道："既明且哲，以保其身。"赞美了仲山甫的美好品德，也是成语"明哲保身"的由来。

◎ 求知

中日甲午战争

中日甲午战争是19世纪末日本为实现征服朝鲜、侵略中国、称霸世界的野心而发动的战争。按中国干支纪年，战争爆发的1894年为旧历甲午年，故称中日甲午战争。中日甲午战争以1894年7月25日丰岛海战的爆发为开端，至1895年4月17日《马关条约》签字结束。这场战争以中国战败、北洋水师全军覆没告终。清朝政府迫于日本军国主义的军事压力，签订了丧权辱国的不平等条约——《马关条约》。中日甲午战争给中华民族带来空前严重的民族危机，大大加深了中国社会半殖民地化程度。

包 诸 左 石　崔 吉 钮 龚

◎ 溯源

【包】源于风姓，出自远古部落首领"三皇五帝"中包羲（即伏羲）后裔。一说源自春秋时楚国大夫包胥的后裔。当今包姓人口分布以广西壮族自治区，以及江苏、浙江、福建等省居多。

● 名人代表

包　拯（999—1062）：字希仁，庐州合肥（今属安徽）人，宋代名臣，曾任开封府尹、龙图阁直学士。他为官清廉，刚正不阿，执法严格，是古代清官的典型，人称"包青天"。

包　融：唐代著名诗人。　　**包世臣**：清代著名学者、书法家。

【诸】源于地名，出自春秋时期鲁国大夫的封地诸邑（今山东诸城），属于以封邑名称为姓。一说源于姒姓，出自春秋末期越国大夫诸稽郢（yǐng）之后。当今诸姓人口分布以江苏、浙江两省居多。

● 名人代表

诸　燮：生卒年不详。字子相，号理斋，浙江余姚人。明代政治、军事人物。

【左】源于上古时期的左国，属于以国名为氏。一说源于官职名，出自春秋时期各诸侯国的左史官。当今左姓人口分布尤以河北、山东、江苏、四川四省最多。

● 名人代表

左丘明（约前502—约前422）：春秋末期史学家、文学家、思想家。曾任鲁国史官，为解析《春秋》而作《左传》（又称《左氏春秋》），又作《国语》，被誉为"文宗史圣"。

左　思：西晋文学家。　　**左光斗**：明代直臣。

左宗棠：清代名臣。　　　**左　权**：中国无产阶级革命家、军事家。

【石】一说源于姬姓。春秋时期康叔后裔公孙碏（què），字石，又称石碏。其后世子孙以先祖名字为姓。一说源于子姓。春秋时期宋国的公子段，字子石，是宋平公子成的二儿子,他的后代都以先祖名字为姓。当今石姓人口分布以四川、河北、山东、陕西、辽宁、河南等省居多。

● 名人代表

石　申：生卒年不详。开封人,战国中期魏国天文学家、占星学家。著有《天文》八卷(西汉以后此书被尊为《石氏星经》)、《浑天图》等。后人把石申的《石氏星经》与甘德的《天文星占》结合起来称为《甘石星经》。

石　涛：清代画家。　　　　　　石达开：太平天国名将,封翼王。

【崔】姜太公的后裔齐国国君丁公有两个儿子,传位时,长子姜季子让位给胞弟叔乙。叔乙即位后,把崔邑封给季子。季子的子孙在崔邑居住下来,并以崔为姓。当今崔姓人口分布以河北、河南、江苏、山东、山西、江西等省居多。

● 名人代表

崔　颢(约704—754)：唐代诗人。唐玄宗开元十一年(723年)进士。他才思敏捷,擅长写诗,其作品激昂豪放,气势宏伟,有名篇《黄鹤楼》。《旧唐书·文苑传》把他和王昌龄、高适、孟浩然并提。据说李白曾为其《黄鹤楼》搁笔,有"眼前有景道不得,崔颢题诗在上头"的赞叹。著有《崔颢集》。

崔　寔(shí)：东汉政论家。　　　崔　护：唐代诗人。

崔　白：北宋著名画家。　　　　崔　斌：元代名臣。

【吉】源于姞(jí)姓。黄帝有个裔孙叫伯儵(shū),受封于南燕国(今河南延津、汲县一带),赐姓姞,称姞伯儵。后来建立姞姓燕国,史称南燕国。其后裔子孙中,有省去"女"旁简化为"吉"字者,世代称吉氏。一说源于兮姓,属于以先祖名字为氏。西周时期周宣王属下贤臣兮甲,字吉甫。在他的支庶后代中,有以先祖之字为姓者,称吉甫氏,后简化为吉氏。

● 名人代表

吉中孚：生卒年不详。唐代诗人,"大历十才子"之一。工诗歌,与卢纶、钱起等齐名。最初是一名道士,后还俗。后进士及第,官至户部侍郎。

吉　顼(xū)：唐代大臣。　　　　吉惟善：明代名士。

吉鸿昌：抗日爱国将领。

【钮】春秋时期,钮宣义为吴国从卫骑都尉,因其祖上是专职从事钮柄制作的"百工"之长,故以技艺为姓,称钮氏。钮姓是当今较少见的姓氏,主要分布于江苏、浙江、山东、山西、河南等省。

● **名人代表**

钮　琇（?—1704）：清代文学家。工于诗文,博学多才。有《临野堂集》。

钮克让：元代官吏。　　　　　　　　**钮　衍**：明代廉吏。

【龚】出自黄帝之臣共工氏的后裔。黄帝之臣共工氏担任水官,因治水有功,被奉为社神。其后代有一支以单字"共"为整个家族的姓,后又加"龙"字改成"龚"氏。一说出自商代共国之后裔。共国灭亡后,共国国君的子孙以国名为氏,后演变为龚姓。当代龚姓人口分布以湖南、江苏、湖北、四川四省居多。

● **名人代表**

龚自珍（1792—1841）：字璱（sè）人,号定庵,仁和（今浙江杭州）人。清代思想家、诗人。曾任内阁中书、宗人府主事和礼部主事等官职。主张革除弊政,抵制外国侵略,曾全力支持林则徐禁除鸦片。他的诗文主张"更法""改图",揭露了清朝统治者的腐朽,洋溢着强烈的爱国热情,被柳亚子誉为"三百年来第一流"。

龚　遂：西汉官员。　　　　　　　　**龚　谦**：明末清初名臣。

◎ **说典**

欲盖弥彰

"欲盖弥彰"这个成语出自《左传》。春秋时期,邾国的大夫黑肱（gōng）悄悄地将滥邑送给了鲁国,希望鲁国能给予他政治上的庇护。鲁国答应了,便在史册上将黑肱投奔鲁国的事,直接用邾黑肱的名义记载了下来。鲁国的正人君子看到了,就批评说："一个人应该好好保护自己的名字,不要使它受到污辱。叛国者的罪状将永远出现在历史上,成为不义之人,万世万代都无法磨灭。有人想求名,但史册却不写他的名字;有人想隐藏自己的名字,史册反而将他的名字大书特书一番。""欲盖弥彰"是指一个人本来想掩盖事实真相,反而暴露得更清楚。

◎ 求知

己亥杂诗

《己亥杂诗》是清代诗人龚自珍创作的组诗，共315首。诗中包含生平、著述、交游等，题材极为广泛。龚自珍所作诗文，提倡"更法""改图"，批判清王朝的腐朽，洋溢着强烈的爱国热情。

己亥杂诗·其五

浩荡离愁白日斜，吟鞭东指即天涯。

落红不是无情物，化作春泥更护花。

己亥杂诗·其二百二十

九州生气恃风雷，万马齐喑究可哀。

我劝天公重抖擞，不拘一格降人才。

程（chéng） 稽（jī） 邢（xíng） 滑（huá） 裴（péi） 陆（lù） 荣（róng） 翁（wēng）

◎ 溯源

【程】一说出自风姓，是重和黎的后裔。重、黎是古史传说中的"五帝"时期的人物，他们的后裔伯符在西周前期被封在程地，建立了程国，程国的居民以国名为氏。一说源自重、黎的裔孙程伯休父，他被封到程邑（今陕西咸阳东），其子孙中有一部分人以封地名为姓。当今程姓人口分布以河南、安徽、湖北、四川和山东等省居多。

● 名人代表

程　颢（1032—1085）、**程　颐**（1033—1107）：北宋时期宋明理学的奠基人，著名儒家学者，世称"二程"。又因他们都是河南洛阳人，其学派被称为"洛学"。其学说后为理学家朱熹继承和发展，世称"程朱理学"。

程不识：西汉大将。　　　　　　　　**程咬金**：唐代开国名将。

程砚秋：京剧艺术大师。

【稽】源于姒（sì）姓。夏朝君主少康之子季杼的封地在会稽（今浙江绍兴），其后裔子孙遂以先祖的封邑名称为姓，称会稽氏。后又迁到豫州南部谯（qiáo）郡嵇山（今安徽亳州蒙城一带），遂改为嵇氏。当今嵇姓人口分布以河南、江苏二省居多。

● **名人代表**

嵇　康（224—263）：会稽人，后迁徙到谯郡。三国时期魏国名士，"竹林七贤"之一，也是著名文学家、思想家、音乐家。博学多闻，有奇才，崇尚老庄，常修炼养性服食内丹之事。工诗文，善鼓琴，精乐理。他善于写四言诗，风格清俊。擅鼓琴，以弹《广陵散》闻名。

嵇　绍：晋代大臣。　　　　　嵇　颖：宋代翰林学士。

【邢】邢氏宗族得姓始祖"靖渊公"，为周公旦第四子，受封为邢侯，建邢国，其后人遂以邢为姓。当今邢姓人口分布尤以河北、河南等省居多。

● **名人代表**

邢　昺（932—1010）：字叔明，曹州济阴（今山东菏泽曹县西北）人。北宋经学家，擢（zhuó）九经及第，后官至礼部尚书。所撰《论语正义》，讨论心性命理，为后代理学家所采纳。所撰《尔雅疏》及《孝经正义》，均收入《十三经注疏》中。

邢　颙（yóng）：三国时期曹魏著名的"贤达之士"。

邢　峦：北朝北魏官吏、学者。

【滑】出自姬姓。滑国是周代分封的同姓小国，最初建都于滑，后迁都于费，故又称为费滑。后来滑国被晋灭，亡国后，滑国国君的子孙便以国名作为自己的姓氏。一说出自春秋时期郑庄公次子姬滑，属于以先祖名字为氏。

● **名人代表**

滑　寿（约1304—1386）：字伯仁，晚号樱宁生，元末明初医学家。他不仅精通《素问》《难经》，还融通张仲景、刘守真、李东垣（yuán）三家学说，所以给人治病有"奇验"。滑寿医德高尚，受到时人的赞誉。编著有《十四经发挥》等。

滑　方：五代赵州良吏。　　　滑　恭：明代歙（shè）县知县。

【裴】源于嬴姓。伯益之后苹陵在周僖王时被封为解邑（原字为上"非"下"邑"）君，他就去掉"邑"，改加"衣"字底，称裴姓。一说秦国先公非子后裔被封为裴乡（今山西闻喜裴城）的首领，称裴乡侯，他的后世子孙便以封邑名为姓。当今裴姓人口分布以山西省居多。

●**名人代表**

裴松之（372—451）：字世期，河东闻喜（今山西闻喜）人，后移居江南。南朝宋著名史学家，为《三国志》作注。与儿子裴骃、曾孙裴子野并称为"三裴"。

裴　楷：西晋名士。　　　裴　頠(wěi)：西晋哲学家。
裴　坦：唐代宰相。　　　裴　度：唐代宰相。
裴行俭：唐代名将。　　　裴文中：中国古人类学家、古生物学家。

【陆】源于战国时期齐宣王少子田通，他受封于平原陆乡（今山东平原境内），因之得姓。当今陆姓人口分布尤以广西壮族自治区及江苏、广东、浙江、上海等省市居多。

●**名人代表**

陆　羽（733—804）：字鸿渐，复州竟陵（今湖北天门）人。唐代著名的茶学专家，著有世界上第一部茶叶专著《茶经》，后人尊为"茶圣"。

陆　逊：三国时期东吴名将。　　陆　机：西晋著名文学家、书法家。
陆　贽(zhì)：唐代政论家、文学家。陆九渊：南宋哲学家、教育家。
陆　游：南宋著名诗人。　　　　陆秀夫：宋末抗元名臣。

【荣】一说，远古黄帝时代，有位音乐家叫荣援，他受黄帝之命与伶伦共同铸造了12口铜钟，以和五音。荣援就是荣姓的始祖。一说，周成王有个卿士受封于荣邑（在今河南巩义市一带），称为荣伯，他的子孙便以邑名为姓。当今荣姓人口分布尤以吉林省为多。

●**名人代表**

荣德生（1875—1952）：江苏无锡人，是中国著名的民族实业家、慈善家，著有《乐农氏纪事》一书。

荣夷公：西周厉王时大臣。　　　荣　毗：隋代官吏。
荣毅仁：曾任中华人民共和国副主席。

【翁】周昭王封庶子于翁，国亡后其子孙以地名为姓。一说上古夏朝初期，有一位贵族叫翁难乙，相传他就是翁姓最古老的祖先。又说周昭王庶子出生时双手握拳，他人掰不开，独昭王能掰开。周昭王掰开后，见初生儿左掌纹似篆文的"公"字，右掌纹如"羽"字，便给儿子取名"翁"。后来翁的子孙便以他的名字为姓。当今翁姓人口分布以福建等省居多。

● **名人代表**

翁万达（1498—1552）：字仁夫，号东涯，谥襄敏，潮州府揭阳（今广东汕头）人。明代将领、诗人，官至兵部尚书。著有《东涯集》《稽愆（qiān）集》《稽愆诗》等。今人辑有《翁万达集》。

翁承赞：唐代大臣。　　**翁方纲**：清代书法家、文学家、金石学家。

翁同龢（hé）：清代军机大臣。

◎ 说典

嵇绍不孤

三国时期，作为"竹林七贤"之一的嵇康因对当时社会的黑暗统治不满，被当政者视为"眼中钉"，后被司马昭杀害。嵇康临死之前，没有把儿子嵇绍托付给自己的哥哥嵇喜，也没有托付给他敬重的阮籍，而是托付给了山涛。他还对嵇绍说："山公尚在，汝不孤矣。"嵇康死后，山涛没有辜负嵇康的重托，对待嵇绍就像对待自己的儿子一样，最终把嵇绍养大成才。王戎因倾慕于嵇康的气度，感动于山涛的义气，也数度教诲、大力推荐嵇绍。山涛和王戎，他们尽到了朋友应尽的道义与责任，使得这个孤弱的孩子，即使失去了父亲，也还拥有他们慈父般的关怀与教导，不再那么无依无靠。后来，嵇绍在山涛的大力举荐下，被晋武帝"发诏征之"，成为晋朝的名臣。嵇康与山涛之间感人至深的信义与友情，也成为千古传扬的佳话。

◎ 求知

陆游和咏梅诗

南宋著名爱国诗人陆游，一生酷爱梅花，写有150多首咏梅的诗词。与唐朝相比，宋朝是个积弱积贫的王朝，北方辽、金先后威胁中原，而赵宋却始终处于无奈境地，丧权辱国的事情不断发生。南宋建立以后，更是江河日下，风雨飘摇。于是，长期生活在内忧外患中的敏感的文人，便对百花苑中那坚贞不屈、孤傲自洁的梅花，产生了日渐浓烈的钦佩感，把它视为抒怀咏志的最佳对象。极具爱国思想的陆游，面对国土沦丧的局面，把坚贞不屈的斗争精神倾注在梅花身上，以梅花自比来抒发爱国豪情。

如：《卜算子·咏梅》词中的梅花，就是诗人自身形象的写照。

驿外断桥边，寂寞开无主。已是黄昏独自愁，更著风和雨。

无意苦争春，一任群芳妒。零落成泥碾作尘，只有香如故。

陆游由衷地喜爱梅花，形成了化不开的梅花情结。他笔下的梅花开了近千年，依旧幽香弥漫。

荀 羊 於 惠 甄 麴 家 封

◎ 溯源

【荀】出自姬姓，周文王的第十七个儿子被封于古郇国（今山西临猗），史称郇伯。春秋时，郇国被晋国武公灭，其后代子孙遂以国名郇为氏，后去"阝"旁加"艹"为荀姓。一说源自春秋时晋国大夫逝敖。他被分封在荀邑（今山西新绛东北），其后代就以荀为姓。当今荀姓人口分布以河南、山东、辽宁、重庆、江苏等省市居多。

● 名人代表

荀 子（约前313—前238）：名况，时人尊而号为"卿"，战国末期赵国人。著名思想家、文学家、政治家。他对儒家思想有所发展，在人性问题上，提倡性恶论，主张人性有恶，否认天赋的道德观念，强调后天环境和教育对人的影响。著有《荀子》。

荀 淑：东汉名士。　　　　　　　　**荀 崧**：晋代官吏。

荀慧生：著名京剧表演艺术家。

【羊】源于姬姓，出自春秋时晋国大夫祁盈后代的封地羊舌邑（今山西洪洞范村），属于以封邑名称为姓。一说源于官位，西周时期管羊的官吏称为"羊人"，羊人的后代便以官职名为姓。当今羊姓人口分布以四川、安徽、江苏等省居多。

● 名人代表

羊　祜（221—278）：字叔子，泰山南城人。西晋著名战略家、军事家和政治家，官至尚书左仆射。他曾参与平吴的军政策划。在都督荆州期间，甚得远近民望。平时轻裘缓带，身不披甲。与东吴守将陆抗对峙，却能讲信修德，以怀柔吴人。

羊　续：东汉名臣。　　　　　　　羊　陟（zhì）：东汉官吏。
羊　欣：南朝宋书法家。　　　　　羊璿（xuán）之：北朝北魏散文家。

【於】源于姬姓，出自黄帝的臣子於则，属于以先祖名字为氏。他发明了用麻编织的鞋子履，结束了古人光脚走路的历史，因功被封于於（今河南内乡）。一说出自西周时期官吏於官（一种负责在禁宫之内饲养畜禽的官吏），属于以官职名为氏。当今於姓人口分布以浙江、江苏、安徽、湖北、山东等省居多。

● 名人代表

於清言：生卒年不详。晋陵（今江苏武进）人。南宋画家，擅画荷花。著有《图绘宝鉴》《毗（pí）陵志》《画史会要》等。

於　敖：明代大臣。　　　　　　　於竹屋：明代著名画家。

【惠】源于姬姓，出自西周的国君姬阆（làng）。他的谥号为惠，就是周惠王。其后裔子孙中，有以先祖谥号为姓者，称惠氏，世代相传至今。一说源自黄帝直系裔孙惠连，属于以先祖名字为氏。

● 名人代表

惠　子（约前370—前310）：名施，战国中期宋国（今河南商丘）人。战国时期著名的政治家、哲学家，是名家学派的开山鼻祖和主要代表人物。惠施是合纵抗秦的最主要的组织者和支持者之一，主张魏国、齐国和楚国联合起来对抗秦国。

惠　直：宋代名士。　　　　　　　惠　栋：清代经学家。
惠士奇：清代经学家。

【甄】舜帝曾在瓠（hù）子河滨帮助东夷部落制造陶器，周围的百姓纷纷搬到他的住处附近，形成一座城邑，叫甄城。后来，舜的子孙被封在甄城做官的，称甄氏。

当今甄姓人口分布以河北和黑龙江二省居多。

● **名人代表**

甄立言（545—？）：古代医学名家。著有《本草音义》七卷、《本草药性》三卷、《本草集录》二卷、《古今录验方》五十卷，均已散佚，部分佚文尚可在《千金要方》和《外台秘要》中见到。他的《古今录验方》所载"消渴小便至甜"是我国有关糖尿病的最早记载。

甄　宇：东汉官吏。　　　　　**甄　琛**：北朝北魏将领。

甄　鸾：北朝北周数学家。　　**甄　权**：唐代名医。

【麹】一说属于以官职名为姓。麹，是酿酒的主要原料。西周时，有官职名为"麹人"，即负责酿制酒类的官员。其后代子孙以祖上官职名为姓，称麹氏。一说来自鞠姓。汉哀帝时，有尚书令鞠谭，后来为了逃避王莽的迫害而改姓麹。当今麹姓人口分布以辽宁、黑龙江二省最为集中。作为姓氏，这个异体字不宜写作它的正体字"曲"。

● **名人代表**

麹伯雅（？—623）：隋唐时高昌国王。曾下令让高昌居民"解辫削衽"，实行汉化。

麹　允：晋代将领。　　　　**麹信陵**：唐代官吏。

【家】出自姬姓。周孝王之子家父忠诚正直，后世子孙以他为荣，就取"家"字为姓，世代相传。一说春秋时鲁庄公之孙名驹，字子家，其子孙取先祖字为姓。当今家姓人口在江苏、上海、山西等省市有少量分布。

● **名人代表**

家定国（1031—1094）：字退翁，眉山（今属四川）人。宋代文学家。皇祐年间进士及第，长于诗文，曾与苏轼、苏辙唱和。

家　愿：宋代大臣。　　　　**家铉**（xuàn）**翁**：宋末学者。

【封】源于姜姓，出自炎帝后裔钜（jù）的后代的封地。夏朝时期，钜的后代受封于封父（今河南封丘封父亭），建立诸侯国，属于以封邑名称为姓。一说出自黄帝之臣封子，属于以先祖名字为姓。当今封姓人口分布以河南、山东、江苏、湖南等省居多。

● **名人代表**

封隆之（485—545）：北朝北魏吏部尚书。奇谋妙算，知大政方略，历事五帝，官历侍中，再为吏部尚书，名声很好，世称"博大长者"。

封　孚：十六国时期官员。　　**封延伯**：南朝齐大臣。

封　肃：北朝北魏官吏。

◎ 说典

假道伐虢（guó）

春秋时期，晋国想吞并邻近的两个小国：虞和虢。由于这两个国家之间关系不错，晋如袭虞，虢会出兵救援；晋若攻虢，虞也会出兵阻挠。大臣荀息向晋献公献上一计。他说，要想攻占这两个国家，必须离间他们，使他们互不支援。虞国的国君贪得无厌，正可以投其所好。所以，他建议晋献公拿出心爱的两件宝物——屈产良马和垂棘之璧，送给虞公。献公一开始并不舍得。荀息说："大王放心，只不过让他暂时保管这两件宝物罢了。等灭了虞国，一切不又都回到您的手中了吗？"献公依计而行。虞公得到良马美璧，高兴得合不拢嘴。

晋国故意在晋、虢边境制造事端，找到了伐虢的借口，并要求虞国借道让晋国伐虢。虞公得了晋国的好处，便满口答应。晋军通过虞国道路，攻打虢国，经过四个月取得了胜利。班师回国时，晋国把劫夺的财产分了许多给虞公。虞公更是大喜过望。这时，晋军大将里克装病，称不能带兵回国，暂时把部队驻扎在虞国京城附近。虞公对此毫无提防。几天之后，献公亲率大军前去虞国，虞公出城相迎。献公约虞公一起去打猎。不一会儿，只见京城中着起了大火。虞公赶到城外时，京城已被晋军攻陷了。就这样，晋国又轻而易举地灭了虞国。

◎ 求知

荀　子

《荀子》一书是荀况晚年为总结"百家争鸣"和自己的学术思想而写的，集中国古代儒、法、道、墨等诸子学术思想之大成。全书论说方面极广，张觉在他的《荀子译注》中说："纵观《荀子》全书，凡哲学、伦理、政治、经济、军事、教育，乃至语言学、文学皆有涉猎，且多精论，足以为先秦一大思想宝库。""人定胜天""性恶论""隆礼敬士""尚贤使能""重法爱民""节用裕民""开源节流"是《荀子》一书的主要思想。《荀子》立论严谨，语言生动。其中，有脍炙人口的散文名篇《劝学》。《荀子》中的五篇短赋，以四言韵语为主，骈散错落有致，开创了以赋为名的文学体裁。书中还有以北方民歌形式写就的《成相》篇，运用说唱形式来表达自己的政治、学术思想，通俗易懂。

ruì　yì　chǔ　jìn　　jí　bǐng　mí　sōng

芮 羿 储 靳　汲 邴 糜 松

◎溯源

【芮】 出自姬姓。周文王手下有个卿士叫良夫，被分封到芮（今陕西大荔一带）为伯，称芮伯。芮伯的后代建立了芮国，并以国名为姓。

● **名人代表**

芮良夫： 生卒年不详。西周大臣。周厉王重用擅长敛财的荣夷公，芮良夫曾对此进行劝谏。相传《诗经·大雅·桑柔》是芮良父所作。

芮挺章： 唐代学者。　　　　　　**芮　麟：** 明代知府。

【羿】 源自夏代有穷国的著名射手后羿，他的后人以先人名字"羿"为姓。当今羿姓人口分布以辽宁、湖北、北京、山西、安徽等省市居多。

● **名人代表**

羿　忠： 生卒年不详。明代洪武初年的遂宁知县。

【储】 源自上古储国。储国人的后代以国名"储"为姓，称储氏，世代相传。一说源自春秋时期齐国大夫储子。他与孟子是好友，其子孙以祖字"储"为姓。当今储姓人口分布主要以安徽、江苏、上海、湖南、浙江、天津、陕西等省市居多。

● **名人代表**

储光羲（约706—763）：唐代诗人，出身官宦之家，勤学聪慧。开元十四年

(726年),20岁左右的他中进士,授翰林,历任县尉、监察御史等。以山水田园诗著称,诗风质朴、古雅,富有民歌风韵。后人常将其与王维、孟浩然、韦应物、柳宗元并称。

储嗣宗:唐代诗人。　　　　　储　用:宋代官吏。
储　珊:明代官吏。　　　　　储　欣:清代学者。

【靳】战国时期楚国大夫靳尚的后代受封于靳,因此以邑名为姓,称靳氏。当代靳姓人口分布以河南、河北两省居多。

●名人代表

靳　歙(？—前183):西汉开国功臣。秦末跟随刘邦起义,初为中涓,以军功赐爵建武侯,迁骑都尉。后随刘邦定三秦,败赵将贾郝于朝歌,破项籍于陈,封信武侯,后又以骑都尉击代,攻韩王信于平城,有功,升为车骑将军,并从击陈豨(xī)、英布。

靳　准:十六国时期前赵大臣。　　靳　义:明代大臣。
靳学颜:明代学者。　　　　　　靳　辅:清代名臣、水利工程专家。

【汲】出自姬姓,是春秋时期卫宣公的后代。卫宣公的太子居于汲这个地方,他的后代就以地名为姓,称汲氏。另一支出自姜姓。齐宣公的裔孙受封于汲邑,他的后代子孙就以封邑名为姓。当今汲姓人口分布以河南、山东等省居多。

●名人代表

汲　黯(？—前112):字长孺,濮(pú)阳(今河南濮阳)人,西汉名臣。好黄老之术,常直言进谏。曾任东海太守、主爵都尉、淮阳太守。

汲　固:北魏官吏。

【邴】春秋时期,晋国大夫邴豫被分封到邴邑,他的后代遂用祖先的封地名邴作为自己的姓。一说出自春秋时期齐国大夫邴歜(zhú)的后代。

●名人代表

邴　汉:生卒年不详。西汉末年以清行而见称的名士,曾官至京兆尹及太中大夫。王莽当政之时,他不屑与"汉贼"同流合污,而乞骸骨归经秀里,保全了自己的声誉。

邴　吉：西汉丞相。　　　　　　　邴　原：东汉名士。

【糜】源于姒姓，出自夏王朝时期古糜（méi）子国，属于以国名为姓。一说源于芈姓，出自春秋时期楚国大夫的封地南郡糜亭（今河南汝南），属于以封邑名称为姓。当今糜姓人口分布尤以江西、湖南等省居多。

● 名人代表

糜　信：生卒年不详。三国时期吴国人。经学家，官至乐平太守。著有《春秋穀梁传注》十二卷、《春秋说要》十卷等。

糜　竺：三国时期蜀汉大臣。　　　糜　芳：三国时期蜀汉将领。

【松】松姓起源于统一六国的秦始皇和松树的故事。秦始皇统一天下后，亲登泰山祭天。因在松树下躲雨，便赏封松树为"五大夫松"。此后，就有居于泰山的人以"五大夫松"的"松"字为姓，称松氏，世代相传。

● 名人代表

松　冕：生卒年不详。六合人，明代时的清官。松冕为官清正廉洁，深受百姓爱戴。

松　赟（yūn）：隋代名士。　　　松　寿：清代官员。

◎ 说典

后来居上

汉武帝时，文官汲黯生性坦率，总是直言劝谏，汉武帝便派他去边远的东海郡做官。因为政绩显著，汲黯又被调回朝廷，担任主爵都尉。结果，他本性不改，又遭到汉武帝的冷落。于是，汲黯的官职再也没有提升，反倒是公孙弘、张汤等原本很不起眼的人，一步一步做了大官，汲黯不禁感慨道："皇帝用人就像堆柴，真是后来者居上。"后用"后来居上"称赞后起之秀超过前辈。

◎ 求知

五大夫松

据《史记》记载，秦始皇登封泰山时，中途遇雨，避于一棵大树之下。因大树护驾有功，秦始皇遂封该树为"五大夫"爵位。"五大夫"本是秦代官阶第九品，谁知被后世讹为"五株松树"。明代万历年间，古松被雷雨摧毁。清雍正年间，钦差丁皂保奉诏重修泰山时，补植五株松树，现存二株，虬（qiú）枝拳曲，苍劲古拙，被誉为"秦松挺秀"，为泰安古八景之一。旁有五松亭和乾隆皇帝御制《咏五大夫松》的摹刻。

井 段 富 巫 乌 焦 巴 弓

◎溯源

【井】出自姜姓，是炎帝的后代，"井"是《周易》六十四卦之一，有取之不尽的意思，因而，取吉利的意思作为姓氏。一说始于春秋，是以封地名作为姓氏的。春秋时，虞国有个大夫被封到井邑，称井伯。他的后代就用封邑名井作为自己的姓。当今井氏人口分布尤以辽宁、陕西等省居多。

●名人代表

井 丹：生卒年不详。东汉郿地（今陕西眉县）人。年轻时学习于太学，通五经，善谈论，京师人都议论说："五经纷纶井大春。"据说，他为人非常清高，从不会奉承人，更不屑攀龙附凤。

井 在：清代官吏。　　　　**井玉树**：清代书画家。

【段】出自姬姓，是春秋时郑武公的儿子共叔段的后代，他的子孙中有的以段为姓。一说源于老子之子宗，春秋时为魏国将领，受封于段干，人称段干木，后代有以单姓段为姓氏的。后晋时，白蛮人段世平建大理王朝（今云南大理白族自治州一带），段姓为其大姓。当今段姓人口分布以四川、山西、河北、云南等省居多。

●名人代表

段文昌（773—835）：字墨卿，一字景初，西河（今山西汾阳）人。唐代宰相，褒国公段志玄玄孙。唐穆宗继位后，段文昌拜相，担任中书侍郎、同平章事，后以使相出镇，担任西川节度使。此后历任刑部尚书、兵部尚书、淮南节度使、荆南节度使，封邹平郡公。

段秀实：唐代名将。　　　　　　　　**段成式**：唐代文学家。
段少连：北宋大臣。　　　　　　　　**段克己**：金代文学家。
段玉裁：清代文字训诂学家、经学家。

【富】源于姬姓，出自周襄王时期姬姓大夫富辰的封地。史称富辰为春秋第一忠臣，富辰的后裔子孙，多以先祖封邑名称为姓，奉富辰为富氏的得姓始祖。一说源于姜姓，出自春秋时期鲁国公族大夫富父终甥，由复姓省文简化为富姓。

● **名人代表**

富嘉谟（？—706）：雍州武功（今陕西武功）人，唐代散文家。武则天长安中累授晋阳尉，时吴少微也在晋阳，魏郡谷倚为太原主簿，三人均以文辞见长，称为"北京三杰"。又以文辞崇雅黜（chù）浮，浑厚雄迈，而被仿效，有"吴富体"之称。

富　弼：北宋名相。

【巫】源于上古，巫人以祈祷、祭祀占卜为职业，其后代有的便以这种技艺的名称"巫"作为自己的姓。一说相传黄帝时有医生巫彭，此为巫姓之始。当代巫姓人口分布以广东、江西、广西等地居多。

● **名人代表**

巫　咸：生卒年不详。商代大臣。传说他是鼓的发明者，是用筮（shì）占卜的创始者，还是一位著名的占星家。

巫罗俊：唐代官吏。　　　　　　　　**巫子秀**：明代名士。

【乌】源于姬姓。相传少昊担任东夷部族首领时，以鸟名任命官职，有"乌鸟"一职。其后裔子孙多以先祖官职名为姓，称乌鸟氏，后简化称乌氏，世代相传至今。一说源于姜姓，出自春秋时期陇西西戎族乌氏国，属于以国名为姓。当今乌姓人口分布以河南、江西、宁夏和内蒙古等地居多。

● **名人代表**

乌重胤（761—827）：字保君，唐代张掖人。出身行伍，善抚士，待官属有礼，当时名士石洪、温造皆在其幕下。

乌本良：宋末元初学者。　　　　　　**乌斯道**：明代书画家。

乌从善：明代大臣。

【焦】周代初年，周武王把神农氏的嫡系后裔封于焦，建立焦国。春秋时，焦国被晋国吞并，焦国国君的子孙即以故国名为氏，称焦姓。一说源自姜姓。春秋时许灵公（即姜宁）迁焦，其后代以地名为氏。当今焦姓人口分布尤以江西省居多。

● **名人代表**

焦延寿：生卒年不详。汉代大学者。汉昭帝时，出来做官，政绩很好。后来又专心读书，尤其下功夫研究《易经》，一边讲授，一边著书，著有《焦氏易林》。

焦　度：南朝齐将领。　　　　　焦　遂：唐代名士。

焦　竑（hóng）：明代学者。　　焦裕禄：中国共产党的优秀干部。

【巴】出自风姓。上古时伏羲氏有个后裔叫后照，定居于巴水。他的子孙就以居住地为姓，称巴氏。一说出自姬姓。周代有巴国，后并于秦。巴国国君的后代，就用原来的国名巴作为自己的姓氏。

● **名人代表**

巴　肃（？—169）：字恭祖，渤海人。东汉名士。据记载，他与窦武、陈蕃共同谋诛宦官，整饬（chì）朝政，事情泄露后被害。

巴　泰：清代官员。　　　　　巴慰祖：清代书画家、篆刻家。

【弓】一说出自姬姓。春秋时鲁国有公孙婴齐，曾随鲁成公伐宋、郑二国，立大功，受封世代为鲁国大夫。婴齐，字叔弓，其子孙以其字"弓"为姓。一说以官职名为姓。相传黄帝有个儿子叫挥，因制造弧弓（即弓箭）被封于张，其后代遂为弓氏和张氏。后来主管制造弓弩（nǔ）的官叫弓正，其子孙后代也以弓为姓。

● **名人代表**

弓嗣初：生卒年不详。唐代诗人。高宗咸亨四年（673年）状元，及第后任雍州（今陕西西安西北）司功。

弓　林：西汉重臣。　　　　　弓　翊（yì）：三国时期博陵太守。

◎ 说典

多行不义必自毙

春秋时，郑武公去世，其长子继位，就是郑庄公。庄公的弟弟共叔段图谋篡位，在封地内招兵买马，修整军备。郑大夫祭仲对此深表不安，并进谏庄公早日除掉共叔段，以绝后患。庄公回答说："'多行不义必自毙'，请你拭目以待。"不久，果如其言，共叔段狂妄自大，蚕食边邑，且欲攻打郑都。庄公见时机成熟，便出兵攻打共叔段，并将他逐出郑国。"多行不义必自毙"比喻多做恶事的人，必然会自取灭亡。

◎ 求知

巴　国

巴国，先秦时期的一个国家，位处今西南地区、长江上游地区，国都为江州（今重庆渝中区）。巴国起源很早，相传周以前主要分布在武落钟离山（今湖北长阳西北）一带，后向西扩展。在周武王伐纣时有功，被封为子国。因首领为巴子，所以叫巴子国，简称巴国。公元前316年，巴国为秦国所灭。秦国在江州筑城，设置巴郡，把巴地纳入了秦国的郡县体制。据考古发掘，巴国地区（包括今重庆地区、四川东部、陕西南部、湖北西部、贵州北部地区）史前文化发端于200万年前的旧石器时代早期，其代表性古人类是"巫山人"。四千多年前，巴人先民们就世世代代在重庆地区这片神奇的土地上繁衍生息，自强不息，创造了灿烂的巴文化。

mù　kuí　shān　gǔ　　chē　hóu　mì　péng
牧　隗　山　谷　　车　侯　宓　蓬

◎ 溯源

【牧】西周初年，周武王的同母少弟、卫国大夫康叔被封于牧〔今河南淇（qí）县南部〕，他的子孙后代就以封地名为姓，称牧氏。一说以人名为姓。相传黄帝曾梦见有人手执千钧之弓，驱羊万头，醒而悟曰：执千钧之弓者象征有力，驱羊万头者能治理百姓行善。即寻访其人，果于大泽中得力牧，并用之为将。力牧后人有以其祖上之名为姓者，称牧氏。

●名人代表

牧 相：生卒年不详。明代广西参议，余姚人。牧相与心学大家王阳明同是王华门下的得意学生，他尤受王华的器重。弘治年间，牧相进士及第，被授为南京兵科给事中，敢于直言进谏。以疏请罢礼部尚书崔志端等而享有盛名。

牧 仲：春秋时鲁国贤士。　　牧 皮：春秋时鲁国人，事孔子。

【隗】出自炎帝魁隗（kuí）氏，是华夏族最古老的姓之一。一说出自夏朝帝王的后代。汤灭夏桀后，建立商朝，封夏朝王族的后代到隗邑担任首领，并让他们建立了妘姓隗国（今湖北省秭归东南一带），后被楚国灭。其后世子孙以原国名为姓，称隗氏。作为姓氏，又读wěi、guī。

●名人代表

隗 禧：生卒年不详。三国时魏国郎中。年少时勤奋好学，以砍柴为业，每日担负经书去砍柴，在闲暇时间读书，最终成为饱学之士。后被拜为郎中。既明经，又通星象，为当时学林所仰慕，撰有《诸经解》数十万言。

隗 状：秦代丞相，《史记·秦始皇本纪》为隗林。

隗 嚣：汉代大臣。　　　　隗 纯：东汉初政治人物。

【山】一说出自姜姓。炎帝出生于烈山，故号烈山氏。他的后代有的就用山作为姓。一说以官职名为姓。周代设有"山师"的官职，掌管山林。其后代世袭山师，并以山为姓。当今山姓人口分布以山东、四川、青海等省居多。

●名人代表

山 涛（205—283）：字巨源。晋代名士，"竹林七贤"之一。

山 简：晋代文学家。

【谷】出自嬴姓。嬴氏的后代有叫非子的，被周王封于秦谷（后来成为秦国和谷国）。谷国后被楚国吞灭，其王族后裔子孙及国民多以国名为姓，称谷氏。一说源于战国时期齐国的公子尾孙。他被封于夹谷，其后代于是以封地名为姓，称谷氏。当今谷姓人口分布尤以江苏、河北、山东、河南等省居多。

●名人代表

谷 永（？—前9）：西汉官吏。少时为长安小吏，博学经书，工于笔札。元帝时被举为太常丞。后历任光禄大夫、凉州刺史、太中大夫等职，官至大司农。

谷那律：唐代大臣、经学家。　　　**谷　倚**：唐代文学家。

谷应泰：清代官吏、史学家。

【车】一说出自妫（guī）姓。战国田齐后裔田千秋为西汉丞相，年老时汉帝特许他乘小车入宫，号"车丞相"。其子孙因此以车为姓。一说出自嬴姓。春秋时秦国子车氏之后有车姓。另有一说，车师国消亡后，其国民以国名为姓。当今车姓人口分布尤以四川、山东、甘肃等省居多。

● 名人代表

车　胤（约333—401）：南平郡（今湖南津市、安乡，湖北公安一带）人，东晋大臣。幼时"囊萤"苦读。初辟从事，后迁征西长史，以博学显于朝廷。累迁丹阳尹、吏部尚书。

车路头：北朝北魏大臣。　　　　**车道政**：唐代画家。

车　宁：明代大臣。

【侯】出自姬姓，属于以爵位为姓。春秋时期晋国的国君晋哀侯和他的弟弟被晋武公杀害，他们的子孙便迁居他国，并以祖先的爵位为姓，是为侯姓。一说出自姒姓。夏后氏的后裔有的被封于侯，其子孙以地名为姓，称侯氏。当代侯姓人口分布以河南、辽宁、安徽、湖南、广东、四川、山东、黑龙江等省居多。

● 名人代表

侯　霸（？—37）：东汉初年官员。汉成帝时任太子舍人。王莽时任随县县宰，后因剿匪有功，升任执法刺奸，后又升任淮平郡太守。光武帝时任尚书令，后任大司徒，深得光武帝的信赖器重，对东汉初年政权的建立和巩固多有建树。

侯君集：唐代名将。　　　　**侯叔献**：北宋官吏、水利专家。

侯方域：明末清初文人。　　**侯宝林**：相声表演艺术家。

【宓】宓姓始于远古始祖伏羲氏，与伏姓的源流是一样的，是伏羲氏的后裔。在古代，"宓"字和"伏"字通用，伏姓也叫宓姓，其后世子孙称宓姓。当今宓姓人口分布以山西太原、河南中部等地居多。宓，古音读 fú，今多读 mì。

● 名人代表

宓不齐（前521或前502—前445）：字子贱，春秋末期鲁国人。他注意修养，有君子之德，孔子曾称赞他"君子哉若人"。

宓　银：南宋大臣。　　　　　　宓宏谟：清代官吏。

【蓬】出自姬姓，属于以地名为姓。周天子封支子于蓬州（约今四川蓬安一带），建立蓬国。后来蓬国的王族就以国名为姓，称蓬氏。一说春秋时期，晋国有一位叫蓬球的。他生活在长满蓬草的丛林地带，其族人根据居住地的特征，指草为姓。这个家族是少见的以草名为姓，是当今蓬姓的主要来源。

● 名人代表

蓬　球：西晋渤海人。　　　　　蓬　萌：东汉隐士。

◎ 说典

苍颉（jié）造字

苍（亦作"仓"）颉，号史皇氏。《说文解字》中记载苍颉是黄帝时期造字的史官，有一年，苍颉跟随黄帝到南方巡狩，从"羊马蹄印"中得到灵感。他日思夜想，到处观察，看尽了天上星宿的分布情况、地上山川脉络的样子、鸟兽虫鱼的痕迹、草木器具的形状，不断描摹绘写，造出种种不同的符号，并且定下了每个符号所代表的意义。苍颉把这种符号叫作"字"，而他也被后人尊为"造字圣人"。

◎ 求知

谷　雨

谷雨是春季的最后一个节气。这时田中的秧苗初插、作物新种，最需要雨水的滋润，所以有"春雨贵如油"的说法。

关于谷雨节的来历，据《淮南子》记载，苍颉造字是一件惊天动地的大事。黄帝于春末夏初发布诏令，宣布苍颉造字成功，并号召天下臣民共习之。相传因苍颉制字有功，感动了天帝，当时天下正遭灾荒，天帝便命天兵天将打开天官的粮仓，下了

一场"谷子雨",天下万民这才得救了。黄帝把下"谷子雨"这一天叫作"谷雨节"。从此,每年到了这一天,人们都要欢歌狂舞,感谢上天,也感谢苍颉。"谷雨"也就一直延续下来了,成为二十四节气之一。据说,陕西白水县至今还有"谷雨祭苍颉"的习俗。

quán xī bān yǎng qiū zhòng yī gōng
全 郗 班 仰 秋 仲 伊 宫

◎ 溯源

【全】出自泉姓。西周时有泉府之官,掌管货币交流和集市贸易。泉府官的后人以官职名为姓,称泉氏。因"泉"与"全"同音,故一些姓泉的人改"泉"为"全",称全氏。

● 名人代表

全元起:生卒年不详。南朝时医学家,齐梁间人。他在注《黄帝内经·素问》之前,曾就砭(biān)石一事造访王僧儒。他的《注黄帝素问》,是我国最早对《素问》进行注解的著作。

全 琮:三国时期东吴名将。　　　　　　　**全 整**:明代学者。

全祖望:清代著名的史学家、文学家。

【郗】出自姬姓。黄帝后裔苏忿(fèn)生的后代被封于郗邑(今河南沁阳)。其后代以其封地名为姓,称郗氏。当今郗姓人口分布以河南沁阳、山东金乡、汶上等地居多。

● 名人代表

郗 鉴(269—339):东晋高平金乡(今山东济宁金乡)人。著名书法家、将领,东汉御史大夫郗虑的玄孙。少年时孤贫,但博览经籍,躬耕吟咏,以清节儒雅著名。

郗 虑:三国时期名士。　　　　　　　　**郗 诜**:晋代官吏。

郗 超:东晋大臣。　　　　　　　　　　**郗士美**:唐代名臣。

【班】一说源于芈姓,出自春秋时期楚国若敖的后代令尹子文,属于以传说为姓。由于令尹子文是吃虎乳长大的，因虎身有斑纹，令尹子文的后代就用"斑"为姓。古代，"班"和"斑"两字通用，其后裔子孙后有改称班姓者，世代相传至今。一说源于子姓，出自春秋时期宋国大夫酖（ér）班。又说源于姬姓，出自春秋时期鲁国巧匠公输班（即鲁班）。后两种说法皆属于以先祖名字为姓。

● **名人代表**

班　超（32—102）：字仲升，东汉时期著名军事家、外交家。奉命出使西域，巩固了汉朝在西域的统治，对促进民族融合作出了巨大贡献，保障了西域各族的安全以及"丝绸之路"的畅通。

班　彪：东汉史学家、文学家。　　　班　固：东汉著名史学家、文学家。

班　昭：东汉女学者。

【仰】舜的手下有个大臣叫仰延，精通音乐。传说他发明和改造了很多乐器，特别是弓弦乐器，其后代就以其名字中的"仰"字为姓。

● **名人代表**

仰　忻：生卒年不详。字天贶（kuàng），永嘉人。宋代孝子，力学笃行，年五十余岁丧母，自己背土筑坟，并且在墓旁建屋守墓。因为墓旁生白竹，竹上栖有乌鸦，被称为"慈乌白竹"之瑞。

仰仁谦：宋代廉吏。

【秋】一说源于子姓。少昊后裔胡，世称湫胡，在陈国当卿士，其支庶子孙以祖上之字去"氵"为秋姓，称秋氏。一说出自商朝时期官吏司寇，也有人认为出自汉朝时期官吏大长秋，皆属于以官职名为姓。

● **名人代表**

秋　瑾（1875—1907）：原名秋闺瑾，字璇卿，号旦吾，福建闽县（今福州）人。近代民主革命志士。

秋　允：明代学者。　　　　　　　秋　英：明代官员。

【仲】一说源于高辛氏，出自黄帝后裔高辛氏之臣仲堪、仲熊兄弟。一说源于任姓，是商王朝开国君主汤的佐相仲虺的后代。一说源于春秋末期卫国大夫仲由之后。皆属于以先祖名字为氏。当今仲姓人口分布以江苏、辽宁、山东、上海四省市居多。

● **名人代表**

仲　由（前542—前480）：字子路，又字季路。他跟随孔子周游列国，深得器重，是孔门七十二贤之一。

仲　熊：上古贤者。　　　　　　　　**仲　并**：宋代官吏。

【伊】源于伊祁氏，出自远古帝王唐尧，属于以居邑名称为姓。相传，古帝唐尧生于伊祁山（今河北顺平），其后裔子孙便以伊为姓氏，世代相传至今。一说源于姒姓，出自商朝大臣伊尹之后。他曾居于伊川（今河南伊川），因此以其居住地伊水为姓。当今伊姓人口分布极广，尤以河北省居多。

● **名人代表**

伊盆生：生卒年不详。北朝北魏著名将领。初为统军，屡立战功。北魏孝明帝时，历官洛州刺史、西道别将、岐州刺史。

伊　籍：三国时期蜀汉大臣。　　　　**伊秉绶**：清代书法家。

【宫】周武王的一个后代被分封到宫邑，其后代就以封邑名为姓。当今宫姓人口分布以吉林、辽宁、山东三省居多。

● **名人代表**

宫之奇：生卒年不详。春秋时著名的政治家。他明于料事，具有远见卓识，忠心耿耿辅佐虞君，并推荐百里奚与他共同参与朝政。他曾以"辅车相依，唇亡齿寒"劝谏虞君。

宫好礼：明代良吏。　　　　　　　　**宫国苞**：清代诗人、画家。

◎ **说典**

投笔从戎

汉明帝永平五年（62年），班固被明帝刘庄召到洛阳，做了一名校书郎，其弟班超和母亲也跟着去了。当时，因家境并不富裕，班超便找了个替官家抄写文书的差事挣钱养家。

但是，班超是个有远大志向的人，日子久了，他再也不甘心做这种乏味的抄写工作了。一天，他正在抄写文书，突然感到一阵莫名的厌烦和苦恼，于是"啪"的一声把笔摔在地上，叹气说："男子汉大丈夫，纵然没有其他什么志向谋略，也应当学学当年的傅介子和张骞,在外建立功勋,怎么能够长久地把时间花在替人抄写上面呢?"听了这番话,周围的人都讥笑他异想天开。班超感叹地说:"庸人怎能了解壮士的志向啊!"

后来,皇帝为了抵御匈奴的进攻派兵出征,班超从军入伍了。他英勇杀敌,大败匈奴,立下了赫赫战功。

◎ **求知**

汉　书

《汉书》,又称《前汉书》,由我国东汉时期的历史学家班固编撰,是中国第一部纪传体断代史,也是"二十四史"之一。全书主要记述了上起西汉的汉高祖元年(前206年),下至新朝的王莽地皇四年(23年),共230年的史事,是研究西汉历史的重要资料,通行注本有唐代颜师古注本。

宁　仇　栾　暴　甘　钭　厉　戎
(nìng qiú luán bào gān tǒu lì róng)

◎ **溯源**

【宁】出自姬姓,属于以邑名为氏。周朝时,卫国有位国君叫卫武公。卫武公将其儿子姬季亹(wěi)封于宁邑(今河南获嘉)。他的子孙便以封地名为姓,称宁氏,世代相传姓宁。

● **名人代表**

宁　越:生卒年不详。战国时赵国人。他原为农民,后刻苦读书15年,成为周威公的老师。

宁　戚:春秋时齐相。　　　　　　宁　成:西汉官吏。

【仇】仇姓源出殷末三公之一的九侯(一说为九吾氏)。商朝末年,纣王杀九侯,其族人避居各地,不少人取"九"字加"亻"旁改为仇姓。一说出自子姓,为春秋时宋国大夫仇牧之后。一说仇池国灭亡之后,有后裔取故国名为汉化姓者,即称仇池氏,后省文简化为单姓仇氏、池氏等。当代仇姓人口分布以江苏、山东、浙江等

117

省居多。

●名人代表

仇　英（约1494—1552）：字实父，号十洲，太仓（今属江苏）人。明代著名画家，中国绘画史上的"明代四大家"之一，擅长临摹宋、元名笔。其笔下的人物、鸟兽、山水、楼观、旗辇、车容之类，无一不秀雅鲜丽。他画的仕女，神采生动，精工妍丽，被誉为明时工笔之杰。

仇　远：元代文学家。　　　　　　仇维祯：明代大臣。

【栾】出自姬姓。晋国晋靖侯的孙子名宾，被封于栾邑（今河北栾城一带），世称栾宾。他的后代于是以封邑地名为姓，称栾氏。一说出自姜姓。齐惠公的儿子名坚，字子栾，他的子孙用他名字中的"栾"作为姓氏。当今栾姓人口分布尤以黑龙江省居多。

●名人代表

栾　书：春秋时期晋国名将。　　　栾　布：西汉官吏。
栾　清：唐代诗人。　　　　　　　栾崇吉：宋代良吏。

【暴】源于子姓，出自殷商时期诸侯暴公，其国即为暴国（今河南修武）。其后裔子孙有暴公氏，后省文简化为单姓暴氏，世代相传至今。一说源于姬姓。西周时期，王族姬辛被封于暴邑（今河南郑州），建立了暴国，所以称暴辛公。春秋初期，暴国被郑国吞并，其故国之民以原国名为姓，称暴氏。

●名人代表

暴胜之：生卒年不详。西汉御史大夫。精明能干且心胸宽广，治理地方有道，威震州郡。善于知人、荐人，且信任人，人们都赞誉他像伯乐识别千里马一样识别人才。

暴　显：北齐大将。　　　　　　　暴　昭：明代初年名臣。

【甘】出自姒姓。夏朝时，有诸侯国甘国（在今河南洛阳西南），其国人以封国名为姓。一说出自子姓。商代武丁时，甘盘为相。甘盘的后代子孙以祖上的名字为姓，遂成甘姓。一说出自姬姓。周武王封同族人于畿（jī）内为诸侯，其中有封于甘地者，称甘伯，其后代亦为甘姓。当今甘姓人口分布以江西、湖南、湖北、广西、广东、四川等地居多。

● **名人代表**

甘　德：生卒年不详。战国时楚国人（一说是齐国人），中国著名天文学家。与石申精密记录的黄道附近恒星位置及其与北极的距离，是世界上最古的恒星表。相传由他测定的恒星有118座，511个。著有《天文星占》八卷。

甘　罗：战国官员。　　　　　　**甘　英**：东汉外交家。

甘　宁：东汉末年名将。　　　**甘凤池**：清代著名武术家。

【钭】战国时，田氏代齐之后，齐国原来的国君康公被放逐到海边，生活十分艰苦，居洞穴，食野菜，以青铜酒器钭作釜锅，用以烹煮食物。因此，其支庶子孙后来便以青铜酒器钭为姓，称为钭氏，世代相传。当今钭姓人口主要分布在浙江省，江苏、江西、福建等地也有分布。

● **名人代表**

钭　涛：生卒年不详。北宋初期著名大臣。

【厉】周宣王姬静执政时，齐国君主姜无忌去世，谥号为"厉"，史称齐厉公。齐厉公的支庶子孙以其谥号为姓，遂成厉姓。一说周朝时，有厉国（今湖北随县西北厉山），后为楚所灭。原厉国君主的后代便以原国名为姓，成为厉姓的一支。

● **名人代表**

厉文才（606—683）：字日新，一作安世，号蓉州，横店夏厉墅人。唐贞观元年（627年）进士，是东阳历史上最早的进士，也是东阳各族子孙学习的楷模。

厉　玄：唐代诗人。　　　　　**厉　鹗**：清代著名诗人、学者。

【戎】源于子姓，出自周代时期宋国国君微子启之后，子孙有以戎为姓者，史称戎氏正宗。一说源于西周初期古戎国，属于以国名为姓。一说周代设有一种官职叫作"戎右"，专职掌管兵器。戎右的后代有的以官职名为姓，称为戎氏。

● **名人代表**

戎　昱（744—800）：唐代诗人。少年举进士落第，游名都山川，后中进士。其诗多吟咏客中山水景色，亦有忧念时事之作。严羽称其诗"有绝似晚唐者"。

戎　赐：汉初大臣。　　　　　**戎　益**：宋代知府。

戎　宪：明代孝子。　　　　戎　洵：明代清官。

◎ 说典

微子去殷

微子启是商王帝乙之长子，纣王庶兄。殷商末年，纣王无道，穷奢极欲。微子多次亲谏纣王，见"纣终不可谏"，便与太师箕子、少师比干一起分析当时的情况。箕子认为"今诚得治国，国治身死不恨；为死，终不得治，不如去"。微子便远离纣王逃到微国，后又迁到今山东梁山西北一带。周武王灭商后，微子持商王室宗庙礼器，来到周武王军营前，袒露上身，双手捆缚于背后，跪地膝进，左边有人牵羊，右边有人秉茅，向武王请罪，说明自己远离纣王的情况。周武王很受感动，释放了他，"复其位如故"，仍为卿士。约公元前1063年，周公以成王命封微子于宋国，微子成为宋国国君、始祖。孔子称微子、箕子与比干为"三仁"。

◎ 求知

田氏代齐

田氏代齐，指战国初年齐国田氏取代姜姓吕氏成为齐侯的事件。齐国在诸侯中具有举足轻重的力量，齐桓公曾是春秋五霸之首，盛极一时。到春秋后期，霸政局面近于尾声，而且，姜姓之国亦大权旁落，渐为卿大夫田氏所控。前481年，田乞之子田恒（田成子）杀齐简公与诸多公族，另立齐平公，进一步把持政权，又以"修公行赏"争取民心。前391年，田成子四世孙田和废齐康公。前386年，田和放逐齐康公于海岛，自立为国君，同年被周安王册命为齐侯。前379年，齐康公死，姜姓齐国绝嗣。田氏仍以"齐"作为国号，史称"田齐"。田氏代齐，是战国初年大夫专政夺权的一个典型事例。

zǔ　wǔ　fú　liú　　jǐng　zhān　shù　lóng
祖　武　符　刘　　景　詹　束　龙

◎ 溯源

【祖】源于子姓。商王朝王族后裔祖乙，名子滕，是商王中最有作为的帝王。在祖乙的后裔子孙中，有取先祖名字为姓者，称祖氏，世代相传至今。当今祖姓人口分布以河北、江苏、安徽、河南等地居多。

● 名人代表

祖冲之（429—500）：字文远，南朝宋范阳遒（今河北涞水）人。著名的科学家。在前人研究的基础上，他推算出圆周率的值应在3.1415926与3.1415927之间，并提出其密率为$\frac{355}{113}$，均领先世界千余年。

祖 逖（tì）：东晋大将。　　　　**祖孝隐**：北魏名士。
祖 莹：北魏文学家。

【武】出自姬姓，周平王少子姬武之后。周平王的幼子刚生下来的时候，因其手掌上有一"武"字形状纹路，故被赐名为"武"。后来他的子孙因之以武为姓，史称武姓正宗。一说出自子姓，以祖字或谥号为氏，有商王武丁之后和春秋时宋武公之后之说。当代武姓人口分布以河南、河北二省居多。

● 名人代表

武 训（1838—1896）：原名武七，清末山东省堂邑县（今山东冠县）武家庄人。少孤贫，自恨不识字，提出"修个义学为贫寒"，靠乞讨、放债等买地设义塾，得到清廷嘉奖，被封为"义学正"，赏穿黄马褂，未接受。

武士彟（yuē）：唐代开国功臣。　　**武元衡**：唐代宰相。
武宗元：北宋著名画家。　　　　**武 亿**：清代著名学者。

【符】出自姬姓，周族始祖后稷的后代，属于以官名为氏。战国时，鲁国被楚国灭掉以后，末代君王鲁倾公有个孙子叫公雅，后来在秦国担任符玺令，其后人便以符为姓。当今符姓人口分布尤以广东、海南二省居多。

● 名人代表

符 载：生卒年不详。又名符载，字厚之，武都（今四川绵竹西北）人。唐代文学家，与杨衡等人隐居庐山，号"山中四友"。

符 融：晋代光禄大夫。　　　　**符令谦**：南唐将领。
符 叙：南宋理学家。　　　　　**符 曾**：清代诗人。

【刘】源于尧帝后裔刘累。夏朝时，刘累为夏朝第十三帝孔甲驯养龙有功，受封于刘（今河南偃师南），称御龙氏。后来，由于饲养不善，刘累怕孔甲治罪，就偷偷地带着家眷南迁到鲁县（今河南鲁山）。刘累的子孙以刘为姓，这就是中国最早的刘姓。一说源于姬姓。东周时，周顷王封其子于古刘国旧地，史称刘康公。其支庶子孙遂以封地名为姓，称刘氏。当今刘姓人口分布以四川、河南、江西、山东、河北五省居多。

● **名人代表**

刘　邦（前256—前195）：沛丰邑（今江苏沛县）人，汉代开国皇帝。汉民族和汉文化伟大的开拓者之一，杰出的政治家。对汉族的发展以及中国的统一和强大有突出贡献。

刘　备：三国时蜀汉的建立者。　　刘　勰(xié)：南朝梁文学理论批评家。
刘禹锡：唐代大诗人。　　　　　　刘　墉：清代书画家、政治家。
刘少奇：中华人民共和国开国元勋。刘伯承：中华人民共和国元帅。
刘家语：谷牧原名，国际儒学联合会首任会长。

【景】出自芈姓，源于春秋时楚国贵族景差。其子孙以祖上之名为姓，称景氏，成为楚国公族"三闾(lú)"（屈、昭、景）之一。一说出自战国时期的齐景公。他的支庶子孙以其谥号为姓，称景氏。当今景姓人口分布尤以山西、陕西、江苏、甘肃、四川、重庆等地居多。

● **名人代表**

景　丹：字孙卿，冯翊栎阳（今陕西西安阎良区武屯镇）人。东汉开国名将，"云台二十八将"第十位。

景　阳：战国时楚国大将。　　景　焕：北宋官吏。
景　清：明代官吏。　　　　　景廷宾：清末农民军领袖。

【詹】出自姬姓。周宣王封庶子于詹，建立詹国，称詹侯。其子孙以国名为氏。当今詹姓人口分布以广东、福建、浙江、四川等省居多。

● **名人代表**

詹　何：战国时楚国隐者、哲学家。继承杨朱的"为我"思想，认为"重生"必然"轻利"，反对纵欲自恣(zì)的行为。

詹　庠(xiáng)：北宋官吏。　　詹　度：北宋大臣。

詹天佑：中国铁路工程专家。

【束】出自妫（guī）姓。战国时，齐国有一个姓疎的部族。汉代疎广的曾孙孟达，为避王莽之难，迁居到沙鹿山（今河北大名），遂去"疋"改为束氏，称束姓，世代相传。当今束姓人口在全国皆有分布，尤以江苏、安徽等省居多。有的地方束姓读kǔn。

● 名人代表

束　皙（约264—303）：西晋文学家、文献学家。据《毛诗序》补作《诗经·小雅》中有声而无辞的六篇，称《补亡诗》。精通古文字，能辨析《汲冢书》的文义。

束　獬（xiè）：宋代名将。　　　　**束　蘅**：清代词人。

束星北：理论物理学家。

【龙】源于嬴姓，出自黄帝之臣龙行。一说出自舜时纳言龙之后，其子孙以官职名龙为姓。当今龙姓人口分布以贵州、湖南、四川三省居多。

● 名人代表

龙　且（？—前203）：秦末楚汉争霸时期楚军将领。与季布、钟离昧、英布同为楚军大将。

龙　燮（xiè）：清代著名戏曲家。

◎ **说典**

闻鸡起舞

据《晋书·祖逖传》载，东晋名将祖逖，从小勤练武术，钻研兵法，立志要做成一番大事业。刘琨也是个有抱负的年轻人，两人很快便成为好朋友。这天晚上，半夜过后，祖逖忽然被一阵鸡鸣声吵醒，他连忙把刘琨叫起来说："这鸡鸣声把人吵醒，虽然很讨厌，但我们可以趁此机会早些起床练习武艺。"刘琨欣然同意。于是两人来到院子里，专心地练起刀剑来。从此，两人每到夜半，一听到鸡鸣声，便起床练剑。后来，祖逖看到很多城池被攻陷，非常着急，便上书皇帝，请求率兵北伐，收复失地。祖逖和刘琨作战英勇，不久便收复了很多北方的城池。

◎ 求知

鸿门宴

公元前207年，楚王派项羽等去救援被秦军围困的赵国，同时派刘邦领兵攻打函谷关。临行时，楚王与诸将约定，谁先入关，便封谁为关中王。项羽大破秦军后，听说刘邦已进入咸阳，非常恼火，就攻破函谷关，直抵新丰鸿门。这时，刘邦的左司马曹无伤暗中派人告诉项羽，说刘邦想在关中称王。项羽听了，更加恼怒，决定第二天发兵攻打刘邦。谋士张良向刘邦分析了当时的情形，认为不宜和项羽硬拼。刘邦只得退出咸阳，回师霸上，又把在咸阳所得一切，原封不动地送到项羽营中，并说愿让项羽称关中王。范增已觉出刘邦必成大器，便劝说项羽设下"鸿门夜宴"，一心诛除刘邦，但此事被项伯知悉。项伯念及和张良的故人之情，便向刘邦大军报信。"鸿门宴"当日，范增早已布下天罗地网，定要把刘邦人头留下。谁知刘邦竟以一跪化解了项羽的怨恨，范增便再布"项庄舞剑，意在沛公"之局，一心要在宴席中把刘邦刺死。可是刘邦最终在项伯和樊哙的帮助下解了围，并借故如厕逃遁而去。

yè　xìng　sī　sháo　　gào　lí　jì　bó
叶　幸　司　韶　　郜　黎　蓟　薄

◎ 溯源

【叶】一说出自芈姓。楚昭王封左司马沈尹戌的儿子沈诸梁于叶邑，史称叶公，其后裔以邑名为姓。一说出自许姓。唐宣宗时期，许延一、许延二兄弟携家人避祸，由河南固始县向福建迁徙，改称叶姓。当今叶姓人口分布以广东、浙江、福建等地居多。叶，古音读shè。

● 名人代表

叶梦得（1077—1148）：字少蕴，苏州人。宋代大臣，著名词人。绍圣四年（1097年）登进士第，累官翰林学士、户部尚书、江东安抚大使等。

叶清臣：宋代官吏。　　　　　　叶　挺：中国无产阶级革命家、军事家。
叶圣陶：著名作家、教育家。　　叶剑英：中华人民共和国元帅。

【幸】源于姬姓，属于以帝王赐姓为氏。周武王之弟姬偃因镇守朔北雁门（沧州）有功，被周成王赐姓为"幸"。

● 名人代表

幸　轼：生卒年不详。唐代学者。博闻强识，通文史，知地理，善哲辩。唐僖宗中和年间官拜太子校书郎。

幸　灵：晋代术士。　　　　　　幸南容：唐代官员。

【司】出自西周王朝官吏司成、司马、司寇、司臣、司空，属于以官职名省文简化为姓。

● 名人代表

司九经：生卒年不详。字圣典，宁夏人。清代将军，官至宣化总兵。

司　超：北宋将领。　　　　　　司昌龄：清代学者。

【韶】以乐曲为姓。相传舜帝时的乐师作《韶》乐，优美动听，这位乐师的后代遂以韶为姓。一说源于地名，出自古代韶州、韶山，属于以地名为姓。

● 名人代表

韶　护：生卒年不详。陕西岐山人，明代官员。他为官做事非常用心尽力，力求办好办快，深受当时人们的赞扬。后以勤恪敏达、事无凝滞，擢（zhuó）升为按察佥（qiān）事。

【郜】出自姬姓。周文王的第十一个儿子受封于郜（今山东成武县东南），建立郜国，称郜侯。后郜国被宋国灭，郜侯的后世子孙就以原来的国名为姓，称郜氏。当今郜姓人口分布较广，尤以湖北、河南、山东、江苏等省多此姓。

● 名人代表

郜知章：生卒年不详。元代著名诗人、学者。元代诗坛上有"王郜"之说，指的就是王祠能和郜知章。事实上，郜知章不仅是一位诗人，还是一位精研儒学的学者。

郜光先：明代大臣。　　　　　　　　　郜　坦：清代著名学者。
郜　煜：清代著名学者、官员。

【黎】出自九黎的后裔。九黎是古时中国南方的庞大种族之一，相传为少昊时的诸侯。其后裔有以"黎"字为姓者，称黎氏。当代黎姓人口分布以广东、广西两地居多。

● 名人代表

黎锦熙（1890—1978）：字劭（shào）西，湖南湘潭人。著名语言文字学家，中国科学院哲学社会科学部委员。他在汉字改革、现代汉语语法研究和辞书编纂方面，做出了极其卓越的贡献。

黎　錞（chún）：北宋名士。　　　　黎　宿：宋代名士。
黎民怀：明代著名诗人、画家。　　　黎　简：清代著名书画家。

【蓟】出自姬姓，属于以封地国名为氏。周武王立国后，敬仰先贤的功德，封黄帝之后于蓟（今北京西南广安门一带），建立蓟国。后蓟国为燕国所灭，原蓟国王族的后代便以国名为姓，称蓟氏。

● 名人代表

蓟子训：生卒年不详。汉代建安年间名士。

【薄】一说出自姜姓，属于以国名为氏。上古时有薄国（在山东曹县东南，又称亳），相传是炎帝后裔的封国。薄国的后代子孙以国名为姓，称薄氏。一说出自子姓，属于以邑名为氏。春秋时期，宋国有大夫被封于薄城（今河南商丘北一带），他的后代子孙就以封邑名为姓。当今薄氏人口在全国分布较广，尤以山东等地为多。

● 名人代表

薄绍之：生卒年不详。字敬叔，南朝宋丹阳（今安徽当涂东）人。官至给事中。善书，风格秀异，尤工行、草。

薄彦徽：明代官吏。　　　　　　　　薄　钰：明代兵器制作专家。

◎ 说典

叶公好龙

汉代刘向《新序·杂事》记载：叶公是春秋时楚国贵族，受封于叶（古邑名，今河南叶县）。叶公喜欢龙，衣带钩、酒器上都刻着龙，居室里雕镂装饰的也是龙。天上的真龙知道后，便从天上飞到叶公家里，把头搭在窗台上往屋里探望，龙尾伸到了厅堂里。叶公一看是真龙，吓得惊慌失措，转身就跑。由此看来，叶公并不是真的喜欢龙，他喜欢的只不过是那些像龙的东西。后用"叶公好龙"比喻有些人表面上或口头上爱好、赞赏某事物，实际上并不爱好，或者实际上并不了解某事物，一旦真正接触，才发现不但并不爱好或赞赏，甚至还惧怕它。

◎ 求知

古代和"司"有关的官名

司马：西周始置，位次三公，与六卿相当，与司徒、司空、司士、司寇并称五官，掌军政、军赋和马政。

司徒：掌管民户、土地、徒役等。

司空：掌管土木工程。

司寇：西周置，春秋沿之，掌管刑狱、纠察等事。各诸侯国亦置此官，职掌同周，楚、陈等国称"司败"。

司士：相传商代已置。掌百官狱讼刑罚。

司里：春秋时主营宫室与掌授宫室之官。

司隶校尉：西汉武帝始置，掌管纠察京师百官及所辖三辅、三河、弘农七部。

大司农：秦汉时全国财政经济的主管官，后逐渐演变为专掌国家仓廪或劝课农桑之官。

司盟：掌管有关会盟的约书、礼仪。

yìn　sù　bái　huái　　pú　tái　cóng　è
印　宿　白　怀　　蒲　邰　从　鄂

◎ 溯源

【印】出自姬姓。郑穆公有儿子纶，字子印，其子孙在郑国为卿大夫，以祖字为姓，世代沿袭为印姓。当今印姓人口分布以湖南、江苏、陕西、辽宁等省居多。

● **名人代表**

印廷宝：生卒年不详。字华甫，上海人。清代画家，善画山水人物，绘蜀道尤工。蜀道多策蹇，故亦善画驴，虽数十头无相同者，尝谓"郑板桥画竹胸无成竹，余画驴亦然"。

印应雷：宋末抗元名将。　　　　　印　宝：明代官吏。

【宿】出自风姓。周武王灭商建立周朝后，追封伏羲氏的后人于宿地（今山东东平东），并建立宿国。其公族后代遂以国名为姓，称宿氏，为当今宿氏正宗。当今宿姓人口分布最多的省份是山东省。

● **名人代表**

宿　白（1922—2018）：中国著名考古学家，新中国考古教育的开创者。专于隋唐考古学和佛教考古学。著有《白沙宋墓》等。

宿　石：北朝北魏吏部尚书。　　　宿　进：明代刑部员外郎。

【白】出自嬴姓。秦武公死后，公子白未能继位，武公的同母弟抢夺了君位，就是秦德公。德公把平阳〔今陕西岐山、嘴（jīn）县一带〕封给了公子白。公子白死后，他的后人就以白为氏。一说出自芈姓。春秋时楚平王太子建的儿子熊胜被封于白邑，史称白公胜。他的后人以封邑名为姓。当今白姓人口分布以四川、山西、陕西、河南等省居多。

● **名人代表**

白　起（？—前257）：又称公孙起，战国时期秦国郿县（今陕西眉县）人，中国古代著名的将领、军事家。白起在秦昭王时期征战六国，为秦国统一六国奠定了基础。白起是继孙武、吴起之后又一位杰出的军事家、统帅，与廉颇、李牧、王翦（jiǎn）并称为战国四大名将，并且位列首位。

白居易：唐代杰出诗人。　　　　　白行简：唐代文学家。

白敏中：唐代大臣。　　　　　　　白玉蟾：宋代名士。

白　朴：元代著名戏曲家。　　　　白　英：明代水利专家。

【怀】出自子姓，春秋时宋国始祖微子启的后人以怀为姓。一说出自芈姓，战国时楚怀王的后人有的以怀为姓。

● **名人代表**

怀应聘：生卒年不详。浙江秀水（今浙江嘉兴）人，清代著名文士。好文学，文章诗词都很出众，著有《冰斋文集》，流传甚广。

怀　叙：三国时东吴尚书。　　　　**怀　恩**：明代著名宦官。

【蒲】源于封邑名。相传舜帝的子孙在夏代被封在蒲坂（今山西永济西蒲州一带），于是就把封邑名蒲作为自己的姓氏。一说源于高阳氏。春秋时期，帝少昊后代的封地在蒲〔今山西隰（xí）县〕，后建立蒲国。蒲国王族的后代以国名为姓，称蒲氏，世代相传至今。当今蒲姓人口分布以山东、江苏、浙江、广东等地居多。

● **名人代表**

蒲松龄（1640—1715）：字留仙，一字剑臣，号柳泉居士，世称聊斋先生，淄川（今山东淄博）人。清代著名小说家。他虽非名门望族出身，但读书多，不幸的是连续四次参加举人考试而全部落榜。直到晚年赴青州补为岁贡生。郭沫若先生曾称赞他的作品《聊斋志异》："写鬼写妖高人一等，刺贪刺虐入骨三分。"

蒲国宝：宋代状元。　　　　　　**蒲　华**：晚清画家。

【邰】源于姜姓，为后稷之后。后稷为尧帝时的大司农，因治理农业有功，被封为邰国的国君，其子孙以国名为姓。当今邰姓人口分布以贵州、江苏、安徽、内蒙古等地居多。

● **名人代表**

邰茂质：生卒年不详。明代著名孝子，慈利人。其母怕雷，每逢雷雨，茂质便以身护母。其母去世后，每遇雷雨，便赴母墓护之，雷止才归家。他闻雷护母的故事广为传颂。

邰　靖：宋代官吏。　　　　　　**邰　鼎**：明代官吏。

邰格之：明代制墨家。

【从】一说源于姬姓。周平王幼子姬精英的封地为枞（zōng）邑（今安徽桐城），建有枞国。其后裔子孙中，有以先祖封邑名称为姓者，称枞氏，后有去"木"旁为从姓者，世代相传至今。一说出自后稷之后，始祖是姬从和，属于以人名为姓。

● **名人代表**

从维熙（1933—2019）：当代著名作家，"荷花淀派""大墙文学派"代表人物。其作品注重描写当代中国曾经经历过的历史曲折，故事情节生动感人，多具有浓郁的悲剧色彩。《北国草》《大墙下的红玉兰》是其代表作。

从　龙：明代知县。　　　　　　**从所向**：明代南京刑部主事。

【鄂】一说出自姬姓。春秋时期，晋袁侯光曾被封于鄂邑（在今山西乡宁），其支庶子孙有的以其原封地名鄂为姓，称鄂氏。一说出自芈姓。楚君熊渠自称楚王，封二儿子熊挚红于鄂国（今湖北鄂城），熊挚红的后代子孙遂以鄂为姓。

● **名人代表**

鄂千秋（？—前190）：汉代开国功臣，刘邦立国后嘉奖功臣，鄂千秋不思高官厚禄，首举萧何有万世之功，当封第一。刘邦听其言，又封鄂千秋为安平侯。

鄂穆图：清代保和殿大学士、军机大臣。

◎ 说典

司马青衫

司马青衫，作为典故，出自白居易《琵琶行》中的诗句："座中泣下谁最多，江州司马青衫湿。"白居易任江州司马，有一次在送客上船时，偶然听到琵琶声，于是邀请琵琶女演奏。在和琵琶女的对话中，白居易了解了琵琶女的身世，并觉得他们两人命运相同，于是写出了"同是天涯沦落人，相逢何必曾相识"的动人语句，并为之泪湿青衫。青衫，是白居易司马身份的标志。因此，古代诗人常用此典故来表示由于内心痛苦而伤心流泪。

◎ 求知

聊斋志异

《聊斋志异》简称《聊斋》，俗名《鬼狐传》，是中国清代著名小说家蒲松龄创作的文言短篇小说集。全书共有短篇小说491篇，题材广泛，内容丰富，艺术成就很高。作品成功地塑造了众多的艺术典型，人物形象鲜明生动，故事情节曲折离奇，结构布局严谨巧妙，文笔简练，描写细腻，堪称文言短篇小说的巅峰之作。

《聊斋志异》为蒲松龄一生的心血所萃。他从青壮年时代，就开始进行资料的搜集和写作，正如他的挚友唐梦赉（lài）在序言中所说："于制艺举业之暇，凡所见闻，辄为笔记。"由于他广泛取材，颇有名声，于是"四方同人，又以邮筒相寄，因而物以好聚，所积益夥（huǒ）"。从稿本所记故事情节的时间和修改情况分析，《聊斋志异》系作者晚年最后的修订稿本。所以，他的儿子蒲箬（ruò）等所作的祭文说："暮年著《聊斋志异》。"

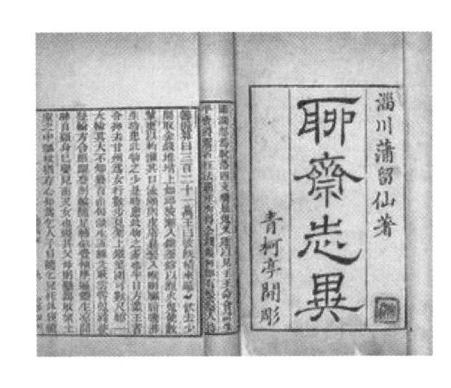

suǒ　xián　jí　lài　　zhuó　lìn　tú　méng
索　咸　籍　赖　　卓　蔺　屠　蒙

◎溯源

【索】出自子姓，为汤王后代。商朝灭亡后，周武王把周公旦的长子伯禽封在鲁，并且把殷商七族中的六族迁徙到鲁国，这六姓分别为徐姓、条姓、萧姓、索姓、长勺姓和尾勺姓。

●名人代表

索　靖（239—303）：字幼安，敦煌龙勒（今甘肃敦煌）人。西晋将领、著名书法家。今流传有《月仪帖》《出师颂》《七月廿六日帖》等刻帖。

索卢恢：西汉末农民军首领。　　　索　綝（dǎn）：晋代大臣。

【咸】帝喾（kù）为部落首领时，其部落有臣子咸丘黑，因为佐助帝喾而传之史志，被后代尊为咸姓始祖。一说出自商朝大臣巫咸，他以卜祝巫事为职业，故称巫咸。其后代以祖先名字为姓。咸，古音也读 jiǎn。

●名人代表

咸　冀：生卒年不详。字廙（yì）业，唐代开元学士。开元年间共有十八位学士以学问、品行、诗文、谈论等方面出名，称为"开元十八学士"，咸冀就是其中之一。朝廷在含象亭上画了他的像，像旁有御赞。

咸　宣：西汉大臣。　　　　　　**咸怀良**：明代官吏。

【籍】一说出自姬姓，属于以官职名为氏。春秋时期，晋国有个公族叫伯黡（yǎn），是晋襄公的孙子，在朝廷里面专门负责管理晋国典籍的事情。其后代中有的用籍作为姓，称籍氏。一说以地名为氏。春秋时，卫国有籍圃、齐国有籍丘，住在那里的人以籍为氏。当今籍姓人口分布以山西、河南等省居多。

● 名人代表

籍　谈：又称籍父，晋国大夫。　　**籍　福**：西汉门客。

籍馨芳：明代孝子。

【赖】一说出自姬姓。周武王的弟弟叔颖被封于赖国，后为楚灵王所灭。其后代以国名为姓，史称赖氏正宗。一说出自姜姓，为炎帝神农氏的后裔，也是以国名为姓。古时的烈山氏建立赖子国（在今河南息县包信镇），其后裔以国名为姓。当今赖姓人口分布以广东、福建、江西一带比较常见。

● 名人代表

赖布衣：生卒年不详。宋代著名风水大师。以风水术扶危济困，助弱抗强，留下了许多动人的传说。

赖　瑛：明代官员。　　　　　　**赖文光**：太平天国将领。

【卓】春秋时，楚国有位公子卓，其后代有的就以卓为姓。一说出自嬴姓。据《史记·货殖列传》所载，蜀郡卓氏原本是赵国邯郸人，秦时迁入蜀地临邛（qióng），以冶铁致富。当今卓姓人口分布尤以四川、福建、广东、陕西等省居多。

● 名人代表

卓文君（前175—前121）：临邛（今四川邛崃）人，西汉才女、文学家，司马相如之妻。

卓　敬：明代大臣。　　　　　　**卓人月**：明代戏曲家。

卓秉恬：清代大臣。

【蔺】出自姬姓。春秋时期，韩国王族韩康在赵国为官，因功被封在蔺国。他的后代子孙遂以封国名为姓，称蔺氏。

●名人代表

蔺相如：生卒年不详。战国时期著名的政治家、外交家，赵国大夫。

蔺道人：唐代医僧。　　　　　　蔺　芳：明代官员。

【屠】古人有以屠宰为业者，其后代便以屠为姓，称屠氏。一说出自子姓，是商朝王族的后裔。一说出自九黎族，是蚩尤的后代。相传蚩尤被黄帝打败后，其部落的一支迁到屠地（今山东境内），其后代遂以居住地名为姓。当今屠姓人口分布尤以浙江、江苏、安徽等省居多。

●名人代表

屠　隆（1544—1605）：明代文学家、戏曲家。所著传奇《昙花记》《修文记》《彩毫记》，合称《凤仪阁乐府》。

屠　潚：明代官员。　　屠呦呦：2015年诺贝尔生理学或医学奖获得者。

【蒙】一说源于高阳氏。夏朝时，颛顼的后代被封到蒙双城（在今山西交城）。其后裔子孙有以封地名为姓者，称蒙双氏、双蒙氏，后省文简化为单姓蒙氏、双氏，世代相传至今。一说源于风姓包氏。伏羲氏后裔掌管蒙山之祀，建立东夷蒙国，世代承袭东蒙主之职，因而以蒙为姓。当今蒙姓人口分布以广西壮族自治区最多。

●名人代表

蒙　恬（？—前210）：秦代著名将领。曾奉秦始皇之命，率兵三十万北击匈奴，后又主持修筑长城。

蒙　骜：战国时期秦国名将。　　蒙　毅：秦代名将。

◎ **说典**

声名狼藉

成语"声名狼藉"出自《史记·蒙恬列传》："以其君为不明，以是籍于诸侯。"唐代司马贞索隐："言其恶声狼藉，布于诸国。"

秦始皇在位时，蒙恬、蒙毅兄弟俩很受信任，朝中大臣谁都不敢招惹他们。秦始皇死后，中车府令赵高和丞相李斯图谋立皇帝幼子胡亥为太子，于是捏造罪名想害死皇帝长子扶苏和大将蒙恬。最终扶苏自杀，蒙恬被软禁起来。胡亥即位后，赵高不断地在他面前说蒙恬、蒙毅的坏话。胡亥听信了谗言，认为蒙毅曾经劝阻秦始皇立自己为太子，对君不忠，要把他处死。蒙毅觉得很委屈，于是为自己辩驳道："从前秦穆公杀死三位忠臣殉葬，又枉杀了奚；秦昭王杀死武安君白起；楚平王杀伍奢；吴王夫差杀了伍子胥。这四位国君都因杀害良臣，遭到天下人的指责，因此他们的名声都很不好。用正道治理国家，是不能枉杀无辜的！我劝你不要滥杀无罪之人！"胡亥对蒙毅的话置之不理，最后还是把他杀死了。蒙恬最终也被迫自杀。

后来，人们用"声名狼藉"来形容名望、声誉败坏到了极点，不可收拾。

◎ 求知

卓文君与《怨郎诗》

汉代文学家司马相如自从与才女卓文君成亲后，便过着"只羡鸳鸯不羡仙"的生活。不料后来司马相如为武帝所重用，久居京城，看尽名媛美女，竟对卓文君萌生嫌弃之心。有一天，司马相如让人给妻子送去了一封"怪信"，并嘱咐送信人一定要带回卓文君的回信。卓文君盼到了丈夫的来信，欣喜若狂！可是拆开一看，她的心都凉了。原来信上只有冷冷冰冰的十三个字：

一二三四五六七八九十百千万

聪明的卓文君看见"万"字之后少了一个"亿"字，当下心如刀割，泪眼婆娑。因为"无亿"即"无意"，是丈夫对自己已经"无意"的暗示！于是，她强忍着悲痛，回了一封《怨郎诗》给司马相如：

一朝别后，二地相悬，只说是三四月，又谁知五六年，七弦琴无心弹，八行书无可传，九连环从中折断，十里长亭望眼欲穿，百相思、千系念，万般无奈把郎怨。万言千语说不完，百无聊赖十倚栏，重九登高看孤雁，八月中秋月圆人不圆，七月半，烧香秉烛问苍天，六月三伏天，人人摇扇我心寒，五月石榴如火，偏遇冷雨浇花端，四月枇杷未黄，我欲对镜心意乱，三月桃花飘零转，二月风筝线儿断。噫！郎呀郎，巴不得下一世你为女来我作男。

司马相如读完回信后，悔恨不已，深为卓文君的聪明才智和纯贞信念所感动，亲自迎接卓文君到长安，并从此远离声色犬马的生活，专心致志做学问，终成辞赋大家。

chí qiáo yīn yù xū nài cāng shuāng
池 乔 阴 鬱 胥 能 苍 双

◎ 溯源

【池】 出自嬴姓。战国时，秦国有位公子叫池，他在朝廷里面任大司马。他的家族繁盛，其后代就以他的名字为姓，遂成池姓。一说有世代居于护城河畔的人，便以池为姓。

● 名人代表

池生春（1798—1836）：字龠（yuè）庭，别号剑芝，楚雄鹿城人。为明清楚雄"八大翰林"之一。

池梦鲤：南宋状元。　　　　**池显方**：明代举人。

【乔】 源于姬姓，出自远古时期的黄帝。黄帝逝世后被安葬于桥山（今陕西黄陵），其子孙有留在桥山守陵看山的，就以山名为姓，称桥氏，后改为乔氏，世代相传至今。当今乔姓人口分布以河南、山东、江苏、山西四省居多。

● 名人代表

乔执中：生卒年不详。字希圣，北宋高邮人，进士出身，通经术。初官须城主簿，王安石执政时，推荐他编修《熙宁条例》，绍圣初年以宝文阁待制知郓州。为官宽厚，有仁爱之心。

乔行简：南宋大臣。　　　　**乔　宇**：明代大臣。

乔冠华：中国外交家。　　　　**乔　羽**：当代词作家。

【阴】 春秋时期，齐国著名政治家管仲的第七世孙管修，在"田代姜齐"之后，为齐侯所逐，逃到了楚国，被楚肃王熊臧封为阴邑大夫，故又称阴大夫、阴修。在阴修的后裔子孙中，有以先祖封邑名称为姓者，称阴氏，世代相传至今，史称阴氏正宗。一说源于风姓，出自远古女娲后代阴康氏。其后代曾建立过一个诸侯国，称阴康国（今陕西商洛），属于以国名为姓。一说源于姬姓。尧帝通过禅让之制，传位给舜。后人景仰尧帝，尊其子丹朱为帝。丹朱逝世后被安葬于苍吾山之阴，其后世子孙遂以地貌特征为姓，称阴氏。

● **名人代表**

阴时夫：生卒年不详。宋末元初学者。摘录典故和辞藻，隶于各韵之下，编成类书《韵府群玉》。其兄阴中夫作注。

阴　铿：南北朝时期文学家。　　　　阴　寿：隋代大臣。

阴秉衡：明代大学问家。

【鬱】在汉字简化过程中，"鬱"字被简化为"郁"字，但作为姓氏，鬱姓与郁姓有不同的来源。鬱姓与蔚姓同源。古时"鬱""蔚"同音，后来即有蔚姓改为鬱姓者。一说属于以人名为姓。相传上古大禹之师名鬱华，其后人即以祖上之名为姓。一说以地名为姓。南北朝时北周宣帝置蔚州，当地遂有人以地名为姓。"鬱"与"郁"均为姓氏，"鬱"字不能简化为"郁"。

● **名人代表**

鬱　华：上古禹帝之师。　　　　鬱继善：宋代名医。

【胥】胥姓来源有三种说法，分别是学者说、典籍说、家谱说。学者说，主张胥姓是上古氏族华胥氏、赫胥氏后代；典籍说，主张胥氏祖先为晋国大夫胥臣；而家谱说则认为胥姓来源于姬姓。在古代，胥姓的望族大多出自吴兴。当今胥姓人口分布以四川、山西、安徽等地居多。

● **名人代表**

胥　偃：生卒年不详。字安道。北宋官吏、骈文家。少时苦学，后于宋咸平年间中进士甲科，官至翰林学士、开封知府。胥偃为官谨慎，生活俭朴，原本家有良田数十顷，做了官后都分给了族人。

胥　甲：春秋时晋国将领。　　　　胥持国：金代大臣。

胥文相：明代著名大臣。

【能】出自春秋时期的楚国王族熊姓。周成王的时候，有一个大臣叫熊绎（yì），因为有功，以子爵受封，建立楚国。熊绎的儿子名叫熊挚，本来应该被立为楚国的君主，但是由于他有残疾，没有继承王位，后来被封在附庸国夔（kuí，今湖北秭归东），称夔子。鲁僖公二十六年（前634年），楚国以夔国不祭祀祖先为理由，灭掉了夔国。这一国的人本来姓熊，为了避难，于是去掉"灬"，改为能姓。

● **名人代表**

能元皓：生卒年不详。唐代名将。初为安禄山部将，后率部归降朝廷。

能自宣：宋代著名医学家。　　　　**能　监**：明代著名官吏。

【苍】源于姬姓，出自远古黄帝二十五子之一苍林，属于以先祖名字为氏。一说属于以官职名为姓。周代在朝廷里设有"仓人"这一官职，专门管理粮食，是很重要的官职。仓人的后代有的以官名为姓，后改"仓"为"苍"。

苍　颉：生卒年不详。传为黄帝史官，汉字创造者。《荀子·解蔽》："好书者众矣，而苍颉独传者壹也。"苍颉可能是古代整理文字的一个代表人物。

苍　英：汉代江夏太守。

【双】属于以地名为姓，与蒙姓同出一宗。夏代时，颛顼帝的裔孙受封于蒙双城，其后代有的以双为姓，形成双姓；有的以蒙为姓，形成蒙姓。

● **名人代表**

双　渐：生卒年不详。曾跟随朱熹学习，后举进士，官汉阳知府。博学能文，为政平和，对百姓宽容和气，深受吏民爱戴，称他有古代循吏（奉职守法的官吏）之风。

双士洛：三国时魏国名吏。　　　　**双子符**：唐代名吏。

◎ **说典**

城门失火，殃及池鱼

北魏孝文帝时，池氏第49世之裔池仲鱼，封授城门侯。后因城里失火，皇上怪罪池仲鱼护城不力，将其革职，并诛其九族。久而久之，人们便将池仲鱼家族无故遭受株连之事，说成了如今的"城门失火，殃及池鱼"。

◎ **求知**

铜雀春深锁二乔

唐朝诗人杜牧在《赤壁》一诗中写道："东风不与周郎便，铜雀春深锁二乔。"这一千古名句，来源于曹植所作《铜雀台赋》。《三国演义》中，诸葛亮为了说服东吴联蜀抗魏，篡改了曹植的《铜雀台赋》，将"连二桥于东西兮，若长空之蟠蜥

(dì dōng)"改成了"揽二乔于东南兮，乐朝夕之与共"。意思是说曹操父子嘲讽东吴无人，要打下东吴，霸占东吴二乔（孙策之妻和周瑜之妻）。而杜牧的"东风不与周郎便，铜雀春深锁二乔"，则化用其意并加以引申，是说如果不是有东风成全周瑜的火烧之计，曹操恐怕早就破了东吴，把二乔抢回去锁在铜雀台了。

wén　shēn　dǎng　zhái　　tán　gòng　láo　páng
闻　莘　党　翟　　谭　贡　劳　逄

◎溯源

【闻】一说出自复姓闻人氏，是春秋时期少正卯的后代。一说出自文姓，文天祥的后人为避难改姓。据考证，闻姓大致是在唐末宋初形成的。闻姓是中国比较稀少的一个姓氏。当今闻姓人口分布以江苏和湖北二省居多。

● **名人代表**

闻良辅：生卒年不详。浙江德清人，明代大臣。才干与品行都出类拔萃，洪武年间任监察御史，后历任大理少卿、广东按察使。

闻　韶：宋代官吏。　　　　　　**闻　璋**：明代学者。

闻一多：现代诗人、学者。

【莘】一说出自姒姓，属于以封国名为氏。夏朝初期，高辛氏的儿子莘被夏王启封于莘，建立莘国，他的后代就以国名作为自己的姓氏。一说出自古帝祝融的后代。相传祝融的后代分为己、秃、彭、姜、曹、斯、莘等八姓，莘就是其中的一个姓。今山东、四川、安徽、浙江是莘姓人口主要的分布区域。

● **名人代表**

莘　开：清代书画篆刻家。　　　**莘　融**：宋代学者。

莘　野：明代县令。

【党】源于姒姓，夏禹的后裔世代居于党项，遂以党为姓，党氏族人多奉夏禹为得姓始祖。一说源于姬姓，出自春秋时期晋国公族大夫的封地上党（今山西上党），属于以封邑名称为氏。一说源于任姓，出自春秋时期的鲁国之邑阙党，属于以封邑名称为姓。

● **名人代表**

党怀英（1134—1211）：字世杰，号竹溪，祖籍陕州冯翊（今陕西大荔）人。金代文学家、书法家、史学家。擅长文章，工画篆籀。金代文坛领袖，著有《竹溪集》十卷。

党　进：北宋将领。　　　　　　党　茂：明代武功知县。

党　湛：清代名士。

【翟】一说出自隗姓。公元前六世纪末，晋国大举进攻赤狄，灭掉翟国。翟人的后代就以原国名为姓，称翟氏。一说出自祁姓。北方有翟国，是远古时黄帝的后裔建立的。春秋时，翟国被晋国灭，其后裔以原国名为姓。一说出自姬姓。周成王封次子于翟（今河南洛阳），其后人以国名为姓。当代翟姓人口较多，尤以河北、山东二省多此姓。

● **名人代表**

翟方进（前53—前7）：汝南上蔡人。西汉大臣。家世微贱，随继母赴长安拜师学习，精研经学。历任朔方刺史、丞相司直、御史大夫，后荣升丞相，封高陵侯。

翟　公：西汉官员。　　　　　　翟　酺（pú）：东汉官吏、学者。

翟　汤：晋代名士。　　　　　　翟　让：隋末农民起义中瓦岗军首领。

【谭】周初大封诸侯时，大禹后代中的一支被封于谭国（今山东章丘西）。谭国国势一直不盛，后被齐桓公吞并。谭国国君逃亡到莒国（今山东莒县），而留在故国的子孙就以国名为姓，史称谭氏正宗。当今谭姓人口主要分布于湖南、广东、四川三省。

● **名人代表**

谭鑫培（1847—1917）：清末民初京剧表演艺术家，艺名"小叫天"。光绪晚期成为京剧界代表人物。工老生，曾演武生。其独创的老生唱腔世称"谭派"。

谭　纶：明代抗倭名将。　　　　谭　渊：明代将领。

谭嗣同："戊戌六君子"之一。

【贡】起源于端木氏，是孔子弟子子贡的后代。子贡本名端木赐，春秋时期卫国人，曾经担任过鲁国的宰相，善于辞令，精明能干。其家族昌盛，九世孙端木武为避"焚书坑儒"之祸，隐居于齐，改姓贡，世代相传，成为今天贡姓的起源。一说源于姒姓，出自夏代大夫贡允，属于以先祖名字为姓。

● **名人代表**

贡 禹（前127—前44）：西汉大臣、博士，官至御史大夫。他曾因年岁收成不好、郡国贫困而上书抨击朝廷奢侈过度，建议减轻徭役赋税。汉元帝听从他的建议，采取了一些措施赈济贫民。

贡祖文：宋代抗金将领。　　　　**贡师泰**：元代文学家。

【劳】起源于汉代，是以山名为姓。西汉时居住在崂山（古时候称为劳山）的人，被赐为劳姓，世代相传。

● **名人代表**

劳崇光（1802—1867）：清代人。道光年间进士，授翰林院编修，曾任两广总督、云贵总督。他见识独到，办事有魄力，也因为写得一手好文章而出名。

劳 樟：明代知县。　　　　　　**劳 钺**：明代官员。

【逄】出自姜姓。炎帝后裔有个叫陵的，商初受封于逄（今山东临朐），建立逄国。逄国至周武王时灭亡，国君的后人以原来的国名为姓，称逄氏。一说起源于夏朝，是有名的弓箭手逄蒙的后代。一说源于春秋时齐国君主的车左官逄丑父，他的后代也称逄氏。

● **名人代表**

逄 萌：生卒年不详。字子康，汉代北海郡都昌县（今山东昌邑）人。汉代高士。逄萌家境贫困，曾任亭长。县尉路过驿亭，逄萌候迎拜谒，感慨不已，喟然叹曰："大丈夫岂能为他人服役！"遂离开长安，专心做学问，研读《春秋》，终成一代名士。

逄 安：东汉时期大司马。

◎ **说典**

门可罗雀

西汉著名的史学家、文学家司马迁，曾经为汉武帝手下的两位大臣汲黯、郑庄合写了一篇传记。汲黯，字长孺，濮阳人。景帝时，曾担任太子洗马，武帝时，曾做过东海太守，后来又任主爵都尉。郑庄，陈人。景帝时，曾经担任太子舍人，武帝时担任大农令。这两位大臣都为官清正，刚直不阿，曾位列九卿，声名显赫，权势高，威望重，前去他们家拜访的人络绎不绝，进进出出，十分热闹，谁都以能与他们结交为荣。可是，由于他们太刚直了，后来被汉武帝撤了职。他们丢了官，失去了权势，就再也没人去拜访他们了。下邳县的翟公也有类似的经历。翟公曾经当过廷尉，他在任上的时候，登他家门拜访的宾客非常多，经常塞满了门庭。后来他被罢了官，就再没有宾客登门了，结果门口冷落得可以张起网来捕捉鸟雀了。官场多变，过了一段时间，翟公官复原职。于是，那些宾客又来登门拜访他。翟公感慨万千，在门上写了几句话："一生一死，乃知交情；一贫一富，乃知交态；一贵一贱，交情乃见。"

◎ 求知

戊戌变法

戊戌变法，又称"维新变法"，是指1898年6月至9月21日康有为、梁启超等资产阶级改良主义者，通过光绪帝进行的倡导学习西方，提倡科学文化，改革政治、教育制度，发展农、工、商业等的政治改良运动。但戊戌变法因损害了以慈禧太后为首的守旧派的利益，所以遭到强烈抵制与反对。1898年9月21日，慈禧太后等发动戊戌政变，把光绪帝囚禁在中南海瀛台，并下令逮捕维新人士。康有为、梁启超分别逃往法国、日本，谭嗣同、康广仁、林旭、杨深秀、杨锐、刘光第6人被杀，史称"戊戌六君子"，历时103天的变法失败。戊戌变法是中国近代史上一次重要的政治改革运动，也是一次思想启蒙运动，促进了思想解放，对社会进步和思想文化的发展起了重要的推动作用。

姬 申 扶 堵　冉 宰 郦 雍
（jī shēn fú dǔ　rǎn zǎi lì yōng）

◎溯源

【姬】 相传黄帝长居姬水，所以就以水名为姓。由姬姓直接演变而来的周姓、吴姓等411个姓，占《百家姓》姓氏总数的82%。由这411个姓再度衍生出来的姓氏更是数不胜数，姬姓是名副其实的"万姓之祖"。

●名人代表

姬　昌（前1152—前1056）：周文王。他在位50年，奠定了周灭商的基础。姬昌死后，他的儿子姬发灭商建周，追封其为文王。姬昌根据伏羲氏的先天八卦而推演的《周易》被誉为"群经之首"。

姬　澹：十六国时期代国的信义将军。　**姬　敏**：明代数学家。

【申】 源于姜姓，出自周朝周宣王时给孤竹国君之子伯夷、叔齐后裔的封地申，属于以封地名为姓。一说夏王朝时期，炎帝的后人吕氏一族曾建立申吕国。申吕国灭亡后，其后裔以故国名为姓，称申吕氏，后省文简化为单姓申氏、吕氏，世代相传至今。当今申姓人口分布尤以河南、山东二省居多。

●名人代表

申时行（1535—1614）：字汝墨，号瑶泉，长洲（今江苏苏州）人。明代大臣。嘉靖年间状元，万历年间累官至内阁首辅。

申不害：战国时期思想家，法家重要代表人物之一。

申　鸣：春秋时期楚国孝子。　**申　徽**：南北朝时期廉吏。

【扶】 一说源于姒姓，出自上古时期大禹之臣扶登，属于以先祖名字为姓。一说源于赐姓。汉朝巫嘉的后代因扶汉室有功，被汉高祖刘邦赐名扶嘉，其后代便以"扶"为姓。如今在四川、河南、安徽等地有少量扶姓人口分布。

●名人代表

扶少明：生卒年不详。汉代学者。著有《道德经谱》三卷。

扶　嘉：汉代廷尉。　**扶　猛**：南北朝时期官吏。

【堵】源于姬姓,出自春秋时期郑国大夫洩(xiè)寇。他是郑国执政大臣之一,与叔詹、师叔被称为"三良"。因洩寇被封于堵邑(今河南方城一带),所以他的后代子孙就以封邑名为姓,称堵氏。一说出自西周时期乐官堵人,属于以官职名为姓。一说源于芈姓,出自春秋时期楚国堵敖,属于以先祖名号为姓。

● 名人代表

堵胤锡(1601—1649):明代崇祯年间进士。南明唐王时,任湖广巡抚,后与退入湘境的农民军李锦、高一功部协议共同抗清。桂王时,进为兵部尚书、东阁大学士。

堵　简:元代诗人、画家。　　　　堵　霞:清代女诗书画家。

【冉】出自帝喾之后,属于以古代部落名称为姓。一说源于姬姓。周文王第十子季载受封于冉(一作聃,国都在今山东定陶),建立冉国。春秋时,冉国被郑国灭,其子孙就以国名为姓。一说源于芈姓,出自春秋时期楚国大夫叔山冉,属于以先祖名字为姓。当今冉姓人口分布尤以四川、重庆两地居多。

● 名人代表

冉　求(前522—?):字子有,通称"冉有",尊称"冉子",鲁国陶(今山东定陶)人。春秋末年著名学者,孔门七十二贤之一。

冉　闵:十六国时期冉魏政权建立者。　　冉　琎(jìn):宋代名士。

冉　璞:宋代名士。　　　　　　　　　　冉　通:明代进士。

【宰】出自周朝宰父的后代,属于以官名作为姓氏。宰父是周朝的一个官名,职责是管理王朝的内外事务。其后裔大多数用祖上的官职名作为姓,称为宰父氏或宰氏。在今河南、湖北、山东等地均有宰姓人口分布。

● 名人代表

宰　予(前522—前458):字子我,亦称宰我,春秋时期鲁国人。孔子的得意门生,口才特别好,和子贡一样因为辩才而有名。

宰　晁(cháo):汉代太守。　　　宰应文:明代孝子。

【郦】禹曾封黄帝后人涓于郦邑(在今河南内乡郦城村),建立郦国。春秋中期,郦国被晋国攻灭。其后人就以原国名为姓,称郦氏。一说源于风姓,出自远古骊山氏女娲，属于复姓省文简化为郦姓。当今郦氏人口分布以浙江、江苏两省居多。

● **名人代表**

郦道元（约466—527）：字善长，范阳涿州（今河北省涿州）人。北朝北魏地理学家、文学家。仕途坎坷，终生未能尽其才。他博览奇书，四处游历，撰成《水经注》。

郦食其（yì jī）：西汉谋士。　　**郦　昶**：唐代功臣。

【雍】出自姬姓。周文王的第十三个儿子被封于雍地，就是现今河南省泌阳县一带，建立雍国。其后人以国名为姓，称雍氏，世代相传。一说出自姞（jí）姓。据《古今姓氏辩证》记载说，黄帝的后代中，在商、周之间有受封于雍邑这个地方的，就以邑名为姓，称雍氏。一说源于官位，出自西周时期官吏雍人，属于以官职名为姓。当今雍姓人口分布以陕西、湖北、江苏、四川等省居多。

● **名人代表**

雍熙日：生卒年不详。明代围棋高手。著有《弈正》。

雍　陶：唐代刺史、山水诗人。　　**雍　献**：宋代山水画家。

◎ **说典**

竭泽而渔

春秋时期，晋文公率军在城濮与楚国对峙，他问狐偃如何战胜强大的楚军。狐偃献计用欺骗的办法。晋文公又问雍季如何处理。雍季说用欺骗的办法只能是把池水弄干捉鱼，但到第二年就没鱼捉了，所以打仗还是要靠实力。晋文公用狐偃的计策打败了楚军，但在论功行赏时雍季却在狐偃之上。晋文公说："我们怎么会认为一时之利要比百年大计重要呢？"后用"竭泽而渔"比喻做事不留余地，只顾眼前利益，而没有长远打算。

◎ **求知**

郦道元和《水经注》

在中国古代地理学家中，有一个人被称为"中世纪最伟大的地理学家"，他就是郦道元。郦道元勤奋好学，博览奇书，一生足迹遍及半个北部中国。他在此基础上撰著的《水经注》四十卷，是我国古代地理学名著。古今中外对《水经注》的研究形成了专门的学问,被称为"郦学"。

《水经注》所表现出的地理观念,首先在于地理视野的广阔。郦道元生活在一个南北政权对立的分裂时代,但《水经注》记载的地理范围并不为北魏疆域所限,对于当时南朝统治下的自然山川、人文地理,郦道元都着力描述。另外,《水经注》还记载了大量的域外地理。

其次,郦道元具有地理变迁的观念。《水经注》记载的河流有1252条,对于这些河流,郦道元无不穷其源流,追述其古今变化。

再次,郦道元笔下的地理描述还蕴含着深切的人文关怀。《水经注》对于每条水道所经之处,必详细记载其城邑兴废、民族迁徙、风土人情、历史故事乃至神话传说,将国家民族的历史文化融汇于自然山川之中。我们在展读《水经注》的每一篇章时,不仅可以了解壮丽的河山,同时也能读到兴于斯、盛于斯的民族文化,自然与人文融为一体,自然景观也成为人文景观。

最后,郦道元擅长地理描述。《水经注》虽然也对地理现象进行解释,但更多的是客观描述,所以称之为描述地理学是恰当的。

xì qú sāng guì pú niú shòu tōng
郤 璩 桑 桂 濮 牛 寿 通

◎溯源

【郤】出自姬姓,属于以封地名为姓。春秋时,晋献公征伐翟人,公族子弟叔虎奋勇当先,带领晋军攻破翟人营垒,打败了翟人。事后晋献公把郤邑(山西沁水下游一带)封给叔虎,建立郤国,封叔虎为子爵,称郤子。他的后代遂以封地名为姓,称郤氏。

●名人代表

郤 正(?—278):三国时期著名学者、官员。少好学,广读古籍。弱冠即善写文章,被蜀汉朝廷征为秘书吏,官至秘书令。曹魏攻伐蜀汉,后主刘禅投降,郤正为之撰写投降书。后随刘禅前往洛阳,受封关内侯,又得到晋武帝司马炎赏识,任巴西郡太守。

郤 克:春秋时晋国正卿。　　　　郤 忠:明代进士。

【璩】与蘧姓同源，出自姬姓，属于以邑名为姓。西周初年大分封时，康叔受封于卫。至春秋时期，卫国的一位公族子弟被卫君封于蘧，史称蘧伯。蘧伯的后代就以蘧为姓。由于"蘧"与"璩"读音相同，而古代玉环称作璩，是很贵重的东西，所以后来部分蘧姓人把姓氏改为璩姓。

● **名人代表**

璩伯昆：生卒年不详。明末广东道御史。少年时就以才华出名。崇祯年间，以明经任江西武宁县令，其管辖地政治清明，狱讼大减。

璩　瑷：唐代良吏。　　　　　　**璩光岳**：明代官吏。

【桑】桑姓是非常古老的姓氏之一，姓源较复杂。一说源于神农氏，出自炎帝之妻桑氏。相传，神农氏娶了桑氏之女作为自己的妻子，他们的后代中即有人以桑为姓。还有一说源于嬴姓。春秋时期，秦国贵族有个叫公孙枝的，字子桑，在秦穆公执政时期担任秦国的大夫。在公孙枝的后裔子孙中，有以先祖名字为姓者，称子桑氏，后省文简化为单姓桑氏，世代相传至今，史称桑氏正宗。当今桑姓人口主要集中分布于河南、湖北、黑龙江、江苏、山西、山东、河北等省。河南为当代桑姓第一大省。

● **名人代表**

桑弘羊（？—前80）：西汉政治家、财政大臣，出身商人家庭。事汉武帝、汉昭帝两朝，历任侍中、大农丞、治粟都尉、大司农、御史大夫等职。

桑维翰：五代后晋大臣。　　　　**桑世杰**：元末明初将领。

桑　悦：明代学者。

【桂】秦始皇"焚书坑儒"的时候，秦国博士姬季桢被害。他的弟弟姬季眭（guì）为姬季桢的四个儿子更改姓名以避祸。老大名奕，改为桂奕，居住在幽州守墓；老二改名昋（guì）突，迁居济南朱虚；老三改名炅（guì）奖，居住在齐国历山；老四改名炔（guì）奘，移居河南阳城。于是有了桂、昋、炅、炔四个同音的姓。桂姓就是姬季桢长子桂奕的后代。

● **名人代表**

桂　萼（？—1531）：明代大臣。历任知县、刑部主事、翰林院学士、詹事府兼学士、礼部侍郎、礼部尚书、吏部尚书、太子少保兼武英殿大学士等职，升迁之快，史不多见。所经各任都能端正风俗，抑制豪强，政绩颇著。

桂万荣：南宋官吏。　　　　　　　桂　馥：清代文字训诂学家。

桂中行：清代将领。

【濮】姚舜（虞舜）的儿子姚散曾受封于濮，其后代子孙即以濮为姓，称濮氏。故濮氏后人尊姚散为濮姓的得姓始祖。

●名人代表

濮　英（？—1387）：明代大将。他善于用兵，战功卓著。

濮仲翁：西汉名士。　　　　　　　濮　真：明代将领。

【牛】出自子姓，是商汤的后裔。周武王灭纣后，封商朝皇族微子于宋地（今河南商丘），建立宋国。微子之后有牛父，官任宋国司寇（掌管刑狱）。宋武公时，游牧民族西戎狄人屡次犯宋，牛父曾率军败敌于长丘，后在一次作战中，不幸壮烈殉国。因牛父是为国而死，后世子孙即以其字为姓，称牛氏，并尊牛父为牛姓的得姓始祖。当今牛姓人口主要分布在河南省。

●名人代表

牛僧孺（780—848）：唐代著名宰相。历任唐穆宗、唐文宗两朝宰相。著有《玄怪录》。

牛　邯：东汉名将。　　　　　　　牛　弘：隋代官员。

牛　皋：北宋末年抗金将领。　　　牛得草：著名豫剧丑角表演艺术家。

【寿】周太王儿子仲雍的曾孙名周章，曾居于吴地。周章十四世孙寿梦统治吴时，国势强大，称吴王。故春秋时吴国自寿梦始，其支庶子孙有的以祖先名字为姓，称寿氏。

●名人代表

寿　良：生卒年不详。汉代学者。专研《春秋三传》，熟读"五经"，操守方正，朴素简约。

寿光侯：汉代方士。　　　　　　　寿　宁：元代高僧。

寿镜吾：鲁迅先生的启蒙老师。

【通】源于地名，属于以封邑名称为氏。一说春秋时期，古巴国有个大夫受封于通川（今四川达川），他是巴国君主廪（lǐn）君的后裔，时称"通君"。在其后裔子孙中，有以先祖封邑名称为姓者，称通氏，世代相传至今。一说春秋时期，卫国有个大夫受封于朝歌之通邑（今河南淇县北阳镇）。其后裔子孙遂以先祖封邑名称为姓，称通氏，世代相传至今。

通本仁：明代著名官吏。　　　　**通　嘉**：清代名将。

◎说典

桑弘羊舌战群儒

汉武帝时，绝大部分的经济改革措施都是由桑弘羊提出并负责具体实施的，他以商人一样的经济头脑，推行了盐铁官营、酒类专卖、均输平准等措施，统一了货币体制，改革了财政机构，解决了汉王朝所面临的财政问题。汉武帝死后，霍光为了打压长期执掌财政大权的桑弘羊，就从桑弘羊赖以起家的经济改革措施开刀，力促召开"盐铁会议"，希望借此为反对桑弘羊制造社会民意舆论。

辩论进行了很长的时间，桑弘羊舌战群儒，1人大战60多名儒生，且在辩论中一直占上风，使"贤良""文学"们"恧（nǜ）然不能自解"。

这次会议，由于桑弘羊针锋相对的坚决斗争，仅废除了酒类专卖，盐铁仍由朝廷专营，其他的政策也得以继续施行。

◎求知

牛李党争

牛李党争，是指唐代中后期以牛僧孺、李宗闵等为领袖的"牛党"与以李德裕、郑覃等为领袖的"李党"之间的斗争。斗争从唐宪宗时期开始，到唐宣宗时期才结束，持续将近40年，以致唐文宗有"去河北贼易，去朝中朋党难"之叹，斗争最终以"牛党"获胜结束。

牛李党争是唐代末年宦官专权、政治腐败、社会衰落的集中表现，加深了唐代中后期的统治危机。

边 扈 燕 冀　郏 浦 尚 农
biān hù yān jì　jiá pǔ shàng nóng

◎ 溯源

【边】商代的时候，有个诸侯国叫边国，边国国君有伯爵的封号，所以又称为边伯。后来边国灭亡以后，边伯的后代中有的就以原来国名为姓，称为边氏。还有一支边姓起源于春秋时期。当时宋国国君宋平公有个儿子叫御戎，字子边。子边的后代有的以他的字作为姓，也称为边氏。当代边姓人口分布较广，尤以浙江省为多。

● 名人代表

边　韶：生卒年不详。以文学知名，非常有辩才，曾教授过数百名弟子。汉桓帝时官至尚书令。

边　让：东汉末年名士。　　　　　边　鸾：唐代画家。

边　肃：北宋兵部尚书。　　　　　边　鲁：元代书画家。

边　贡：明代文学家。　　　　　　边　永：明代外交家。

【扈】一说出自姒姓。大禹去世后，其子启继位，建立了夏朝，违背了传统的禅让做法。有扈氏的首领起兵反对启，但是被启打败，有扈氏的族人几乎灭绝。幸存的族人为了避难，就把姓改为扈，成为扈姓的起源。一说启建立夏朝以后，将自己的族人分封在扈（今陕西户县一带），建立了扈国。而扈国公族的后代，有的取国名为姓，称扈氏。

● 名人代表

扈　蒙（915—986）：宋代著名大臣。历任中书舍人、翰林学士、史馆修撰。与李穆等同修《五代史》，详定《古今本草》，与李昉同修《太祖实录》，同编《文苑英华》。

扈　云：西汉车骑将军。　　　　　扈　载：五代时期文学家。

扈再兴：宋代著名将领。

【燕】一支出自姬姓。周武王姬发打败商纣得天下后，分封各路诸侯。其中有一位叫姬奭的贵族（即召公奭）被封到燕地（今河北北部和辽宁西部一带），建立燕国。后燕国为秦所灭，燕国国君的后代就以国名为姓，称燕氏。还有一支燕姓可以追溯到商代。那时有位叫伯倏的贵族被封到燕地（今河南延津一带），建立了燕国。伯倏的后代也以燕作为姓氏。当代燕姓在全国的分布主要集中于山东，其次分布于山西、青海、四川、河南、河北等地。

●名人代表

燕　伋（前541—前476）：字思，孔门七十二贤之一。曾不远千里三次到鲁地跟随孔子学习儒家思想和文化。

燕　肃：宋代礼部侍郎、计量发明家。　　燕文贵：北宋画家。

燕　达：宋代将领。　　　　　　　　　　燕　善：明代太仆寺丞。

【冀】源出有二。一说西周时，唐尧的后代有被封在冀国（今山西河津一带）的。后来冀国被虞国灭，冀国的公族后代遂以原国名为姓，称冀氏。到了春秋时期，晋献公灭掉了虞国，冀遂成晋邑。后来晋国大夫郤芮因拥立晋惠公有功，被封于冀，世称冀芮。他的子孙以封邑名为姓，也称冀氏，这是冀氏的又一源头。

●名人代表

冀　俊：生卒年不详。北朝北魏人。性情沉稳谨慎，擅长写隶书，又善于模仿他人字迹，曾奉文帝命令仿写魏帝敕书。历官襄乐郡守、湖州刺史、骠骑大将军，封昌乐侯。为官清正廉洁，所到之处，颇有政声。

冀　重：唐代学者。　　　　　　　　　　冀元亨：明代学者。

冀　练：明代官员。

【郏】一说出自姬姓，是周文王姬昌的后裔，属于以地名为氏。周成王姬诵定都于郏鄏（jiá rǔ），他的子孙中有迁往这个地方居住的，便改为郏姓。另一说，出自芈姓。楚共王的孙子有个叫敖的，后来被杀害，并被葬在郏，称为敖郏。其子孙就以郏作为自己的姓氏。

●名人代表

郏　亶（1038—1103）：北宋著名水利学家。他的治水经验和方法对历朝历代乃至今天仍有深远的影响。

郏　滂：唐代著名宦官。　　　　　　　　郏　侨：宋代官员、水利学家。

【浦】一说出自姜姓。春秋时期，姜太公的后人有在晋国做大夫的，因为被封于浦，于是以浦为姓，称浦氏。一说夏朝时，舜帝的裔孙被封在蒲坂（今山西永济蒲州），在其后裔子孙中，有以封邑名称为姓者，称蒲氏。其后人中有的为避难而去"艹"头改称浦氏，世代相传至今，是非常古老的姓氏之一。当今，江苏、上海、浙江一带浦氏族人较多。

● **名人代表**

浦起龙（1679—1762）：清康熙年间秀才。由于科场受挫，他对八股文渐感厌倦，转而欣赏杜甫诗作，并潜心研究。所著《读杜心解》是研究杜诗的佳作。

浦　源：明代著名画家。　　　　**浦　铉**：明代大臣。

浦　镛：明代监察御史。　　　　**浦在廷**：著名爱国实业家。

【尚】出自姜姓。姜子牙因辅佐周武王推翻了商王朝，被封于齐，称齐太公。太公在周朝为太师，故又称太师尚父，简称为师尚父或尚父。他的后代子孙便有以尚为姓的。另外，秦始皇统一全国后，设有六个带"尚"字的官职。"六尚"之官的后裔，有的以祖先官职名为姓，也称为尚姓。

● **名人代表**

尚秉和（1870—1950）：号石烟道人，晚号滋溪老人，被学者称为"槐轩先生"。晚清进士、近代著名易学家。其博学善文，喜玩金石，工于绘事，精通中医，与易学造诣渊深，是象数派易学的代表人物之一。

尚道长：宋代官吏、学者。　　　**尚　达**：明代官吏。

尚　衡：明代官吏。　　　　　　**尚小云**：著名京剧表演艺术家。

【农】源于姜姓。神农氏有个儿子叫柱，又叫农，其后代中有的就以农为姓，称为农氏。另外，西周初年，周武王姬发封神农氏的后人为农正之官，掌管农业生产和祈祷丰年等事务。其后人就以祖上官职名为姓，亦称农氏。

● **名人代表**

农劲荪（sūn）：生卒年不详。安徽宣城人。师从太平天国志士学文习武，受师言传身教，萌生爱国爱民思想。稍长，赴日本留学，后加入同盟会。奉孙中山先生之命回国，在天津开设淮庆药栈，结识武林英豪。在天津活动期间，他曾帮助霍元甲打败俄国大力士，并与霍元甲成为生死之交。

农　　益：明代名儒。　　　　　　农　　猷（yóu）：明代县令。

农志科：明代名儒。

◎ 说典

大腹便便

东汉桓帝时，陈留（今河南开封）出了位知名教书先生，叫边韶。边韶，字孝先，以文章学问闻名于天下，他的身后常跟随着数百名学生。边韶为人洒脱，不拘小节。

边韶长得很胖，走路很慢，所以总是一副懒洋洋的样子。他讲课有深度，也有乐趣，深受学生们喜欢。但边韶有个毛病，总是忍不住在大白天里不分场合地打瞌睡。在古代，白天睡大觉的"昼寝"行为，是好吃懒做的表现，要被人嘲笑的。

有一天，边韶又和衣打瞌睡。于是，学生私下里悄悄作诗嘲笑老师说："边孝先，腹便便。懒读书，但欲眠。"诗中不但对老师懒惰的"昼寝"行为进行嘲笑，甚至针对老师的大肚子进行"人身攻击"了。

不料，边韶醒后知道了这首诗，当面回敬学生诗一首。诗曰："边为姓，孝为字。腹便便，五经笥（sì）。但欲眠，思经事。寐与周公通梦，静与孔子同志。"他还质问学生道："师而可嘲，出何典记？"

边韶的意思很明白：老师我大肚子里藏着"五经"，即使睡觉也是在研习经书，睡梦里我与周公相见、与孔子一道谈经论道。你们如此目无尊长嘲笑老师的行为，依据的是哪一部典籍啊？

后来，就有了成语"大腹便便"。

◎ 求知

《左传》中的成语（一）

《左传》全称《春秋左氏传》，是为《春秋》作注解的一部史书，相传是春秋末期鲁国史官左丘明所著。《左传》既是一部史学名著，又是一部文学名著，里面有许多我们耳熟能详的成语：

东道主　《左传·僖公三十年》："若舍郑以为东道主，行李之往来，共其乏困，君亦无所害。"郑国在秦国东面，故自称东道主。原指东路上的主人，后称款待宾客的主人。

退避三舍 《左传·僖公二十三年》:"晋、楚治兵,遇于中原,其辟君三舍。"又《僖公二十八年》:"子犯曰:'……微楚之惠不及此,退三舍辟之,所以报也。'"后用"退避三舍"比喻退让和回避以避免冲突。

及瓜而代 《左传·庄公八年》:"齐侯使连称、管至父(两人都是齐国的大夫)戍葵丘。瓜时而往,曰:'及瓜而代。'""及瓜而代"的意思是,等到瓜熟时派人替代。泛指任职期满,由他人继任。

言归于好 《左传·僖公九年》:"凡我同盟之人,既盟之后,言归于好。"指彼此重新和好。

魑魅魍魉(chī mèi wǎng liǎng) 《左传·宣公三年》:"魑魅魍魉,莫能逢之。"本为传说中的鬼怪,现用以喻指各种各样的坏人。

wēn　bié　zhuāng　yàn　chái　qú　yán　chōng
温　别　庄　晏　柴　瞿　阎　充

◎溯源

【温】一说,源于高阳氏。颛顼帝高阳氏的后裔受封于温邑,其后世子孙以封邑名称为姓。另一说,源于姬姓。西周初年,周成王封他的弟弟叔虞于唐,称唐叔虞。唐叔虞的后代又被封于河内温(今河南温县),其后代子孙遂以封地名为姓,称温氏。又一说,源于郤姓,出自春秋时期晋国大夫郤至的封地温邑,也属于以封邑名称为姓。

●名人代表

温庭筠(约812—866):唐代词人、诗人。其诗与李商隐齐名,时称"温李"。每入试,押官韵,八对而成八韵,时称"温八叉"。精通音律,诗词多写闺情,风格浓艳,辞藻华丽,乃花间派鼻祖。

温　季:春秋中期晋国卿大夫。　　　**温　峤**:东晋名将。
温子昇:北朝北魏著名文学家。　　　**温　纯**:明代名臣。
温体仁:明末大臣。

【别】古代封建宗法制度中,嫡长子系为大宗,其余子孙为小宗,小宗的次子称之为别子,以与嫡长子一系的宗子相区别。古时别子不得以祖上姓氏为姓,而另为一族，其中有的以自己在宗法制度中嫡庶方面的地位，以祖上之字、官、爵、谥号等为姓，有的就直接以"别"为姓。

● **名人代表**

别之杰（？—1253）：宋嘉定年间进士。官至端明殿学士，加兵部尚书。淳祐年间，擢参知政事。为人忠厚，居官清廉，不畏权贵。

别　惨：唐代将领。

【庄】出自芈姓。楚国君王芈侣（也作"旅"）去世后，谥号为"庄"，即历史上的楚庄王。楚庄王的支庶子孙以祖上谥号为姓，称庄氏。

● **名人代表**

庄　周（约前369—前286）：庄子，战国时期思想家，做过漆园吏。著书十余万言，为文汪洋恣肆，并多采用寓言故事形式，想象丰富。著有《庄子》（亦称《南华经》）。

庄　辛：战国时楚国大臣。　　　　**庄　忌**：西汉文学家。

庄培因：清代官吏、学者。　　　　**庄盘珠**：清代女诗人。

【晏】一支源于子姓。春秋时期的齐国大夫晏弱被分封到晏（今山东齐河西北的晏城），所以他以晏作为自己的姓，其后代沿用晏姓至今。一支源于陆终氏。传说上古部落首领陆终氏有个儿子叫晏安，他的后代便以晏为姓。还有一支来源于上古尧帝时期的大臣晏龙。据说晏龙是唐尧时掌管音乐的大臣，发明了琴瑟。

● **名人代表**

晏　殊（991—1055）：北宋宰相，著名词人。其词擅长小令，承袭南唐风格，多表现士大夫阶层的诗酒生活和悠闲情致，语言婉丽，音调和谐。

晏　婴：春秋时期齐国大夫。　　　**晏几道**：北宋词人。

晏敦复：南宋大臣。　　　　　　　**晏斯盛**：清代大臣。

晏阳初：中国平民教育家。

【柴】源于炎帝的姜姓。春秋时期，齐文公十八世孙高柴的孙子以祖父的名字为姓，叫柴举。柴举的后代就以柴为姓，世代相传。

● 名人代表

柴　绍（588—638）：唐代开国元勋，唐高祖李渊的女婿。自幼矫健勇猛，以任侠名于乡里。他多次跟随高祖征伐，屡建奇功，授大将军，封霍国公。后又加封谯（qiáo）国公，是"凌烟阁二十四功臣"之一。

柴　荣：后周世宗皇帝。　　　　**柴　车**：明代大臣。

【瞿】商王武乙的后裔，因受封于瞿上（今四川成都双流区东瞿上城）而得名瞿父。其子孙后代遂以祖上名字为姓，形成瞿姓。

● 名人代表

瞿景淳（1507—1569）：字师道，明代大臣。隆庆元年（1567年）被命为礼部左侍郎兼翰林院学士，总校《永乐大典》，修《嘉靖实录》，所著《石经大学质疑》，得到后世推崇。

瞿昙悉达：唐代天文学家。　　**瞿　俊**：明代书画家。
瞿绍基：清代著名藏书家。　　**瞿秋白**：中国共产党早期主要领导人之一。

【阎】出自姬姓。古公亶（dǎn）父又称太王，他有三个儿子：泰伯、仲雍和季历。周武王时，封泰伯的曾孙仲奕于阎乡（今山西安邑）。仲奕的后代遂以封地名作为姓氏。

● 名人代表

阎立本（601—673）：唐代著名画家。善画人物、车马、台阁，取法张僧繇、郑法士，而能"变古象今"，笔力圆劲雄浑。尤其精于人物肖像，善于刻画人物性格。所画太宗像及《秦府十八学士》《凌烟阁功臣二十四人图》等，称誉当时。所作《步辇（niǎn）图》，描绘了太宗接见吐蕃赞普松赞干布派来迎接文成公主的使臣禄东赞的情景，反映了汉藏两族友好亲密的关系。

阎　显：东汉官员。　　　　　**阎　亨**：晋代名士。
阎仲宇：明代兵部尚书。

【充】源于官位，出自西周时期的官吏"充人"。"充人"是西周时期设置的一个官位，专门负责饲养祭祀的各类牲畜，隶属于地官府司管辖。在"充人"的后裔子孙中，有以先祖官职名为姓者，称充人氏，后省文简化为单姓充氏，世代相传至今。

● **名人代表**

充　虞：生卒年不详。战国时期学者。曾跟随孟子学习，是其得意弟子。

充　尚：秦朝术士。

◎说典

庄周梦蝶

从前，庄周梦见自己变成了一只翩翩起舞的蝴蝶，感到非常快乐，悠然自得，并不知道自己是庄周。一会儿梦醒了，发现自己还是庄周。于是，他不知道是自己做梦变成了蝴蝶呢，还是蝴蝶做梦变成了自己。

"庄周梦蝶"是表现庄子齐物思想的著名典故。庄子认为人们如果能打破生死、物我的界限，则无往而不快乐。这段文字写得轻灵缥缈，常为哲学家和文学家所引用。

◎求知

凌烟阁二十四功臣

唐太宗认为："为人君者，驱驾英材，推心待士。"唐代贞观十七年（643年）二月二十八日，为表彰当初一同打天下的诸多功臣，太宗命阎立本在凌烟阁内描绘了二十四位功臣的画像，是为《凌烟阁功臣二十四人图》。画像人物皆真人大小，面北而立，太宗时常前往怀旧。阁中分为三层：最内一层所画为功勋最高的宰辅之臣，中间一层所画为功勋卓著的王侯之臣，最外一层所画则为其他功臣。

这二十四位功臣是：长孙无忌、李孝恭、杜如晦、魏征（zhēng）、房玄龄、高士廉、尉迟敬德、李靖、萧瑀（yǔ）、段志玄、刘弘基、屈突通、殷开山、柴绍、长孙顺德、张亮、侯君集、张公谨、程知节、虞世南、刘政会、唐俭、李勣（jì）和秦琼。

慕 连 茹 习　宦 艾 鱼 容

（mù lián rú xí　huàn ài yú róng）

◎ 溯源

【慕】 远古时，黄帝有个后代叫封，在远离中原的东北部地区建立了鲜卑国。他取姓慕容，意在远离中原之地，传扬中华文化。后来慕容姓的后人，有的简化为慕姓。

● 名人代表

慕天颜（1624—1696）：字拱极，甘肃静宁人。清代官吏。顺治年间进士。授浙江钱塘知县，康熙间历任江苏布政使、江宁巡抚，请疏浚吴淞江、刘河等，又请免荒田赋额，皆报可。坐事去官，后起为湖广巡抚，终漕（cáo）运总督，著有《抚吴封事》《楚黔封事》《督漕封事》。

慕　完：元代刑部侍郎。　　　　**慕甲荣**：清代学者。

慕寿祺：学者、民主革命领袖。

【连】 出自高辛氏。颛顼的曾孙陆终的第三个儿子名叫惠连，他的后代就以他的名为姓，称连氏。

● 名人代表

连　横（1878—1936）：著名爱国诗人和史学家。对史学、文学、语言学和民俗学等均有较深研究。著有《台湾通史》《台湾语典》等。

连久道：宋代诗人、道士。　　　**连舜宾**：宋代名士。

【茹】 出自古代柔然部族。北魏时，郁久闾氏建立柔然国，称受罗部真可汗。柔然国也称作茹茹，源出东胡，为游牧部落，常居于阴山一带。西魏时，柔然部族为突厥所破，遂并入突厥，其部族后人多以族名茹茹为姓。其后代一部分入中原后，以茹为姓。

● 名人代表

茹志鹃（1925—1998）：当代著名女作家。她的创作以短篇小说见长，笔调清新、俊逸，内容丰富传神，善于从较小的角度去反映时代本质。代表作有《百合花》《静静的产院》等。

茹　皓：北朝北魏将军。　　　　**茹　瞻**：北朝北齐官吏。

茹汝升：唐代水利专家。　　　　　　茹　洪：明代书画家。

【习】源于姜姓。春秋时期有个习国（今陕西丹凤少习山一带），习国灭亡后，其公族子孙以及国民中有以故国名为姓者，称习氏。

● 名人代表

习凿齿（317—384）：字彦威，襄阳（今湖北襄阳人），东晋著名史学家、文学家，精通玄学、佛学、史学。主要著作有《汉晋春秋》《襄阳耆旧记》《逸人高士传》《习凿齿集》等。其中《汉晋春秋》是影响深远的史学名著。

习　温：三国时东吴官吏。　　　　　习　经：明代著名文学家。

习仲勋：曾任国务院副总理。

【宦】源于仕宦，起初指做官。因有人期望做官，即以宦为姓。

● 名人代表

宦　绩：生卒年不详。字宗熙，江阴人，明代著名大臣。据《江阴县志》记载，宦绩是明永乐年间进士，擅写文章，又负气节，名重一时。

宦懋（mào）庸：清代学者。

【艾】夏代君主少康当政时，其属下有个大臣名叫汝艾，亦称女艾，在"少康中兴"的大业中立有大功。汝艾的后裔子孙，有以先祖名字为姓者，称艾氏。另一支源于妫（guī）姓。春秋时期，齐国有位大夫名孔，因为住在艾陵（今山东泰安东南），人们就叫他艾孔。他的后代，便以居住地名称的第一个字"艾"作为自己的姓。

● 名人代表

艾南英（1583—1646）：字千子，号天佣子，临川东乡（今江西东乡县岗上积镇艾家村）人。明代散文家、文学评论家，天启年间中举人。因深恶科场八股文章腐烂低劣，与临川人章世纯、罗万藻、陈际泰力矫其弊，以兴斯文为任，刻印四人文章，世人翕（xī）然赞同，人称"临川四才子"，或"江右四家"。著有《天佣子集》。

艾居晦：唐代书法家。　　　　　　艾敬直：唐代御史大夫。

艾　宣：北宋画家。　　　　　　　艾元徵：清代官员。

【鱼】出自子姓，是商汤的后裔，属于以祖字为姓。春秋时，宋襄公的弟弟公子目夷，字子鱼。子鱼的后世子孙有一支以祖上的字为姓，称鱼氏。

● 名人代表

鱼　豢（huàn）：生卒年不详。三国时期著名史学家。曾撰写了著名的史书《魏略》，对三国的历史有比较精准的记述。

鱼俱罗：隋代著名将领。　　　　　鱼玄机：唐代著名女诗人。

鱼崇谅：宋代著名大臣、学者。　　鱼　侃：明代名吏。

【容】黄帝的时候有一个史臣名叫容成，是太岳的后代，相传他创制了中国历史上第一部历法，他的后代以容为姓。另一支出自姬姓。相传高阳氏有八个儿子，都很聪颖，号称"八恺"。其中有一个叫仲容的，他的后代便以容作为姓氏。

● 名人代表

容　闳（1828—1912）：广东香山县南屏村（今珠海南屏镇）人，近代著名的教育家、外交家和社会活动家，参加过戊戌变法运动。他早年留学美国耶鲁大学，是我国第一位毕业于美国高等学府的留学生。在清末洋务运动中，他因促成并且经办了两件大事而彪炳史册：1863年入曾国藩幕，被委派赴美选购机器；组织了第一批官费赴美留学幼童。在中国近代西学东渐、戊戌变法和辛亥革命中，容闳都有不可磨灭的贡献。著有《西学东渐记》。

容悌舆：明代孝子。　　　　　　　容若玉：明代清官。

容　庚：中国古文字学家。

◎ 说典

鱼玄机和温庭筠的故事

鱼玄机13岁那年，温庭筠以"江边柳"为题试其才情，不禁对玄机的聪明才智大加赞赏，怜爱之情亦油然而生。从此他时常指点玄机诗文，如严师，如慈父，如挚友。而在玄机少女心中，对这个比她大近30岁的男人，却有着一种最美好最朦胧的情意。不久后，温庭筠离开了长安。玄机开始对这个男人思念不已，她写了一首《遥寄飞卿》给温庭筠，"稽君懒书札，底物慰秋情"，表达了对温庭筠不寄书信的抱怨。而温庭筠虽明了少女心事，却终因面目丑陋，年龄差距，不敢跨越师生的界限。最终还是只与玄机师生相称，并未使之变为爱情，反而让那份父爱般的亲情伴随玄机到生命尽头。

◎ 求知

《台湾通史》

《台湾通史》是台湾历史上第一部按通史体例撰修的史书。作者连横积数十年之力，游历大江南北，搜集有关台湾的文献史料、档案和传闻，仿照司马迁《史记》的体例，写成此书。全书内容起于隋朝大业元年（605年），终于清光绪二十一年（1895年），时间横跨1290年，有纪四、志二十四、传六十。从最早到达台湾的开拓者，到清朝中后期抵抗日本侵略的志士将领，凡有关台湾的政治、军事、经济、物产、风俗、人物等等，均有论列。全书既体现了台湾与祖国大陆在政治、经济、法律、典仪、文化、宗教等方面一脉相传的历史渊源，又突出了台湾的地方特色，安排有序，相得益彰。

xiàng gǔ yì shèn　　gē liào yǔ zhōng
向　古　易　慎　　戈　廖　庾　终

◎ 溯源

【向】西周初期周武王大封诸侯时，封炎帝的一个裔孙在向地（今山东莒县南部），建立向国，国君称向伯，其后人遂以国名为姓。

● 名人代表

向　秀（约227—272）：字子期，河内怀县（今河南武陟）人。魏晋"竹林七贤"之一。好读书，与嵇康、吕安等人友善，但不善喝酒，喜谈老庄之学，曾注《庄子》一书。著有《思旧赋》《难养生论》。

向　朗：三国时期蜀汉官吏、学者。　　**向　宠**：三国时期蜀汉将领。

向警予：中国共产党早期领导人之一。

【古】一说周武王建立周朝后，尊古公亶父为周太王。周太王的后代有的以祖上名字中的"古"字为姓，称古氏。一说出自古成氏。东周时，晋国大夫郤犨（chōu）受封于苦城（今河南鹿邑境内），其后人以讹音"古成"为氏，后去"成"改为单姓"古"，称古氏。

●名人代表

古　朴（？—1428）：陈州（今河南淮阳）人。明代大臣，历任兵部侍郎、户部尚书等职。在朝30多年，以清廉著称。

古　弼：北朝北魏官员。　　　　　　　古　革：宋代官员。

古成之：宋代县令、著名文学家。

【易】春秋时期，姜太公的后裔中有人被封于易州（今河北易县），且以封邑名为姓，称易氏，世代相传至今，是为河北易氏。当代易姓人口主要分布于湖南、四川、湖北、重庆四省市。湖南为当代易姓第一大省。

●名人代表

易　祓（1156—1240）：字彦章，一字彦伟，又作彦祥，号山斋，湖南宁乡人。南宋中后期著名学者，为孝宗、宁宗、理宗三朝重臣，与同郡汤璹、王容并称"长沙三俊"。与著名词人姜夔"折节交之"。著有《周易总义》二十卷、《周官总义》三十卷等。

易　雄：晋代著名官吏。　　　　　　易常亮：唐代著名诗人。

易元吉：北宋著名画家。　　　　　　易良叔：清代著名官吏。

【慎】一支源于姬姓。春秋时期墨子的弟子禽滑厘，字慎子，其后代以他的字作为姓氏，称慎氏。一支源于芈姓。春秋时期，楚国大夫白公胜的后裔有的被封在慎邑，其子孙便以邑名为姓，称慎氏。

●名人代表

慎　到（前390—前315）：战国时期韩国大夫、法家代表人物。曾在齐国的稷下讲学，颇负盛名。他主张从"弃知去己"出发，"抱法处世""无为而治"。著有《慎子》四十二篇。

慎知礼：北宋文士。　　　　　　　　慎东美：宋代狂士、画家。

慎　蒙：明代著名大臣、学者。

【戈】夏代东夷族的首领后羿掌握了夏王朝实权，后来大臣寒浞（zhuó）杀死后羿，当了国君，篡夺了政权，并封他的一个儿子在戈国。后来，少康中兴，灭掉了戈国。原戈国国君子孙遂以国名为姓，乃称戈氏。

● 名人代表

戈裕良（1764—1830）：清代乾嘉年间名噪一时的园林艺术家。他本是画家，后以造园为业，将绘画艺术与园林建造结合起来，大江南北许多名园均出自其手。

戈　文：清代著名画家。　　　　　戈　载：清代学者。
戈　涛：清代官吏。　　　　　　　戈宙琦：清代著名画家。

【廖】一支出自"己"姓。相传颛顼生于若水，其后裔叔安在夏代时受封于飂（liáo）（古"廖"字）国，故称飂（廖）叔安。春秋时，廖国被楚国灭，其国人以国名为姓，称廖氏。一支出自姬姓。周文王有个儿子叫伯廖，受封于廖邑，其后裔有以邑名廖为姓的，称廖氏。

● 名人代表

廖　刚（1070—1143）：字用中，号高峰居士，北宋顺昌谟武人，崇宁年间进士。廖刚少时从学理学家杨时，成就了他"道南高弟，绍兴名臣"的美名。廖刚一生亲历两朝荣辱兴衰，历任刑部侍郎、御史中丞、工部尚书。他持身立朝，忧国爱民，对外力主抗敌御侮，对内全力慰抚百姓；他刚正不阿，忠直抗言，令蔡京、秦桧等奸邪沮气。廖刚的精神和品格名重于天下，名扬于千古，为世代所赞颂。其有四子，皆为将帅，父子五人年俸皆二千石谷以上，号称"万石廖氏"。

廖　化：三国时期蜀汉将军。　　　廖　纪：明代杰出政治家、儒学家。
廖　谨：明代名儒。　　　　　　　廖仲恺：近代民主革命家。

【庾】庾姓是非常古老的姓氏之一，相传在远古尧帝时代，有一个名叫安庆公的掌庾大夫，专职掌管粮库出入之籴（dí），史称掌庾公。安庆公的后裔子孙，有的以先祖官职名为姓，称庾氏。

● 名人代表

庾　信（513—581）：字子山，小字兰成，南阳新野（今河南新野）人。南北朝时期著名诗人、文学家。其家"七世举秀才"，"五代有文集"。他博览群书，文集六朝之大成，有名篇《拟咏怀》诗和《哀江南赋》等传世。唐代"诗圣"杜甫称赞他为："庾信文章老更成，凌云健笔意纵横。"

庾　亮：东晋大臣。　　　　　　庾笋悠：东晋初名将。

庾　抱：隋代太子舍人。

【终】颛顼有个后代叫陆终，陆终的孙子以祖父的名字为姓，称终氏。

● **名人代表**

终　军（约前133—前112）：字子云，西汉济南人。著名的政治家、外交家。少好学，18岁被选为博士弟子，受到汉武帝赏识，封谒者给事中，后擢升谏大夫。他曾先后出使匈奴、南越，均不辱使命。战前"请缨"的典故就是出自他出使南越的故事。元鼎五年（前112年），年仅20余岁的终军被南越相吕嘉杀害，时称"终童"。据《济南府志》载，终军死后归葬济南。

终　古：夏代史官。　　　　　　终　带：汉代校尉史。

终　郁：唐代县官。　　　　　　终其功：明代鸿胪寺主簿。

◎ **说典**

山阳闻笛

向秀与嵇康是意气相投的好友。曹魏末年，他们因反对司马氏集团的专政而不肯出来做官，隐居于山阳（今河南焦作东）锻铁。后来，嵇康被司马昭杀了，向秀也被迫出来做官。向秀路过山阳嵇康故居时，正值岁末年初寒风凛冽，残阳西斜，万木萧瑟，忽然从邻家传来一阵笛声，悠远深沉。想起昔日与好友把酒言欢，畅谈玄理，可如今阴阳两隔，人去屋空，向秀不由悲从心来，思如泉涌，提笔作赋，以寄情思，以悼挚友，这便是著名的《思旧赋》。后世遂用"山阳闻笛"作为缅怀亡友的典故。

◎ **求知**

竹林七贤

"竹林七贤"是指魏末晋初的七位名士：阮籍、嵇康、山涛、刘伶、阮咸、向秀、王戎。《魏氏春秋》说此七人"相与友善，游于竹林，号为七贤"。

然而，七人的思想倾向有很大不同。嵇康、阮籍、刘伶、阮咸始终主张老庄之学；山涛、王戎好老庄而杂以儒术；向秀则主张名教与自然合一。

七人在政治态度上的分歧也比较明显。嵇康、阮籍、刘伶等对仕魏而执掌大权、已成取代之势的司马氏集团持不合作态度。向秀在嵇康被害后被迫出仕。阮咸曾入晋为散骑侍郎，但不为司马炎所重。山涛起先"隐身自晦"，但40岁后出仕，投靠司马氏，历任尚书吏部郎、侍中、司徒等，成为司马氏政权的高官。王戎为人鄙吝，功名心最盛，入晋后长期为侍中、吏部尚书、司徒等，历仕晋武帝、晋惠帝两朝，在"八王之乱"中，仍优游暇豫，不失其位。

jì jū héng bù dū gěng mǎn hóng
暨 居 衡 步 都 耿 满 弘

◎ 溯源

【暨】 彭祖的后代在商代被封为伯爵，后有被封在暨地的。于是，他的后代子孙就以封地名暨为姓，形成暨姓。

● **名人代表**

暨　陶：生卒年不详。崇安人。北宋元丰年间状元，曾任奉议郎。他的赋很有名，也擅长音律。

暨　良：汉代著名大臣。　　　　**暨　逊**：东晋著名大臣。

【居】 春秋时期，晋国的先轸（zhěn）和先且居父子曾先后担任晋国的中军元帅，分别在崤（xiáo）山和彭衙打败了秦军，为晋国立下赫赫战功。先且居的子孙因祖上的战绩而感到荣耀，便以他的名字为姓，称居氏。

● **名人代表**

居　仁：生卒年不详。清代画家。他的长女居庆、次女居玉征继承家学，她们的作品也很有名，尤其以花卉画闻名。

居　节：明代文士。　　　　　　**居　廉**：清末画家。

【衡】 商汤有贤臣伊尹，因为在灭夏过程中功劳最大，被商汤封为宰相，尊称"阿衡"（"国家的倚靠"的意思）。后来，伊尹的后代子孙就以其尊号中的"衡"字为姓，称衡氏。

● **名人代表**

衡　方（106—168）：字兴祖，东汉平陆（今山东汶上）人。幼年聪颖好学，通晓诗书，敦厚达礼。成年后，郡州推举其为孝廉，官拜郎中。因他居官清廉，能剿（jiǎo）奸扶正，振滞起旧，兴利除弊，故而威名远震。皇上将其功绩录入勋册，给予表彰。后被任命为卫尉卿，掌管门卫屯兵，守护皇宫，直至永康末年，仍在桓帝身边任职。后灵帝继位，任命衡方为步兵校尉，授予统帅六师的最高兵权。著名的《衡方碑》就是为他立的。

衡　胡：西汉著名大臣。　　　　**衡　咸**：东汉学者。
衡　毅：汉代苍梧太守。　　　　**衡　岳**：明代著名大臣。

【步】春秋时期，晋国有个叫扬的人，被封在步邑，人称步扬。他的后代于是以邑名为姓，称步氏。

● **名人代表**

步　骘（zhì）（？—247）：三国时期吴国重臣。性情宽厚，颇得人心。后来，因为他能文能武，屡立战功，被孙权召为主记。他精通兵法，用兵如神，特别是在危急的时候，能解围营救。

步叔乘：孔子弟子。　　　　　　**步　谅**：宋代江西总管。
步金门：清末著名教育家。　　　**步凤鸣**：清末大臣、教育家。

【都】春秋初期，郑国有一位公族大夫叫公孙阏（è），字子都。他是当时闻名全国的美男子，而且武艺高超，力量很大，所以很得郑庄公的赏识。后来公孙阏的子孙以祖上字为姓，称都氏。当今都姓人口分布较广，尤以河南、陕西、安徽、山东、四川等省居多。

● **名人代表**

都　穆（1458—1525）：字玄敬，一作元敬，郡人称其南濠先生。明代大臣、金石学家、藏书家。年轻时与唐寅交好，有说牵涉于唐氏科举之案。弘治年间进士，授工部主事，官至礼部郎中。主要著作有《金薤（xiè）琳琅录》《南濠诗话》。

都尉朝：东汉著名学者。　　　　**都　贶**：宋代大臣。
都　洁：宋代大臣、学者。　　　**都光远**：宋代大司农。

【耿】商朝时有个耿国，周建立后灭亡。其国人以国名为姓，是为耿姓。

● **名人代表**

耿寿昌：生卒年不详。西汉天文学家、经济家，后被封为关内侯。他精通数学，曾与张苍修订《九章算术》。对天文学也很有研究，以铜铸成用以演示天象的仪器——浑天仪，在中国天文仪器史上是一个创举。

耿　纯：东汉名将。　　　　　　**耿　弇**（yǎn）：东汉名将。

耿　㙻（wéi）：唐代诗人。　　**耿炳文**：明代名将。

【满】西周初期，周武王灭商以后，将舜的后裔胡公满封在陈，建立陈国。春秋时期，陈国被楚国灭亡。陈国国君的子孙有的就以开国之君的名字为姓，称满氏。

● **名人代表**

满　宠（？—242）：字伯宁，山阳昌邑人，三国时魏国太尉。最初在曹操手下任许县县令，掌管司法，以执法严格著称；转任汝南太守，开始参与军事，曾参与赤壁之战。后关羽围攻樊城，满宠协助曹仁守城，劝阻了曹仁弃城而逃的计划，成功坚持到援军到来。曹丕在位期间，满宠屡有战功，为官廉洁奉公，生活俭朴。

满　奋：晋代官员。　　　　　　**满朝荐**：明代官员。

【弘】春秋时期，卫国有个大夫叫弘演，深受国君器重，常被委以重任。弘演的后世子孙，就以其名字中的"弘"字为姓，称弘氏。

● **名人代表**

弘　恭：生卒年不详。我国历史上著名的宦官，汉宣帝时任中书令。他对朝廷规章制度很熟悉，并坚持按规章制度办事，能称其职。

弘成子：汉代名儒。　　　　　　**弘　智**：清代画家。

◎ **说典**

有志者事竟成

东汉时，有一个读书人名叫耿弇。他从小就认真学习兵书，演练武艺，立志为国家效力。耿弇后来投奔刘秀，由于他英勇善战，足智多谋，屡建战功，很快就升为大将军，成为东汉开国功臣。

一天，耿弇向皇帝请求带兵北上，以平定割据势力。皇帝听了很高兴，但觉得这很困难，不易成功。耿弇说："皇上，只要我们立定志向，坚持不懈，就一定可以成功的！"于是，皇帝就答应了。耿弇率兵北上，运用声东击西的战术连战连胜，很快就平定了大部分割据势力。接着，耿弇又率领大军向军阀张步盘踞的地盘推进。双方在临淄摆开了阵势，一场短兵相接的战斗杀得天昏地暗。这时，一支箭突然直飞过来射中了耿弇的大腿。谁知耿弇拔出佩剑，砍断箭杆，继续作战，把张步打得落荒而逃，这时他才想起自己腿上还有一枚箭头。

战后，皇帝称赞耿弇说："对于将军以前提出的计划，我还担心难以实现，但你做到了。这正是'有志者事竟成'啊！"

◎ 求知

《九章算术》

《九章算术》的作者已不可考，一般认为它是经历代各家的增补修订，而逐渐成为现今定本的。西汉的张苍、耿寿昌曾经做过增补和整理，其时大体已成定本。成书时间最迟在东汉前期，现今流传的大多是在三国时期魏元帝景元四年（263年），刘徽为《九章》所作的注本。

《九章算术》是中国古代第一部数学专著，是"算经十书"中最重要的一种。该书内容十分丰富，系统总结了战国、秦、汉时期的数学成就。同时，《九章算术》在数学史上还有其独到的成就，不仅最早提到分数问题，也首先记录了"盈不足"等问题，《方程》章还在世界数学史上首次阐述了负数及其加减运算法则。《九章算术》是一本综合性的数学著作，是当时世界上最简练有效的应用数学。它的出现标志着中国古代数学形成了完整的体系。

kuāng	guó	wén	kòu	guǎng	lù	què	dōng
匡	国	文	寇	广	禄	阙	东

◎ 溯源

【匡】春秋时期，鲁国大夫施孝权有个家臣名叫句须，后出任匡邑宰（即匡邑的行政长官），史称匡句须。句须的子孙便以祖上居官地名为姓，称匡氏。当今匡姓人口在全国分布较广，尤以山东省为多。

● 名人代表

匡　衡：生卒年不详。字稚圭，东海承（今山东枣庄东南）人。西汉大臣、经学家，官至丞相。出身农家，少年好学，世传其"凿壁偷光"的故事。精明博识，为众学者佩服。

匡翼之：明代著名大臣。　　　　**匡　源**：清代大臣、学者。

【国】春秋时期，郑国国君郑穆公有个儿子叫公子发，字子国。子国的儿子叫公孙侨，字子产。子产在郑国执政30多年，是春秋时著名的政治家。子产的儿子以祖父的字为姓，称国氏。

● 名人代表

国　渊：三国时期曹魏官吏。

【文】出自姬姓，周文王姬昌八代孙中有个名叫祈的，以祖先的谥号（文）为姓，这便是文姓的由来。当今文氏人口分布以广东、江西、广西、湖南和四川等地居多。

● 名人代表

文天祥（1236—1283）：初名云孙，字宋瑞，一字履善，自号文山、浮休道人，吉州庐陵（今江西吉安）人。宋末政治家、文学家、抗元名臣，与陆秀夫、张世杰并称为"宋末三杰"。宝祐四年（1256年），状元及第，后官至右丞相，封信国公。他生活在南宋末年，始终坚持抗元斗争，抗元失败后被俘，在狱中不卑不亢。他在被俘押往北方途中，于所遭危难及平生战斗事迹都作有诗歌，题名《指南录》。狱中所作《正气歌》尤为世人所传颂。

文　种：春秋时越国大夫。　　　**文彦博**：北宋宰相。
文　同：北宋著名画家、诗人。　**文征明**：明代书画家。

【寇】周朝初年，卫康叔为周司寇，他的后世子孙中有以其官名为姓者，称寇氏。一说，春秋时卫灵公的儿子公子郢（yǐng）的子孙为卫国司寇，其后人以寇为姓。

● 名人代表

寇　准（961—1023）：字平仲，华州下邽（今陕西渭南）人。北宋著名政治家、诗人。为人刚直，官至参知政事。1004年，辽军南侵时，力排众议，坚持抵抗，反对南迁，并促使宋真宗前往澶（chán）州（今河南濮阳）督战，与辽订立"澶渊之盟"。

寇　恂：东汉名将。　　　　　　**寇　俊**：南北朝魏官员。

寇　泚（cǐ）：唐代长安尉。

【广】广成子是黄帝时人，后来人们把他称为道教"十二金仙"之一。在广成子的后裔子孙及其族人之中，有以先祖名号为姓者，称广成氏。后皆省文简化分衍为广氏、成氏，世代相传至今。
　●名人代表
广　嵩：生卒年不详。明代洪武年间举楷书吏（专用楷、隶字体誊抄古文书籍的官吏），后任中书令。
广　汉：宋代赣州通判。　　　　　　广　厚：清代官员。

【禄】商纣王有个儿子叫禄父，即武庚。后来，禄父的孙子取"禄"字为姓，世代相传。
　●名人代表
禄　存：生卒年不详。明代名士。好学多识，举乡试第一。
禄东贤：汉代名士。　　　　　　　　禄东赞：唐代吐蕃政治家。

【阙】春秋时，鲁国有邑名为阙党。有人被封在这个地方，于是以封地名为姓，称阙氏。
　●名人代表
阙　岚（1758—1844）：清代著名画家。善画山水、花卉，尤工人物。
阙　礼：南宋宦官。　　　　　　　　阙　清：明代知府。

【东】伏羲氏之后东蒙氏的后人有居于东方者，以所居方位为氏，称东氏。另有一说，相传伏羲氏的后裔东不訾（一作东不识）为舜帝的七友之一，其后代有以祖上名为姓者，遂成东氏。
　●名人代表
东　郊：生卒年不详。明代御史。明武宗南巡时，遇边将江彬部下骚扰，情势危急。东郊请武宗登上自己的船而得以脱险。
东良会：元代官员。　　　　　　　　东　升：明代官员。

◎ 说典

凿壁偷光

汉朝时，有一个人叫匡衡，他从小勤奋好学。由于家里很穷，所以他白天必须干活，晚上才有时间读书。但因为穷买不起蜡烛，所以天一黑，匡衡就无法看书了。相反，匡衡的邻居家一到晚上就点亮很多蜡烛，把屋子照得很亮。于是，匡衡就对邻居说："我晚上想读书，可又买不起蜡烛，能借用您家的一寸之地吗？"邻居瞧不起比他们家穷的人，就说："既然穷得买不起蜡烛，还读什么书呢！"匡衡听后非常气愤，于是更下定决心，一定要把书读好。匡衡回到家，悄悄地在墙上凿了个小洞，这样邻居家的烛光就透过来了。借着这微弱的光线，匡衡如饥似渴地读起书来，渐渐地把家中的书全都读完了。附近有个大户人家，家中有很多藏书。于是，匡衡卷着铺盖来到大户人家门前，他对主人说："请您收留我吧，我给您家白干活不要报酬。只要您允许我阅读您家里的全部书籍就可以了。"主人被匡衡的好学精神感动了，便答应了他的要求。匡衡凭借这种勤奋好学的精神，成为西汉时期有名的学者，并在汉元帝时做了丞相。

◎ 求知

文天祥的《正气歌》

《正气歌》是南宋诗人文天祥在狱中写的一首五言古诗。文天祥于祥兴元年（1278年）因叛徒的出卖被元军俘获，第二年被解至燕京。元朝统治者对他软硬兼施，威逼利诱，但文天祥誓死不屈，决心以身报国，丝毫不为所动。被囚三年后，文天祥慷慨就义。这首诗是他死前一年在狱中所作。全诗如下：

天地有正气，杂然赋流形。下则为河岳，上则为日星。

于人曰浩然，沛乎塞苍冥。皇路当清夷，含和吐明庭。

时穷节乃见，一一垂丹青。在齐太史简，在晋董狐笔。

在秦张良椎，在汉苏武节。为严将军头，为嵇侍中血。

为张睢（suī）阳齿，为颜常山舌。或为辽东帽，清操厉冰雪。

或为出师表，鬼神泣壮烈。或为渡江楫，慷慨吞胡羯（jié）。

或为击贼笏（hù），逆竖头破裂。是气所磅礴，凛烈万古存。

当其贯日月，生死安足论。地维赖以立，天柱赖以尊。

三纲实系命，道义为之根。嗟予遘（gòu）阳九，隶也实不力。

楚囚缨其冠，传车送穷北。鼎镬（huò）甘如饴，求之不可得。

阴房阗（tián）鬼火，春院閟（bì）天黑。牛骥同一皂，鸡栖凤凰食。

一朝蒙雾露，分作沟中瘠。如此再寒暑，百沴（lì）自辟易。

嗟哉沮（jù）洳（rù）场，为我安乐国。岂有他缪巧，阴阳不能贼。

顾此耿耿在，仰视浮云白。悠悠我心悲，苍天曷（hé）有极。

哲人日已远，典刑在凤昔。风檐展书读，古道照颜色。

ōu　shū　wò　lì　　yù　yuè　kuí　lóng
殴　殳　沃　利　蔚　越　夔　隆

◎溯源

【欧】 春秋时期有位著名匠人，因为他居住在欧余山（今浙江湖州南之昇山），又以冶炼锻造兵器出名，所以以欧冶为姓，被称为欧冶子。欧冶子的后代以祖先居住地的名字作为姓，形成了欧氏。

●名人代表

欧大任（1516—1596）：明代南京工部郎中，嘉靖时期国子博士，被誉为"广东五才子"之一。

欧道江：明代学者。　　　　　　**欧普祥**：元代起义军将领。

【殳】 殳姓源于姜姓。相传炎帝神农氏有个后代叫伯陵，其第三子名殳，发明了箭靶。尧帝因此封他为殳侯，并赐以殳姓。

●名人代表

殳　默：生卒年不详。清代才女、诗人、书法家。殳默自小学习诗书，九岁能诗，兼精小楷，精于刺绣，名盛一时。

殳季真：汉代著名学者。　　　　**殳帮清**：明代孝子。

殳　文：明代知府。　　　　　　**殳君素**：明代画家。

【沃】 源出子姓。殷商的第六世帝王名沃丁，是太甲的儿子。沃丁在位19年，商朝国势强大，百姓安居乐业。沃丁死后，其后世子孙有的就用沃作为自己的姓氏。

●名人代表

沃　田：生卒年不详。明代将领，山东蓬莱人。嘉靖二十四年（1545年）武进士，曾率军抗倭。

沃　墅：明代温县知县。　　　　沃　頖（pàn）：明代知府。

【利】一支来源是，春秋时楚国有公子受封于利邑（今陕西渭南一带），其子孙就以封地名为姓，世代相传。一支来源是，商代时，皋陶后裔理利贞为避商纣王加害，于逃难途中采摘李子充饥，故改为李氏以示纪念。李利贞的十一世孙李聃（dān），也叫李耳，被后人尊为道家创始人，就是老子。老子后代中，有的为纪念远祖，又取"利"字为姓，世代相传。

●名人代表

利元吉：生卒年不详。字文伯，宋代盱江人。他是宋代名儒陆九渊的得意门生，为官清正廉洁，爱民如子，为百姓做了许多好事，政绩显著。

利　苍：西汉丞相。　　　　利　几：汉代大将。

利本坚：明代县令。

【蔚】西周晚期，周宣王的弟弟郑桓公有个儿子叫翩。周宣王很喜欢这个侄儿，因此赐封其于蔚邑，并专门为其设置了蔚州。翩的后代就以蔚为姓。

●名人代表

蔚　兴：生卒年不详。宋代武将，跟随宋太宗攻打太原，立有战功。

蔚昭敏：宋代官员。　　　　蔚　春：明代进士。

蔚　能：明代礼部尚书。

【越】春秋时，越国被楚国灭，越国的公族子孙有的便以原国名为姓，称越氏。

●名人代表

越其杰：生卒年不详。字卓凡，贵阳人。明代万历年间举人，为人倜傥，工诗词文章，又善骑射，文武兼备，天启年间任夔州知府。著有《蓟门》《屡非》《横槊》等。

越石父：春秋时齐国贤人。　　　　越　英：明代大臣。

【夔】夔姓是非常古老的姓氏之一。相传在尧帝和舜帝时，有个叫夔的乐正。在夔的后裔子孙中，有以先祖的名字为姓者，称夔氏。

● 名人代表

夔　安（？—340）：十六国时期人，后赵丞相、军事家。

夔　信：明代著名官吏、学者。

【隆】春秋时期，鲁国有个属地叫隆邑。后来，当地人以邑名为姓，称隆氏。

● 名人代表

隆光祖：生卒年不详。明代举为进士，官至吏部尚书。

隆　成：明代官员。　　　　　　　隆　英：明代知县。

◎ 说典

越石父请绝

晏子出使晋国，在半路上看见一个背着柴草、因为爱惜皮毛而翻穿衣服的人在路边休息。晏子见他气度不凡，便上前询问，才知道那人叫越石父，是个齐国人，于是晏子把他赎了出来，并同他一起回到了齐国。晏子到家以后，没有跟越石父告别，就一个人下车径直进屋去了。越石父对此十分生气，要求与晏子绝交。晏子百思不得其解，便派人询问其中缘由。越石父对来者说："一个自尊而且有真才实学的人，受到不知底细的人的轻慢，是不必生气的；可是，他如果得不到知书达理的朋友的平等相待，必然会愤怒。任何人都不能自以为对别人有恩，就可以不尊重对方；同样，一个人也不必因受惠于人而卑躬屈膝，丧失尊严。晏子用自己的财产赎我出来，是他的好意。可是，在回国的途中，他一直没有给我让座，我以为这不过是一时的疏忽，没有计较；现在他到家了，却只管自己进屋，竟连招呼也不跟我打一声，这不说明他依然把我当奴仆看待吗？因此，我还是去做我的奴仆好了，请晏子再次把我卖了吧！"晏子听了越石父的这番话，赶紧从屋里出来向越石父施礼道歉。从此，晏子将越石父尊为上宾，以礼相待。渐渐地，两人成了相知甚深的好朋友。

◎ 求知

铸剑鼻祖欧冶子

欧冶子，春秋末期到战国初期越国人，中国古代铸剑鼻祖，龙泉宝剑创始人。

福州古称冶城，市北的冶山和剑池，相传就是欧冶子曾经铸剑的地方。

欧冶子出生时，正值东周列国纷争。少年时代，他从母舅那里学会了冶金技术，开始冶铸青铜剑和铁锄、铁斧等生产工具。他肯动脑筋，具有非凡的智慧；他身体强健，能吃苦耐劳。他发现铜和铁性能的不同之处，冶铸出第一把铁剑"龙渊"，开创中国冷兵器之先河。欧冶子铸的剑以"湛卢剑"最为有名，被称为"天下第一剑"。相传欧冶子曾为越王勾践铸湛卢、巨阙、胜邪（又作镆邪）、鱼肠、纯钩（又作纯钧）。湛卢之剑可让头发及锋而逝，铁近刃如泥，举世无可匹者。

师 巩 厍 聂 晁 勾 敖 融
（shī gǒng shè niè cháo gōu áo róng）

◎ 溯源

【师】夏商周时期，乐官之长称作"师"。这些人的后代子孙有的就以祖上官名为姓，乃成师姓。现今师姓人口分布以陕西省居多。

● 名人代表

师　旷（前572—前532）：字子野。春秋时期晋国著名乐师。

师　涓：春秋时期乐官。　　　师　丹：西汉大臣。

师宜官：东汉书法家。　　　师　逵：明代大臣。

【巩】春秋时期，周敬王有个同族卿士简公受封于巩邑（今河南巩义），称为巩简公。简公的子孙便以其封邑名为姓，称巩氏。

● 名人代表

巩　信：生卒年不详。南宋将领。曾任荆湖都统，沉勇而有谋略，后跟随文天祥抗元，官至江西招讨使。与元军战于方石岭，受重伤后投崖而死。

巩庭芝：宋代大臣、学者。　　　巩　丰：南宋诗人。

巩　嵘：南宋大臣。　　　巩　珍：明代外交家。

【厍】周代至汉代，皆有守库大夫这一官职。守库就是守库，也就是看守库房的官员。这些人的后裔子孙便以先祖官职名为姓。"库"字于隋代初年改为"厍"，原库姓也就并入了厍姓。

【聂】西周时期，周康王封吕奭（shì）为卫国卿大夫，还将聂北（今山东茌平贾寨乡）作为封地赐予吕奭。吕奭的后世子孙便以封地中的"聂"字作为自己的姓。

● **名人代表**

聂士成（？—1900）：字功亭，安徽合肥北乡人。清代将领。自小好行侠仗义，后投身军旅。先后参与剿捻（niǎn）、中法战争、中日甲午战争，战功卓著，后率部抗击八国联军，在天津八里台战死。清廷追赠他为太子少保，谥号忠节。

聂　章：西周大臣。　　　　　　聂　壹：西汉名士。
聂　松：南朝梁画家。　　　　　聂夷中：唐代诗人。
聂荣臻（zhēn）：中华人民共和国元帅。　　聂　耳：现代作曲家。

【晁】东周景王死后的几年内，他的几个儿子为王位互相争斗。最后在晋国的干预下，王子匄（gài）坐稳了王位，这就是周敬王。王子朝逃往楚国，他的子孙称朝氏。由于"晁"是"朝"的古字，所以朝氏通常写作晁氏。

● **名人代表**

晁　错（前200—前154）：颍（yǐng）川（今河南禹州）人。西汉政治家、文学家。文帝称他为"智囊"。景帝即位以后，晁错升为御史大夫，他曾提出削诸侯封地以尊京师的主张。

晁　崇：北朝北魏高士。　　　　晁　迥：北宋文学家、官员。
晁端彦：北宋官吏。　　　　　　晁端礼：北宋诗人。
晁补之：北宋诗人。

【勾】相传古帝少昊的一个儿子名重，死后被封为木正，为五行神之一，掌管天地万物的生老病死，号称勾芒。他的后世子孙便以勾为姓。

● **名人代表**

勾　践（约前520—前465）：春秋时越国国君。勾践曾被吴王击败，后忍辱负重，转弱为强，灭掉吴国，大会诸侯，成为霸主。"卧薪尝胆"的典故就出自勾践。

勾井疆：孔子弟子。　　　　　　勾　涛：宋代官员。
勾龙爽：宋代画家。

【敖】大敖（亦称太敖）氏是古帝颛顼的老师，在大敖的后裔子孙中，有以先祖的名字为姓者，称敖氏。

● **名人代表**

敖文桢：生卒年不详。江西高安人。明代著名大臣，万历年间进士。官至礼部侍郎，掌翰林院事。

敖陶孙：南宋诗人。　　　　　　**敖　山**：明代大臣、数学家。

敖　英：明代诗人。　　　　　　**敖　铣（xiǎn）**：明代著名大臣。

【融】融姓起源于上古，是颛顼帝高阳氏的后代。帝喾为部落首领时，颛顼的后代祝融为五行神之一的火正，后世尊其为火神。祝融氏后人分为祝姓和融姓两支，故史称"祝、融二姓同宗"。

◎ 说典

卧薪尝胆

春秋时期，吴王阖闾（hé lǘ）带兵进攻越国，在战斗中被越国大将砍中右脚，因伤重不治而死。阖闾的儿子夫差继承了他的王位，三年后，夫差为报父仇，带兵攻打越国，一举攻下越国的都城会稽，迫使越王勾践投降。夫差命人把勾践夫妇押解到吴国，关在阖闾墓旁的石屋里，为阖闾看墓、养马。

勾践忍受了许多折磨和屈辱，才被吴王夫差释放回国。他一心报仇雪恨，带领越国人日夜苦干，重新积聚力量。为了激励自己，他在日常生活中给自己定了两条规矩：一是"卧薪"，晚上睡觉时不用垫褥，就躺在柴铺上，以提醒自己，国耻未报，不能贪图享乐；二是"尝胆"，勾践在起居的地方挂着一个苦胆，出入和睡觉前，都拿到嘴里尝一尝，以提醒自己不能忘记会稽被俘的痛苦和耻辱。这就是"卧薪尝胆"一词的由来。勾践不仅"卧薪尝胆"，还常常扛着锄头掌着犁，下田劳动。他的妻子也亲自织布，在吃穿上都很朴素，和百姓同甘共苦。经过长期艰苦奋斗，越国人上下一心，最终起兵灭了吴国。

后世人常用"卧薪尝胆"的故事激励自己，其用意并非强调报仇雪耻，也不是当真要挂起苦胆来尝一尝，而是比喻为了达到一个目的而刻苦自励，激励自己发愤图强。

◎ 求知

苏门四学士

"苏门四学士"是北宋文学家秦观（秦少游）、黄庭坚、晁补之和张耒（lěi）的并称，他们都出于苏轼门下。苏轼是继欧阳修之后主持北宋文坛的领袖人物，在当时的文人中间享有很高的声誉，一时与之交友或接受他指导者甚多，秦、黄、晁、张四人都曾得到他的培养、奖掖（yè）和荐拔。苏轼在众多门生和崇拜者中，最欣赏和重视这四个人，而最先将他们的名字并提和加以称赞的也是苏轼本人。他说："如黄庭坚鲁直、晁补之无咎、秦观太虚、张耒文潜之流，皆世未之知，而轼独先知。"由于苏轼的赞誉，四人很快名满天下。

lěng	zī	xīn	kàn	nā	jiǎn	ráo	kōng
冷	訾	辛	阚	那	简	饶	空

◎ 溯源

【冷】 相传黄帝时有个乐官名叫伶，他制定了中国古代的乐律。为表彰伶伦的功劳，黄帝便赐他为伶姓，称为伶伦。因为当时造字过程并没完成，且"伶"字的古音与"冷"字相同，所以伶氏又称冷氏。另一说，冷出自姬姓。周武王之弟康叔的后人，有被封于冷水的，即以封地名为姓，称冷氏。

● 名人代表

冷 枚（1669—1742）：字吉臣，号金门画史，山东胶州人。清代画家，焦秉贞弟子。善画人物、界画，尤精仕女。所画人物工丽妍雅，笔墨洁净，色彩韶秀。其画法兼工带写，点缀屋宇器皿，笔极精细，亦生动有致。

冷 丰：西汉淄川太守。　　　**冷 道**：十六国时期前赵刺史。

冷 曦：明代御史。

【訾】 一个来源是，夏代中有訾陬（zōu）国，它的国民大多称为訾陬氏，后来简称为訾氏。另一个来源是，古代姜姓纪国（在今山东寿光南）有訾城，后为齐所灭，但其子孙为纪念故国，仍以訾为姓。

● 名人代表

訾祏（shí）：生卒年不详。春秋时期晋国大夫。他为人正直，知识渊博。

訾　　顺：西汉楼虚侯。　　　　　　訾汝道：元代孝子。

【辛】夏王启封庶子于莘，建立莘国。其后世子孙以地名为姓，称莘氏。后由于"莘"与"辛"音近，遂去"艹"字头为辛氏，便成了辛姓。

● 名人代表

辛弃疾（1140—1207）：字幼安，号稼轩，历城（今山东济南历城）人。南宋豪放派词人，人称"词中之龙"，与苏轼合称"苏辛"，与李清照并称"济南二安"。辛弃疾生于金国统治地区，少年抗金归宋，曾任江西安抚使、福建安抚使等职。去世后追赠少师，谥忠敏。强烈的爱国主义思想和战斗精神是其词作的基本思想内容。艺术风格多样，而以豪放为主。热情洋溢，慷慨悲壮，笔力雄厚。著名词作有《永遇乐·京口北固亭怀古》《摸鱼儿·更能消几番风雨》《菩萨蛮·书江西造口壁》等。

辛　　胜：战国时秦国将军。　　　　辛延年：秦汉时期诗人。
辛彦博：明代官吏。

【阚】春秋时期，齐国大夫止被封于阚（今山东汶上西南），世称阚止。其后代以封邑名为姓，形成阚氏。

● 名人代表

阚　駰（yīn）：生卒年不详。字玄阴，南北朝时期北魏敦煌人。著名地理学家、经学家。自小聪敏好学，博通经传，三史群言，过目成诵，时人谓之宿读，后来在朝中做尚书官。他整理校订了前代学者的著作三千多卷，为中国文化史的整理做出了贡献。他注王朗《易传》，又撰《十三州志》。

阚　泽：三国时期学者、大臣。　　　阚　棱：隋末唐初猛将。

【那】春秋时，楚武王灭掉权国（今湖北沙洋北），改置为县。后权县尹斗缗率领权人举行暴动，被楚武王镇压下去。楚武王把权人迁往那处（今湖北沙洋西南那口城），有些人后来就以地名那为姓，称那氏。另，清代以来有满族改汉姓者，称那（nā）氏。

● 名人代表

那椿诺：生卒年不详。宋代官员。曾任扬州刺史，为政清廉，布德及民，深受百姓爱戴。

那　顿：十六国时期后燕辽西太守。　　那彦成：清代直隶总督。

【简】春秋时，晋国有大夫狐鞫（jū）居，他的祖先是周武王之子唐叔虞的支裔。狐鞫居的封邑在续，死后谥为续简伯。他的后代便以其谥号为姓，称简氏。

● 名人代表

简文会：生卒年不详。五代十国时南汉尚书右丞。简文会自幼聪颖，勤奋读书，精通经史，善于作诗。当时南汉初开进士科，简文会高中状元，成为南汉重臣。

简　卿：汉代学者。　　　　　　　　　简　雍：三国时期蜀汉谋士。
简　芳：明代南京刑部主事、兵部郎中。简而廉：明代孝子。

【饶】一支源自有虞氏。相传舜帝有虞氏之裔孙商均之支子被封于饶，其后人便以饶为姓。一支源出姜姓。战国前期，齐国公族大夫有受封于饶邑（今山东青州一带）的，其子孙留居于此，遂以封邑名为姓。

● 名人代表

饶　鲁（1193—1264）：宋代大学者，著名的"双峰先生"。品端学粹，潜心圣学，以致知力行为本，四方聘讲者接踵而至，曾建"朋来馆"以居学者，春风化雨，遍及天下。

饶　景：五代十国时吴越大将。　　　　饶延年：宋代学者。
饶　介：元代书法家。　　　　　　　　饶　礼：明代名吏。

【空】商王朝的时候，成汤手下有位贤臣伊尹，辅佐成汤灭了夏桀，建立了商王朝。伊尹出生于空桑（今河南开封，一说山东曲阜），于是为其长子起名叫空桑。后来，空桑的后裔子孙都以空桑为复姓，称空桑氏。随着历史的演变，后来空桑氏族人大多省文简化为单姓空氏、桑氏。

● 名人代表

空相机：生卒年不详。春秋时期晋国大夫。

◎ 说典

辛弃疾泉边试手补天裂

南宋爱国词人辛弃疾，生活在"南共北，正分裂"的历史时期。在他近20年的赋闲生涯中，有10年之久是在铅山县八都乡期思村瓜山之下的瓢泉度过的。

1186年，辛弃疾自带湖漫游四乡，发现此泉，即一见钟情，流连忘返。于是，他将此泉及房屋购下，又因泉形似瓢而命名瓢泉，并改奇师村为期思村。期思者，期待、希冀也。如此易名，无疑寄托了辛弃疾结束南北分裂局面的殷切希望和东山再起为之奋斗的雄心壮志。1195年春，瓢泉"新葺（qì）茆（máo）檐次第成"。翌年，辛弃疾举家定居瓢泉。瓢泉作为辛弃疾的最终归宿，泉水映下了词人仰天长啸的英姿风貌，见证了辛词中的许多名篇佳作。秀美的瓢泉山水，闲散的乡居生涯，并未消融词人的爱国热忱，忧心时事的情怀仍常流露于字里行间。清泉边，词人曾发出"男儿到死心如铁，看试手，补天裂"的呐喊。他曾表示，"此身忘世浑容易，使世相忘却自难"，深切怀念早年"壮岁旌旗拥万夫"的戎马岁月。即使在醉梦之中也不忘统一大业，写下了"布被秋宵梦觉，眼前万里江山"的感人词句，发出了"醉里挑灯看剑，梦回吹角连营"的壮烈吟啸。

◎ 求知

马王堆汉墓

马王堆汉墓是西汉初期长沙国丞相利苍及其家属的墓葬，位于中国中部的湖南长沙。1972—1974年，考古工作者在这里先后发掘了3座西汉时期的墓葬。墓葬的结构宏伟复杂，椁室构筑在墓坑底部，由三椁、三棺及垫木组成。木棺四周及其上部填有木炭，木炭外又用白膏泥填塞封固。墓葬内的随葬品十分丰富，共出土丝织品、帛书、帛画、漆器、陶器、竹简、印章、封泥、竹木器、农畜产品、中草药等遗物3000余件。此外，墓葬中还出土有保存完好的女尸1具（这就是名将辛胜之女——辛追），以及中国迄今所能见到最早的方剂书籍帛书《五十二病方》。马王堆汉墓的发现，为研究汉代初期墓葬制度、手工业和科技的发展以及西汉时长沙国的历史、文化和社会生活等方面提供了重要资料。

曾 毋 沙 乜　养 鞠 须 丰

◎ 溯源

【曾】 相传夏禹的第五世孙少康中兴夏室后，曾把自己最小的儿子曲烈封在一个叫鄫（zēng）的地方。鄫国灭亡后，太子巫逃到了鲁国，其后代用原国名鄫为姓，后去"阝"旁，表示离开故城，称曾氏。当今曾姓人口主要分布在四川、湖南、广东、江西等省。

● 名人代表

曾国藩（1811—1872）：初名子城，字伯涵，号涤生。晚清重臣，湘军的创立者和统帅。清代军事家、理学家、政治家、书法家、文学家，晚清散文"湘乡派"创立人，与李鸿章、左宗棠、张之洞并称"晚清四大名臣"。官至两江总督、直隶总督、武英殿大学士，封一等毅勇侯，谥曰文正。其《曾文正公家书》对后世也有很大影响。

曾　子：孔子弟子，以孝著称。　　**曾致尧**：北宋散文家。
曾公亮：北宋著名政治家、军事家。　**曾　巩**：北宋文学家。
曾　幾：南宋诗人。　　　　　　　**曾纪泽**：清末外交官。

【毋】 尧担任部落首领时，其属下有位臣子叫毋句，他创造了著名的乐器磬，因此受到尧帝的赞赏。在毋句的后裔子孙中，多以先祖的名字为姓，称毋句氏，后省文简化为单姓毋氏、句氏。

● 名人代表

毋　稚：生卒年不详。晋代著名大臣、学者。学冠四科（德行、言语、政事、文学），历官涪陵尹、汉平令、夜郎太守。

毋将隆：西汉名臣。　　　　**毋昭裔**：五代十国时期后蜀学者。
毋守素：北宋官员。　　　　**毋制机**：宋代学者。

【沙】 殷商末年，殷纣王庶兄开（一名启）被封于微，世称微子。武王灭商后，封微子于商丘，建立宋国。微子的后裔有人被封于沙（今河北大名东）这个地方，他们就以地名为姓,称沙姓。

●名人代表

沙神芝:生卒年不详。清代大书法家。工篆、隶,学怀素狂草,笔力雄健。以狂草最有名,豪迈雄放,神逸无拘。擅画梅花,兼善篆刻。有鹤千(张日中)、六泉(贝点)风韵。

沙世坚:北宋将领。　　　　　　　　**沙良佐**:明代知县。

沙书玉:清代医学家。

【乜】周康王时,封吕癸为卫国卿大夫,还将聂北(也作"乜北",今山东茌平贾寨乡)作为封地赐予吕癸。吕癸以封地名"聂北"中的"聂"字为自己的氏,表示封地在聂北,并修建了城池。后有百姓以聂为姓,为区别血统不同,有人便改乜为姓。

●名人代表

乜子彬(1902—1952):字森昌,河北景州(今景县)乜村人。国民革命军第31师91旅旅长,陆军少将衔。曾参加台儿庄战役,在战斗中,乜子彬身先士卒,亲临前线指挥杀敌,作战十分英勇。

乜仁义:明代名士。

【养】西周时期有个养国,为嬴姓小国,国君称养伯。养国灭亡后,养国的王族后裔子孙中有以故国名为姓者,称养氏。

●名人代表

养由基(?—前559):春秋时楚国名将。我国古代著名的神射手,能百步穿杨。

养　奋:东汉名儒。

【鞠】属于避难改姓。战国时期,燕易王的长子姬昇与其弟姬哙争夺王位失败,遂逃避到辽东东梁河阳,以鞠为姓,称鞠昇。

●名人代表

鞠　武:生卒年不详。战国末年燕国人。燕之智者,曾任太子丹的老师。

鞠嗣复:宋代知县。　　　　　　　　**鞠　咏**:宋代监察御史。

鞠　钺：明代名士。

【须】 出自风姓。西周初，周武王将远古时伏羲氏的后代封为子爵，建立了须句国（在今山东梁山小安山镇东张庄村北），其国君称为须句子。到了春秋时，须句国被并入鲁国，须句子的后代就以国名为姓，后分为须氏、句氏二支。

● **名人代表**

须用纶：生卒年不详。明代万历年间进士，崇祯年间授青州知府。为政廉洁公正，风节凛（lǐn）然。

须　贾：战国时期魏国中大夫。　　　　须　无：西汉初大臣。

须之彦：明代大臣。

【丰】 春秋时期，郑穆公有个儿子叫公子丰，在郑僖公时任大夫。丰的孙子施以其祖父的名为姓，称丰氏，世代相传。

● **名人代表**

丰子恺（1898—1975）：浙江崇德（今浙江桐乡崇福镇）人。现代散文家、画家、美术教育家与音乐教育家。师从弘一法师（李叔同），以创作漫画、散文而著名。

丰　干：唐代高僧。　　　　　　　　丰　稷：宋代文学家。

丰　坊：明代书法家。

◎ **说典**

百步穿杨

秦国的名将白起，准备领兵攻打魏国。谋士苏厉建议周天子赶快派人劝说白起停止进攻，并讲了一个故事：楚国有个著名的射箭手，名叫养由基。此人年轻时就勇力过人，练成了一手好箭法。当时还有一个名叫潘虎的勇士，也擅长射箭。一天，两人在场地上比试射箭，养由基两次在百步之外射穿杨柳叶。就在一片喝彩声中，有个人在养由基身旁冷冷地说："喂，有了百步穿杨的本领，可以教他射箭了！"养由基听此人说话口气这么大，不禁生气地转过身去问道："你准备怎样教我射箭？"那人平静地说："我并不是来教你怎样弯弓射箭，而是来提醒你该怎样保持射箭名声的。你是否想过，一旦你力气用尽，只要一箭不中，你那百发百中的名声就会受到影响。一个真正善于射箭的人，应当注意保持名声！"养由基听了这番话，觉得很有道理，再三向他道谢。周天子派到白起那里去的人，按照苏厉所说向白起转述了这个故事。白起听后，想到要保持自己百战百胜的名气，不能轻易出战，便借口有病，停止了向魏国的进攻。后来，人们用"百步穿杨"这个故事比喻射箭技艺高超，并引申为本领非常高强。

◎ 求知

弘一法师李叔同

李叔同是著名的音乐家、美术教育家、书法家、戏剧活动家，是中国话剧的开拓者之一。他从日本留学归国后，担任过教师、编辑之职，后剃度为僧，法名演音，号弘一，晚号晚晴老人，后被人尊称为弘一法师。

在中国近百年文化发展史中，弘一法师李叔同是学术界公认的通才和奇才。作为中国新文化运动的先驱者，他最早将西方油画、钢琴、话剧等引入国内，且以擅书法、工诗词、通丹青、达音律、精金石、善演艺而驰名于世。

弘一法师在皈依佛门之后，一洗铅华，笃志苦行，成为世人景仰的一代佛教宗师，被佛教弟子奉为律宗第十一代世祖。他传奇的一生为我国近代文化、艺术、教育、宗教领域里贡献了十三个"第一"，堪称卓越的文艺先驱；他爱国的抱负和义举更是贯穿一生。

cháo　guān　kuǎi　xiāng　　zhā　hòu　jīng　hóng
巢　　关　　蒯　　相　　　查　　後　　荆　　红

◎ 溯源

【巢】 远古时候，尧帝的大臣中有一位叫巢父（也称有巢氏）的，常居山中，构巢树上以居，是中国建筑的开创者。大禹为天子时，将有巢氏的后代封为贵族，让他们建立巢国（今安徽巢湖一带），形成巢姓。

● 名人代表

巢鸣盛（1611—1680）：字端明，一字五峰，号崆峒、止园，嘉兴人。20岁时就读于石佛寺，博览群书，尽通其义。明代崇祯年间为复社中人物。以气节著称，是著名的孝子。明亡后，与吴中徐俟（sì）斋、宣城沈寿民合称"海内三遗民"。

巢　猗：隋代学者。　　　　　　　巢元方：隋代名医。
巢　谷：宋代进士。

【关】一支源自董姓。相传颛顼高阳氏之董姓后裔龙逢为夏末大臣，受封于关邑（今河北栾城），世称关龙逢。当时夏王桀无道，关龙逢数谏，反被杀戮。其子孙为了纪念祖先，遂以关为姓。一支以地名为姓。春秋时，老子李耳西出函谷关，为守关关令尹喜写了《道德经》五千言。相传尹喜后追随老子，终成仙果，其子孙遂以关为姓。

● 名人代表

关汉卿（1219—1301）：晚号已斋、已斋叟，解州人（今山西运城）。元代杂剧作家，我国历史上伟大的戏剧家。与白朴、马致远、郑光祖并称为"元曲四大家"。以杂剧的成就最大，最著名的作品是《窦娥冤》。

关　羽：东汉末年名将。　　　　　关　仝（tóng）：五代时期画家。
关天培：清代爱国将领。

【蒯】春秋时期，晋国有个叫姬得的人，能征善战。他在晋文公时期担任晋国大夫，因在"城濮之战"中有功，被晋文公封在洄水东岸的蒯邑（今河南洛阳蒯乡），由此被称为蒯得。在蒯得的后裔子孙中，多有以先祖封邑名为姓者，称蒯氏。

● 名人代表

蒯　通：生卒年不详。汉代人。当刘邦和项羽争夺天下时，他为人出谋划策，以口才好和计谋高闻名天下。

蒯　良：东汉名士。　　　　　　　蒯　越：东汉名士。
蒯光典：清代文人。

【相】上古时期，夏王朝第五代君主名叫姒相，是夏王姒仲康之子，史称夏帝相。在夏帝相的后裔子孙中，有以先祖名字为姓者，称相氏。作为姓氏，相有 xiāng 和 xiàng 两个读音。

● 名人代表

相世芳：生卒年不详。明正德年间进士，官至刑部郎中。为人沉着，刚毅正直，直言敢谏，知识渊博，以文章著称。

相　威：元代将领。　　　　　　　相　礼：明代名士。

【查】一支出自姜氏，是齐国开国君主姜子牙后裔。春秋时期，齐顷公的儿子被封于楂，其后代以封邑名作为姓氏，后来去掉"木"旁，成为查姓。一支出自芈姓。春秋时期楚国一位公族大夫被封在查邑，其后代以邑名为姓。

●名人代表

查士标（1615—1698）：清代著名的书画家。擅长画山水，其书法也超妙入神。与孙逸、汪云端、僧弘仁被称为"海阳四家"。

查慎行：清代诗人。　　　　　　　查良镛：笔名金庸，当代著名作家。

查良铮（zhēng）：笔名穆旦，著名爱国主义诗人、翻译家。

查海生：笔名海子，现代著名诗人。

【後】上古东夷部落首领太昊有个孙子叫後照，他的后代以後为姓。"後"与"后"均为姓氏，"後"字不能简化为"后"。

●名人代表

後　敏：生卒年不详。南直隶当涂人。明代政治人物。永乐年间进士，历任陕西布政司参议。为人宽和，因遭人陷害被捕，死于押解途中。

後　赞：清代画家。　　　　　　　後　祺：清代艺术家。

【荆】西周初年，楚国先君熊绎在荆山一带，建立荆国。在楚成王继位改荆为楚以后，荆君的庶出子孙有以原国号为姓者，称荆氏。

●名人代表

荆　轲（？—前227）：战国时期著名刺客。喜好读书击剑，为人慷慨侠义。受燕太子丹之托刺杀秦王，失败被杀。

荆　浩：五代后梁画家。　　　　　荆　嗣：北宋将领。

【红】一支源于芈姓。春秋时期，楚国公族子孙中，有一位公子叫熊挚，字红。他受封于鄂（今湖北），称鄂王，后袭封为楚国君主。熊挚被杀之后，其后裔子孙有以先祖之字为姓者，称红氏。另外，西汉时期的楚元王刘交之子叫刘富，受封于红地，被称为红侯，或红侯富。在他的后裔子孙中，有以先祖封地名称为姓者，称红氏；另外在红地的原住居民中，亦有以其地名为姓者，称红氏。

●**名人代表**

红军友：生卒年不详。明末农民起义首领。崇祯五年（1632年）与明各路官军大战，兵败。后中反间计，为部众所杀。

红　线：传说中唐代著名侠女。

◎ **说典**

图穷匕见

战国时，荆轲在老朋友田光以死相托的情况下，向有知遇之恩的燕太子丹承诺去刺杀秦王。荆轲劝说樊於期自杀并得到了他的首级，此外还拿到了燕国督亢（kàng）地区的地图。

荆轲将早已准备好的匕首用地图包起来，然后就带着一名随从上路了。太子丹和荆轲的朋友高渐离等人均穿着白衣、戴着白帽在易水边为他送行，大家都十分清楚荆轲此次行动是深入虎穴，凶多吉少。这时，高渐离敲打着乐器，荆轲放开喉咙慷慨激昂地唱道："风萧萧兮易水寒，壮士一去兮不复还！"唱完，荆轲头也不回地直奔秦国。

秦王得知燕国使者带着樊於期的头颅和燕国的地图前来求见，自然非常高兴，便在咸阳宫接见了荆轲。秦王看到樊於期的头颅后，又命荆轲打开燕国的地图。地图完全展开后，匕首露了出来，这让秦王大吃一惊。没等秦王反应过来，荆轲立马冲上去，一手抓住秦王的一只胳膊，一手抓起匕首向秦王刺去。由于机敏过人的秦王不停地躲闪，荆轲最终只扯断了他的衣袖。秦王的武士挥剑包围上来，结束了荆轲的性命，秦王由此躲过一劫。

这便是成语"图穷匕见"的由来。诗人陶渊明为此写诗叹曰："其人虽已殁（mò），千载有余情。"

◎ **求知**

中国古代常见的官职

1. 太守。战国称郡守，汉改太守，为一郡的最高行政长官。
2. 刺史。汉初，文帝因御史多失职，命丞相另派人员出刺各地。刺，检核问事之意。汉武帝分全国为十三州，刺史掌管一州军政大权。

3. 京兆尹。西汉京畿（jī）地方长官。

4. 太尉。秦至汉均有设置，为全国军政首脑。

5. 廷尉。执掌法律、主审要案的大臣。

6. 吏部尚书。掌管全国文武官吏的考核赏罚。

7. 光禄大夫。皇帝身边的顾问之臣。

8. 中书令。掌管皇帝命令的发布。

9. 尚书令。参议大政，综管政务，百官之长。

游 竺 权 逯　盖 益 桓 公
（yóu zhú quán lù　gě yì huán gōng）

◎ 溯源

【游】 春秋时，郑穆公有个儿子叫公子偃，字子游。他的孙子游皈以祖父字为姓，称游氏。

● 名人代表

游　酢（1053—1123）：北宋学者、哲学家。他拜理学家程颐为师，曾与学友杨时一同登门受教，留下了"程门立雪"的佳话。游酢读书刻苦，学问渊博，是"程门四大弟子"之一。

游子远：西晋车骑大将军。　　　　　游　恭：五代时期著名文人。
游　芳：明代学者。　　　　　　　　游日章：明代官吏。

【竺】 春秋时，孤竹国国君之子伯夷、叔齐之后以国名为姓，称竹氏。至汉代，有枞（zōng）阳人竹晏，因避仇人而改姓竺，其后沿用不改。

● 名人代表

竺可桢（1890—1974）：浙江省绍兴人。当代著名的地理学家、气象学家和教育家，中国近代地理学的奠基人。1921年在南京大学的前身南京高等师范学校建立了中国第一个地学系。

竺大年：宋代学者。　　　　　　　　竺　渊：明代文士。

【权】商高宗武丁有个儿子被封在权国（今湖北荆门东南），其后人就以国名为姓，称权氏。春秋时期，权国被楚国吞并，改置为县，后楚武王封公族大夫斗缗为权县尹，负责管理原来的权国百姓。斗缗率领权国遗民谋反作乱，以失败告终，自己也在战乱中被杀。斗缗的子孙以祖先的封地名为姓，称权氏。

● 名人代表

权怀恩：生卒年不详。京兆万年（今陕西西安）人。唐代大臣，高宗时为万年县令，赏罚分明。《旧唐书》称其"为政清肃"。高宗称之为"良吏"。历任庆、莱、卫、邢、宋五州刺史。

权　会：北朝北齐大臣。　　　　　　**权德舆**：唐代大臣、文学家。

权　谨：明代大臣。

【逯】一说源于嬴姓。逯是距今两千多年前的春秋战国时期秦国的一个古邑名，后来一位秦国大夫被封于该邑，其后裔子孙中有以先祖封邑名称为姓者，称逯氏。一说源于芈姓。春秋时期，楚国亦有逯邑，并有王族受封于此，后代中有以邑名为姓者，世代相传至今。

● 名人代表

逯中立：生卒年不详。明万历年间进士。遇事敢言，为人正直，敢作敢为，有胆有识。

逯　式：三国时期魏国江夏太守。

逯钦立：古代文学史研究专家、中国古文献专家。

【盖】战国时期，齐国有一个公族大夫叫王欢，他因功受封于盖邑（今山东沂水）。在王欢的后裔子孙中，有以先祖封邑名称为姓者，称盖氏。

● 名人代表

盖　延（？—39）：东汉名将。光武帝刘秀建东汉后，任命盖延为虎牙将军、左冯翊（yì），封安平侯，绘其像于云台阁。

盖　勋：东汉名士。　　　　　　**盖宽饶**：汉代文官。

盖文达：唐代学者。

【益】黄帝的孙子叫颛顼，颛顼的孙子叫皋陶，皋陶又有儿子叫伯益。伯益的后代人，就有以"益"字为姓的，世代相传。

● **名人代表**

益　智：生卒年不详。元代名将，有勇有谋，胸怀大略。朝廷任命他为怀远大将军。他管理军队和民政，谋划周全，有主见。

益　畅：南宋进士。

【桓】黄帝有一位大臣名为桓常，其后裔子孙以先祖名字为姓，称桓氏。

● **名人代表**

桓　谭（约前23—约56）：东汉学者。他文章写得很好，特别喜欢古文，著有《新论》29篇。

桓　景：东汉名士。　　　　　　　　桓　温：晋代大司马。

【公】周代时，鲁国君主鲁定公将他哥哥的两个儿子衍、为封为公爵，时人称之为公衍、公为。公衍、公为的后代就以祖上爵号为姓，世代相传姓公。

● **名人代表**

公　鼐（1558—1626）：明代著名文学家、诗人，"山左三大家"之一。曾提出"齐风"的诗歌主张，论诗主张"一时代有一时代之风情"，反对模拟复古，著有《问次斋集》《西游稿》等。

公勉仁：明代大臣。　　　　　　　　公跻（jī）奎：明代大臣。

公家臣：明代大臣。

◎ **说典**

程门立雪

北宋时期，福建将东县有个进士叫杨时，他特别喜好钻研学问，到处寻师访友。

有一天，杨时和他的朋友游酢一块儿去拜见程颐，恰好遇上程老先生闭目养神，打坐修行。这时候，外面开始下起大雪。为了不打扰先生休息，他们两个人便恭恭敬敬地侍立等候，不言不动。如此等了大半天，程颐才慢慢睁开眼睛，见杨时和游酢居然等候了这么久，大吃一惊。这时候，门外的雪已经积了一尺多厚，而杨时和游酢并没有一丝不耐烦的神情。这种精神让程颐很受感动，程颐急忙把他们叫到跟前，耐心解答他们的问题，并向他们传授了理学思想的精髓。杨时和游酢果然不负所望，后来都成为理学大师。

后人便用"程门立雪"这个典故，来赞扬那些求学师门、诚心专志、尊师重道的学子。

◎ 求知

山左三大家

明代万历前期，籍贯山东的明朝馆阁重臣于慎行、公鼐、冯琦等人共同标举"齐风"，主张文风宏大雅正，闳音鸣世，巧夺自然，独树自我，对晚明文风、诗风产生了深远影响。"山东"又称"山左"，后世便称三人为"山左三大家"。崛起于明朝江北山东地区的"山左诗派"，与崛起于明代江南地区的"江左诗派"，南北并立，各自标新，对后世文学均产生了重要影响。

mò qí　　sī mǎ　　　shàng guān　ōu yáng
万 俟　司 马　　　上 官　欧 阳

◎ 溯源

【万俟】 万俟本来是鲜卑族的部落名称。东晋时，万俟部落随拓跋氏进入中原，后来就以部落名作为姓，称万俟氏。

● 名人代表

万俟普：生卒年不详。北朝北齐朔州刺史。仁厚爱民，雄果有勇，官至太尉。

万俟洛：北朝北齐大将军。　　　　**万俟咏**：南宋词人。

【司马】 相传古帝少昊开始设置司马一职，为天下军事长官。周代时称为夏官大司马。周宣王时，颛顼的后裔程伯林父任司马一职，他曾在征伐战争中立下很大的功劳，后代子孙世续其职，称司马氏。

● 名人代表

司马迁（前145—前90）：字子长，夏阳（今陕西韩城南）人，一说龙门（今山西河津）人。西汉伟大的史学家、文学家、思想家。早年受学于孔安国、董仲舒，漫游各地，了解风俗，采集传闻。初任郎中，奉使西南。元封三年（前108年）任太史令，继承父业，著述历史。他以其"究天人之际，通古今之变，成一家之言"的志向创作了中国第一部纪传体通史《史记》（原名《太史公书》），被公认为是中国史书的典范。《史记》记载了从上古传说中的黄帝时期，到汉武帝元狩元年（公元前122年），长达三千多年的历史，是"二十五史"之首，被鲁迅誉为"史家之绝唱，无韵之《离骚》"。

司马谈：西汉史学家、思想家。　　**司马相如**：西汉辞赋家。

司马懿：三国时期魏国政治家、军事家。

司马光：北宋著名政治家、史学家、散文家。

【上官】春秋时期，楚国有处地名叫上官。楚国君主楚怀王将他的小儿子封为上官邑大夫，其后世子孙就居住在上官邑这个地方，并以地名为姓，形成了上官姓。

● 名人代表

上官仪（约608—665）：字游韶，陕州陕县人。唐代著名诗人、政治家。唐贞观初年，擢进士第，召授弘文馆直学士，迁秘书郎。唐高宗时任职门下省，颇受唐高宗和武则天的赏识，后官至宰相。

上官婉儿：唐代著名才女。　　**上官凝**：宋代文士。

上官均：宋代大臣。　　**上官恢**：宋代大臣。

【欧阳】夏代少康的庶子被封于会稽，建立越国。越国传至无疆时，无疆把儿子蹄封于乌程欧余山之阳（今浙江吴兴），是为欧阳亭侯。后越国被楚国灭，欧阳亭侯的后代子孙有的便以欧阳作为姓氏。

● 名人代表

欧阳修（1007—1072）：字永叔，号醉翁、六一居士，吉州永丰（今江西永丰）人。北宋政治家、文学家，且在政治上负有盛名。北宋天圣年间进士，官至参知政事。博学多才，以文章闻名于世。后人将其与韩愈、柳宗元和苏轼合称"千古文章四大家"。与韩愈、柳宗元、苏轼、苏洵、苏辙、王安石、曾巩被世人称为"唐宋八大家"。欧阳修是在宋代文学史上最早开创一代文风的文坛领袖，领导了北宋诗文革新运动，继承并发展了韩愈的古文理论。

欧阳生：西汉学者。　　**欧阳歙**（xī）：东汉宰相。

欧阳建：西晋哲学家。　　**欧阳询**：唐代书法家。

◎ 说典

司马昭之心，路人皆知

司马昭是三国时魏国人，他父亲名叫司马懿，是魏国的大将。司马昭总揽大权时，野心很大，总想取代皇帝曹髦。他不断铲除异己，打击政敌。年轻的曹髦知道自己即便做"傀儡皇帝"也很难，迟早会被司马昭除掉，就打算铤而走险，准备用突然袭击的办法除掉司马昭。

一天，曹髦把跟随自己的心腹大臣找来，对他们说："司马昭之心，路人皆知。我不能坐以待毙，希望你们同我一道除掉他。"大臣们知道这样做无异于飞蛾扑火，都劝他先暂时忍耐。曹髦不听劝告，亲自率领左右仆从、侍卫数百人去袭击司马昭。谁知大臣中早有人把这消息报告给司马昭。司马昭立即派兵阻截，把曹髦杀掉了。

后来，人们用"司马昭之心，路人皆知"来说明阴谋家的野心非常明显，已为人所共知。

◎ 求知

"杏林"与"杏坛"的区别

"杏林"是中医界常用的一个词语，该词产生于汉末，和该词有直接关系的主人公是东汉末年福建籍医生董奉。他常年为人治病，却从不接受报酬。他给病重的人治好病，就让病人种植五棵杏树；他给病情不重的人治好病，就让病人种植一棵杏树。这样十几年以后，杏树已经有十多万棵了。春天来临，董奉眺望杏林，仿佛徜徉在绿色的海洋里。对此，他感到十分欣慰，就在林中修了一间草房，住在里面。待到杏子熟了的时候，他对人们说，谁要摘杏子，不必告诉他，只要把一盆米倒入他的米仓，便可以装一盆杏子。接着，董奉又把用杏子换来的米，救济贫苦的农民。

后来，人们在称赞有高尚医德、精湛医术的医生时，也往往用"杏林春暖""誉满杏林""杏林高手"等词句来形容。

"杏坛"之典故最早出自《庄子》中的一则寓言。寓言说孔子到处聚徒授业，每到一处就在杏林里讲学，休息的时候，就坐在杏坛之上。后来人们就根据庄子的这则寓言，把孔子讲学的地方称作"杏坛"，也泛指聚众讲学的场所。

xià hóu　　zhū gě　　　wén rén　dōng fāng
夏侯　诸葛　　闻人　东方

◎ 溯源

【夏侯】源出姒姓。西周初年，夏禹的后裔东楼公受封于杞国（今河南杞县）。春秋时期，杞国被楚国吞并，杞简公的弟弟佗公逃往鲁国。因为佗公是大禹的后裔，鲁悼公封他为侯爵，称夏侯氏，其后世子孙便以夏侯为姓。

● 名人代表

夏侯婴（？—前172）：秦末汉初沛县人。与刘邦是少时的朋友，跟随刘邦起义，立下战功，后被封为汝阴侯。

夏侯惇：东汉末年大将军。　　　　　**夏侯渊**：东汉末年征西将军。

夏侯审：唐代侍御史。　　　　　　**夏侯嘉正**：宋代文人。

【诸葛】一支出自葛姓所改。相传，伯夷的后裔葛伯的封国灭亡后，原居于琅琊郡诸县（今山东诸城西南）的葛氏有一支迁徙至阳都（今山东沂南南部），因阳都已有葛姓，遂称后迁来的葛姓为诸葛氏。一支出自有熊氏之后，为詹（zhān）葛姓所改。春秋时，齐国有熊氏之后有复姓詹葛，后被讹读为诸葛氏。另一支出自封赐所改。秦末陈胜吴广起义时，有大将葛婴屡立战功，却因陈胜听信谗言而被杀害。西汉建立后，汉文帝封葛婴的孙子为诸县侯，其后代遂以诸葛为姓，称诸葛氏。

● 名人代表

诸葛亮（181—234）：字孔明，号卧龙。三国时蜀国著名的政治家、军事家，刘备的主要谋士。曾促成孙刘结盟，取得"赤壁之战"的胜利，占领荆、益两州，建立了蜀汉政权。刘备称帝后，任命他为丞相。著有《诸葛亮集》。

诸葛珪：诸葛亮的父亲，汉末青州泰山郡丞。

诸葛瑾：三国时期吴国将领。　　　　**诸葛恪**：三国时期吴国大臣。

诸葛瞻：三国时期蜀汉大臣。

【闻人】春秋时期，鲁国有一位学者叫少正卯。他与孔子同时聚徒讲学，听他讲学的人非常多，其中还包括不少孔子的学生。于是文人学士们就给他起了一个雅号，叫"闻人"，意为出名的人。少正卯的后代以此为荣，就以闻人为姓。

● **名人代表**

闻人通汉：生卒年不详。字子方，浙江省嘉兴人。汉代学者，官太子舍人、中山中尉，习礼于孟卿。

闻人宏：北宋进士。　　　　　　　　**闻人滋**：南宋藏书家。

闻人耆年：南宋针灸学家。

【东方】远古时伏羲制了八卦，八卦方位以东方为尊。伏羲氏的后代子孙中有一个人叫羲仲，出于震位（震位在八卦中主东方），其族人成为东蒙氏部落，世代执掌东方青阳令。其后代子孙遂以东方为姓，称东方氏。

● **名人代表**

东方朔：生卒年不详。西汉大臣、文学家。博学多能、才貌出众，为人幽默机智。有《答客难》等辞赋名篇传世。

东方虬（qiú）：唐代史官、诗人。　　　　**东方显**：唐代学士。

◎ **说典**

三顾茅庐

东汉末年，刘备颠沛流离，后来到荆州投靠了刘表。不久，曹操为得到刘备的谋士徐庶，谎称徐庶的母亲病了，让徐庶立刻去许都。徐庶临走时告诉刘备，隆中有个奇才叫诸葛亮，如果能得到他的帮助，就可以得到天下了。

第二天，刘备就和关羽、张飞带着礼物，到隆中去拜访诸葛亮。谁知诸葛亮刚好出游去了，书童也说不准他什么时候回来。刘备只好回去了。过了几天，刘备、关羽和张飞冒着大雪又来到了诸葛亮的家。刘备看见一个青年正在读书，就急忙过去行礼。谁知那个青年是诸葛亮的弟弟，他告诉刘备，哥哥受朋友之邀外出了。刘备非常失望，只好留下一封信，说渴望得到诸葛亮的帮助，以平定天下。

转眼过了新年，刘备选了个好日子，又一次来到隆中。这次，诸葛亮正好在睡觉。刘备让关羽、张飞在门外等候，自己在台阶下静静地站着。过了很长时间，诸葛亮才醒来。

刘备向诸葛亮请教平定天下的办法。诸葛亮给刘备分析了天下的形势，建议说："北让曹操占天时，南让孙权占地利，将军可占人和，拿下西川成大业，与曹、孙成三足鼎立之势。"刘备一听，非常佩服，请求他相助。诸葛亮答应了，时年仅27岁。

◎ 求知

八 卦

八卦是古代一套有象征意义的符号。相传，八卦起源于三皇五帝之首的伏羲。伏羲氏在天水卦台山始画八卦，一画开天。所谓八卦，就是八个卦相，表示事物自身变化的阴阳系统，用"—"代表阳，用"--"代表阴，用三个这样的符号，按照大自然的阴阳变化平行组合，组成八种不同形式，称为八卦。八卦并不是神秘莫测的，它在传统文化中与阴阳、五行一样，是用来推演世界空间、时间各类事物关系的工具。每一卦形代表一定的事物。乾代表天，坤代表地，震代表雷，巽（xùn）代表风，坎代表水，离代表火，艮（gèn）代表山，兑代表泽。八卦就像八只无限无形的大口袋，把宇宙中万事万物都装进去了。八卦互相搭配，又演变成六十四卦，用来象征更加复杂的自然现象和人事现象。

赫连　皇甫　尉迟　公羊
（hè lián　huáng fǔ　yù chí　gōng yáng）

◎ 溯源

【赫连】 赫连姓源于历史上的匈奴。因匈奴单于娶汉室女子为妻，其子孙跟随姓刘。汉代时，北方有个匈奴族部落首领叫刘去卑，他的一个后代自称夏王，并将刘姓改为赫连氏。西晋刘虎又改为铁弗氏。东晋时期，刘虎的曾孙勃勃称大夏天王，建国夏，又改复姓赫连氏。

● 名人代表

赫连韬： 生卒年不详。唐代才子，有不羁之才。"闽中八贤"之一。

赫连达： 南北朝时北周将领。

【皇甫】 一支源于子姓。西周后期，宋国国君宋戴公之子叫公子充石，字皇父。后来公子充石的孙子南雍陲（chuí）便以祖父之字为姓，称皇父氏。到西汉中期，皇父氏族人中有个叫皇父鸾的，自己做主把姓氏中的"父"字改为"甫"字，称皇甫氏。另一支源于姬姓。西周时期，有一位著名的太师叫皇甫，亦称皇父。在其后裔子孙中，有以先祖名字为姓者，称皇甫氏。

● 名人代表

皇甫谧（215—282）：魏晋两朝之间著名医学家。在《甲乙经》中，他阐述了经络理论，明确穴位名称和位置，总结了晋以前的针灸学成就。

皇甫规：东汉著名将领。　　　　　皇甫湜：唐代文学家。

皇甫冉：唐代天宝年间状元。　　　皇甫涍：明代诗人。

【尉迟】尉迟本来是南北朝时鲜卑族部落的名称。后来，北魏皇帝极力推行汉文化，学习汉人风俗，下令其族人也一律改为汉姓。尉迟氏便是在这种情形下，以部落的名称作为家族的姓，而称尉迟氏的。

● 名人代表

尉迟恭（585—658）：字敬德，朔州平鲁下木角人。唐代名将，官至右武侯大将军。纯朴忠厚，勇武善战，一生戎马倥偬（kǒng zǒng），征战南北，驰骋疆场，屡立战功。以功累封鄂国公，是"凌烟阁二十四功臣"之一。尉迟恭与秦琼是"门神"的原型。

尉迟珪：唐代时于阗王。　　　　　尉迟汾：唐代诗人。

尉迟偓（wò）：五代南唐史学家。　尉迟德诚：元代大臣。

【公羊】出自姬姓。春秋时，鲁国有位才学出众的人叫公孙羊孺，他的后代子孙便取其名字中"公羊"二字为姓，称公羊氏。

● 名人代表

公羊高：生卒年不详。战国时齐国名儒，为卜子夏高徒。作《公羊传》，也叫《春秋公羊传》或《公羊春秋》，专门阐释《春秋》。

公羊寿：西汉学者。

◎ 说典

门神的来历

617年，唐国公李渊由太原起兵南下，讨伐隋室。在兵家重镇吕州霍邑（今山西霍州），李渊率唐兵与隋将宋老生大战月余，斩宋老生，直下长安建立大唐。另一军阀刘武周趁山西空虚，占了李渊的山西老巢。619年冬，李世民奉父命领兵回击山西，在霍邑设计杀了个长相酷似刘武周的人，收服了刘武周的部将尉迟敬德。

后来李世民夜宿霍邑衙门，多次在梦中被两个无头人惊醒。李世民仔细琢磨，这两个人一个像在霍邑被斩的隋将宋老生，另一个却像那个被充作刘武周割了头的人。李世民召见徐茂公求计，徐茂公道："主公屈杀这似刘武周之人，是因为急于收降敬德将军，主公可派敬德将军夜守衙门，也许可得安宁。"李世民依言，使尉迟敬德守门，果然那个似刘武周的冤魂不再来扰，而那个像宋老生的冤魂仍至。李世民再次求计于徐茂功。徐茂功道："臣闻宋老生虽为隋将，但其忠勇可嘉。听说宋老生极敬佩秦二哥（秦琼）为人，试增派秦二哥夜守衙门，或许可得安。"李世民依言增派秦琼夜守衙门，果然宋老生冤魂也不再来。

此事后来传到民间，人们纷纷在门上张贴尉迟敬德和秦琼的画像，以求妖魔鬼祟不敢入门。从此尉迟敬德和秦叔宝两位便成了"门神"，并相沿成习。

◎ 求知

古人是怎么说"你太有才"的

东汉戴凭有"夺席才"。《后汉书·戴凭传》：东汉光武帝刘秀喜欢谈"经"，在正月初一令能够谈经的群臣百官互相诘难，凡在经义上辩驳失败者，就将座席让给辩胜者。侍中戴凭熟读经典，能言善辩，口若悬河，因而连续取胜，一连夺了五十余个席位。

三国时曹植有"八斗之才"。南朝宋诗人谢灵运曾言："天下有才一石，曹子建独占八斗，我得一斗，天下共分一斗。"

唐代宋之问有"夺锦才"。武则天曾游洛阳龙门，下诏令众臣赋诗，先成者赏赐锦袍。左史东方虬（qiú）诗先成，武则天以锦袍赐之。未几，宋之问诗亦成。武则天反复吟赏，认为宋之问诗高于东方虬，令人将锦袍从东方虬手中夺回赏给宋之问。后人因以"夺锦才"喻指才识超群之士。

称赞才女则有"扫眉才"。唐代才女薛涛以其出众的才华和美貌，以及与当时文人骚客的诗书唱和、情意缠绵，成为当时卓有成就的女诗人，被称为"扫眉才子"。

晋代才女谢道韫（yùn）的"咏絮才"也颇有盛名。《世说新语》记载，东晋重臣谢安举族雅集，与兄弟子侄辈一起讲文论道。恰逢天降大雪，谢安忽发兴致，问大家道："白雪纷纷何所似？"谢道韫的哥哥谢朗答道："撒盐空中差可拟。"谢道韫接着说："未若柳絮因风起。"谢安一听，大为赞叹。后世就称谢道韫为"咏絮才"。

澹台　公冶　宗政　濮阳

◎ 溯源

【澹台】 春秋时，孔子的一个弟子子羽，名灭明，居住在澹台湖（今属江苏），另一说是居住在澹台山（今山东嘉祥南），遂以湖（山）名为姓，并因此取名澹台灭明。其后代子孙遂以澹台为姓，称澹台氏。

● 名人代表

澹台灭明（前512—？）：孔子弟子。品行高洁端正，光明磊落，不为公事从不去见卿大夫。

澹台敬伯：东汉名士。

【公冶】 春秋时，鲁国有季氏，族人中有个叫季冶的，字公冶。季冶是季氏的始祖，官拜大夫，他的子孙后来便以他的字"公冶"为氏。

● 名人代表

公冶长：生卒年不详。春秋末期齐国人，一说鲁国人，孔门七十二贤之一。民间相传，他能听懂鸟语。

公冶志：明代官员。

【宗政】 汉代开国皇帝刘邦的后代有楚元王刘交。刘交的孙子叫刘德，官至宗正，为九卿之一，即主持皇家宫室事务的官员。刘德的支庶子孙有的以祖上官职名为姓，称宗正氏，后来"正"字加"文"旁而为宗政氏。

● 名人代表

宗政珍孙：生卒年不详。北朝北魏著名将领，官至安西将军、光禄大夫。

宗政辨：唐代官员。

【濮阳】 古代有一条河叫濮水，濮水北岸（古人将山南水北称为阳）一块富饶的地方叫濮阳（今河南濮阳）。颛顼的后代中有人居住在濮水北岸，后来就取地名为姓，世代姓濮阳。

● 名人代表

濮阳涞：生卒年不详。明代学者。嘉靖年间出任南昌府通判，以操履清白而见称。著有《四书礼记贞义》《韵学大成》等。

濮阳潜：汉代官吏。　　　　　　**濮阳成**：明代武将。

濮阳渐：明代大臣。

◎ 说典

以言取人与以貌取人

孔子一生有许许多多弟子，其中有一位名叫宰予的，能说会道，利口善辩。刚开始，他给孔子的印象还不错，但后来宰予渐渐地露出了本性：既无仁德，又十分懒惰；大白天不读书听讲，躺在床上睡大觉。为此，孔子骂他是"朽木不可雕"。

孔子的另一位弟子叫澹台灭明，字子羽，鲁国人，比孔子小39岁。子羽的相貌很丑陋，但他想要侍奉孔子，学习圣人之道。一开始，孔子认为他资质低下，不会成才。但他从师学习完后，回去就致力于修身实践，处事光明正大，不走邪路。如果不是为了公事，他从不去会见公卿大夫。后来，子羽游历到南方，声誉很高，跟随他的弟子有300多人，各诸侯国都传颂他的名字。孔子听说这件事后，感慨地说："我只凭言辞判断人品质能力的好坏，结果对宰予的判断就错了；我只凭相貌判断人品质能力的好坏，结果对子羽的判断又错了。"

"以言取人"和"以貌取人"的典故出自《史记·仲尼弟子列传》，意思是只根据外貌来判断人品质能力的好坏。

◎ 求知

《诗经》与"四家诗"

《诗经》是我国最早的一部诗歌总集，约成书于春秋时期，传说为孔子编订。《诗经》最初只称为《诗》或《诗三百》，到西汉时，被尊为儒家经典，才称为《诗经》。《诗经》是按"风""雅""颂"三类编辑的。"风"是周代各地民间的歌谣，是三百篇中最富思想意义和艺术价值的篇章。"雅"是周人所谓的正声雅乐，又分《小雅》和《大雅》。"颂"是朝廷和贵族宗庙祭祀的乐歌，分为周颂、鲁颂和商颂。《诗经》内容丰富，反映了劳动与爱情、战争与徭役、压迫与反抗、风俗与婚姻、祭祖与宴会，甚至天象、地貌、动物、植物等方方面面，是周代社会生活的一面镜子。

汉时研究《诗经》的四家分别是齐派代表齐人辕固、鲁派代表鲁人申培、韩派代表燕人韩婴，以及毛诗学派代表赵人毛亨和毛苌（cháng）。

chún yú　　chán yú　　tài shū　　shēn tú
淳 于　　单 于　　太 叔　　申 屠

◎ 溯源

【淳于】 周武王灭商后，把原夏朝斟灌国姜姓淳于公封在州邑（在今山东安丘），建立州国，因位居公爵，世称州公。州国灭亡后，州国公族定居于淳于城（在今山东安丘东北），后来复国，名淳于国，成为春秋时期的小国之一。淳于国亡国后，其族人以国名为姓，称淳于氏。

● 名人代表

淳于髡（约前386—约前310）：战国时齐国文士。博学多闻，学识丰富，口才好，善于辩论，说话幽默滑稽。

淳于越：战国时期齐国博士。　　　　**淳于意**：汉代名医。

淳于恭：东汉名士。

【单于】 历史上匈奴的最高统治者称为"撑犁孤涂单于"，并以其名为国号。匈奴语中的"撑犁"意为"天"，"孤涂"意为"子"，"单于"意为"广大"。后代子孙就有以单于为姓的，称单于氏。

【太叔】 一个来源是，春秋时，卫国国君卫文公姬毁的第三个儿子叫姬仪。在古代，兄弟以伯、仲、叔、季为次序来排名，姬仪因为排行老三，所以人称叔仪，又因为他是王族之后，所以世称太叔仪。他的后代子孙以祖上的次第排名为姓，称太叔氏。另一个来源是，春秋时，郑庄公的弟弟段被封在京，世称京城太叔。其后代子孙遂以祖先封号为姓，称太叔氏。

● 名人代表

太叔雄：生卒年不详。西汉大臣。博学而有节操，官至尚书，为一代良臣。

【申屠】 周幽王死后，申侯和鲁侯、许侯等一起，拥立姬宜白即位，是为周平王。为了酬谢申侯的拥立之功,周平王把申侯的小儿子封在屠原(今陕西合阳),称为申屠侯。居于屠原的申氏人,就以申屠为姓,称申屠氏。

● **名人代表**

申屠嘉(?—前155):汉代名臣。文帝时拜丞相,封故安侯。为人廉直,不受私人请托。

申屠刚:西汉尚书令。　　　　　　　**申屠蟠**:东汉学者。

◎ 说典

一鸣惊人

公元前386年,齐国历史上著名的齐威王继位。而他继位后却不理国政,只沉湎于女乐。一时间,"诸侯并侵,国人不治",齐国形势日渐严峻。然而,群臣不了解这位新君的秉性,不敢进言劝谏。在国家内忧外患之际,淳于髡不顾个人的安危,挺身而出,用自己擅长的"隐语"讽谏齐王。

淳于髡问齐威王:"大王,国中有大鸟,栖息在大殿之上,三年不飞不鸣,您知道这是为什么吗?"齐威王原本胸有大志,只是暂时消沉,并非昏庸无能之辈,而淳于髡的讽谏一下子点醒了他。他也用"隐语"回答道:"此鸟不飞则已,一飞冲天;不鸣则已,一鸣惊人。"

淳于髡的讽谏收到了奇效,促使齐威王下定决心,变法图强。他上朝召集县令72人,奖赏了一个,处死了一个,借此整顿了内政,并整肃军威,准备迎战诸侯。各诸侯国都很震惊,纷纷归还了侵占的齐国土地。

齐威王的这一番作为,真可谓是"一鸣惊人"呀!所以后来人们便用"一鸣惊人"这个成语来比喻一个人如有不平凡的才能,只要他能好好运用,一旦发挥出来,往往会有惊人的作为。

◎ 求知

古代匈奴今何在

匈奴是中国北方的一支古老民族,繁衍在河套地区,游牧于大漠南北。相传匈奴人是夏人的后代。商代甲骨文称其为"鬼方",同代的诗集中又称其为"薰粥""猃(xiǎn)狁",春秋战国时则称其为"狄""戎""胡人"。

匈奴在我国北方活跃了几百年,同中原王朝连年争战,对中国历史产生过重要影响。公元1世纪后，匈奴分为南北两支，南匈奴人居住在内地，后来逐渐和汉民族融合。北匈奴在汉王朝大规模进击之下，兵败西遁，但他们究竟逃往何处，是个长期不为人知的问题。过了大约300年，欧洲东部突然出现了一支强大的骑兵队伍，自称匈人。6世纪，匈人在匈牙利平原上建立了匈牙利国。史学界不少学者认为欧洲匈人即匈奴人的后裔。

gōng sūn　zhòng sūn　xuān yuán　líng hú
公孙　仲孙　轩辕　令狐

◎ 溯源

【公孙】一说，黄帝初姓公孙，后改姓姬。他的后代中有一部分人就以复姓公孙为姓。一说，春秋时期，各国诸侯不论爵位高低，多有被称为"公"者。按周王朝的典礼制度，国君一般由嫡长子继位，其他的儿子便称为公子，公子的儿子则称公孙。在这些公孙的后裔子孙中，有许多人便以身份称谓"公孙"为姓，称公孙氏。

● 名人代表

公孙龙（前320—前250）：战国时期赵国人，名家的代表人物。其主要著作为《公孙龙子》，其中最重要的两篇是《白马论》和《坚白论》，提出了"白马非马"和"离坚白"等论点，是"离坚白"学派的主要代表。

公孙侨：子产，春秋时期郑国政治家、思想家。孔子曾称赞他是"古之遗爱也"。

公孙度：东汉大臣。　　　　　　　**公孙瓒**：东汉末年将领。

【仲孙】春秋时，鲁桓公的儿子庆父，字共仲，人称孟孙氏，又号仲孙氏。他的子孙遂以仲孙为姓，称仲孙氏。

● 名人代表

仲孙蔑：生卒年不详。即孟献子，春秋时鲁国人。他为人勤俭，体察民情，主张俭用和发展生产，时称贤大夫。

仲孙湫（qiū）：春秋时期齐国大夫。

【轩辕】黄帝曾居于轩辕之丘，故而得姓轩辕。黄帝的后代子孙遂有称轩辕氏的。

● 名人代表

轩辕弥明：生卒年不详。唐代诗人。善诗，言其诗作掷地有声。

【令狐】令狐本是春秋时的一个地名。周文王姬昌之子毕公高的后代魏颗为晋国打了胜仗，晋景公把令狐（今山西临猗西）一带赏赐给他做封邑。魏颗之子魏颉（xié）以封地名为氏，称令狐颉。其封地居民中也有以居邑名称为姓者，称令狐氏。

● 名人代表

令狐楚（766或768—837）：字壳士，宜州华原人。唐代宰相、诗人。唐德宗贞元七年（791年）举进士，后入仕，政绩卓著。他还常与著名诗人白居易、刘禹锡唱和。

令狐整：北朝北周大将军。　　　**令狐熙**：隋代大臣。

令狐德棻（fēn）：唐代著名学者。　**令狐绹**（táo）：唐代宰相。

◎ 说典

庆父不死，鲁难未已

公元前662年，鲁庄公去世。在庄公同母弟弟公子友的支持下，公子般当了国君。庄公的异母弟弟庆父，是个贪婪残暴、权欲熏心的人，企图自己成为国君。公子般即位不到两个月，便被庆父派人杀死了。支持公子般的公子友逃往陈国。庆父派人杀死公子般后，立庄公另一个儿子启为国君，是为闵公。由于庆父制造内乱，激起了鲁国百姓极大的愤慨。但庆父依旧我行我素，继续为非作歹，企图浑水摸鱼，以致把鲁国闹得更加混乱。

齐桓公派大夫仲孙湫到鲁国去了解情况。不久，仲孙湫向齐桓公报告了他所了解到的鲁国情况，并说："如果不除去庆父，鲁国的灾难是不会终止的！"事实果然如此。过了一年，庆父又杀死了鲁闵公。两年之内，鲁国两个国君被杀，这使鲁国的局势陷入严重的混乱之中，百姓们对庆父恨之入骨。庆父见在鲁国无法再待下去了，便逃往莒国。鲁僖公继位后，知道庆父这个人的存在对鲁国是个严重的威胁，便请求莒国把庆父送回鲁国。庆父自知罪孽深重，回到鲁国没有好下场，便在回国途中自杀了。

这就是"庆父不死，鲁难未已"的典故。后常用来比喻不清除制造内乱的罪魁祸首，就得不到安宁。

◎ 求知

商鞅变法

战国时期，秦国的秦孝公即位以后，决心变法图强，并下令招贤。商鞅自魏国入秦，提出了废井田、重农桑、奖军功、统一度量和建立郡县制等一整套变法求新的发展策略，深得秦孝公的信任，并被任命为左庶长。公元前356年和公元前350年，秦国先后两次实行以"废井田、开阡陌，实行郡县制，奖励耕织和战斗，实行连坐之法"为主要内容的变法。经过商鞅变法，秦国的经济得到发展，军队战斗力不断加强，逐渐发展成为战国后期最富强的国家。

zhōng lí　　yǔ wén　　zhǎng sūn　　mù róng
钟 离　　宇 文　　长 孙　　慕 容

◎ 溯源

【钟离】 伯宗是晋国的贤士，因为得罪执政的权贵郤（qiè）氏被杀。伯宗的儿子伯州黎逃往楚国，居住在钟离，其子孙便以邑名为姓。

● 名人代表

钟离春：生卒年不详。战国时人，中国历史上有名的丑女。她虽然长相不好看，但志向远大，学识渊博。当时齐宣王昏庸无道，性情暴躁，喜欢吹捧。钟离春为了拯救国家，冒着杀头的危险，当面陈述齐宣王的劣迹，并指出齐宣王若再不悬崖勒马，就会城破国亡。齐宣王听后大为感动，把钟离春看作是自己正身、齐家、治国的一面镜子。后来，齐宣王又立钟离春为王后，齐国大治。

钟离昧（mèi）：项羽部将。

钟离权：东汉、魏晋时期人物，传说中"八仙"之一。

【宇文】 魏晋时，北方鲜卑族宇文氏部落自称是炎帝神农氏的后裔。东晋时，宇文氏进据中原，建宇文国，以宇文为姓。

● 名人代表

宇文泰（507—556）：北朝西魏大臣。官至大宰相。他推行"均田制"，使西魏经济得到发展，国力逐渐强盛。在此基础上，创立了"府兵制"，建立由柱国、大将军、开府等逐级统领制度，扩大了兵源，加强了朝廷对军队的控制。这一兵制在中国古代兵制史上，占有重要地位。北周建立后，追尊为文帝。

宇文化及：隋代末年将领。　　　　　　**宇文士及**：隋代右卫大将军。
宇文融：唐代官员。　　　　　　　　　**宇文公谅**：元代文学家。

【长孙】北魏道武帝拓跋珪的曾祖父拓跋郁律有两个儿子：大儿子沙莫雄为南部大人，号拓跋氏；小儿子什翼健就是拓跋珪的祖父。拓跋珪建立北魏称帝后，因沙莫雄是曾祖父的长子，就赐其后代为长孙氏。

● **名人代表**

长孙无忌（594—659）：字辅机，河南洛阳人。唐初宰相、外戚，著名政治家。参与策划"玄武门之变"，助太宗夺取帝位，被封为赵国公。曾奉命与房玄龄等修订唐律。图绘凌烟阁，居"凌烟阁二十四功臣"之首。

长孙晟：北周及隋代将领。　　　　　　**长孙操**：唐代官员。

【慕容】远古时，黄帝有个后代叫"封"，他取姓慕容，"慕二仪（天、地）之德，继三光（日、月、星）之容"。意在远离中原之地，将中原文明发扬光大。此为汉姓慕容氏的来源。鲜卑族有个首领叫莫护跋，在棘（jí）城以北建立政权，并将自己的部落称为慕容。他的后人就以慕容为姓。此为鲜卑族慕容氏的来源。

● **名人代表**

慕容恪（321—367）：十六国时期前燕名将、大臣。智勇兼备，善于用兵。

慕容延钊：北宋初年著名军事将领。

◎ **说典**

一箭双雕

南北朝时，北周有个叫长孙晟的武将，武艺高强，十八般兵器样样精通。特别是射箭的功夫，无人敢与他相比。

北周的皇帝为了安定北方的突厥人，决定把一位公主嫁给突厥王摄图。为了安全起见，派长孙晟率领一批将士护送公主前往突厥。在经历了千辛万苦之后，他们终于到了突厥。

有一次，长孙晟陪摄图打猎，摄图猛抬头，看见天空中有两只大雕在争夺一块肉。于是，他递给长孙晟两支箭，请他把这两只雕射下来。长孙晟只接过其中的一支箭，便策马驰去，对准两只厮打得难分难解的大雕，只听"嗖"的一声，两只大雕便串在一起掉落下来。

这就是"一箭双雕"的典故。原指射箭技术高超，一箭射中两只雕。后比喻做一件事达到两个目的。

◎ **求知**

门阀制度

门阀制度是封建等级制中的一种特殊形式，形成于东汉，盛行于魏晋南北朝时期。在门阀制度下，不但士庶界限十分严格，而且不同姓氏也有高低贵贱之分，甚至在同一姓氏的士族集团中不同郡望、堂号的宗族也有贵贱、尊卑之分。隋唐时期，为了巩固国家政权，当政者大力打击门阀士族，提拔寒门之士，而采用科举制度选拔官员。科举的兴起，加快了门阀制度的衰落；至唐末，农民起义彻底击垮了士族制度。

隋唐时代是身份制的社会，世家大族在社会上享有崇高的威望和地位。在所有尊贵的世家大族中有几支最为尊贵，即博陵崔氏、清河崔氏、范阳卢氏、陇西李氏、赵郡李氏、荥阳郑氏、太原王氏。其中李氏与崔氏各有两个郡望，所以称之为"五姓七望"。

xiān yú　　lú qiū　　　sī tú　　sī kōng
鲜 于　　闾 丘　　　司 徒　　司 空

◎ **溯源**

【鲜于】 商纣王有个叔叔叫子胥余，官为太师，被封于箕，史称箕子。他多次就纣王的荒淫残暴进谏，但纣王依旧如故，后来竟将箕子关入大牢。周武王灭商后，箕子直言劝谏武王当行仁政，却不肯应武王的请求再次为臣。他出走辽东，在朝鲜半岛北部建立了"箕子朝鲜"。箕子的后代有个叫子仲的，他的封地在于邑。于是他就将国名中的"鲜"字和封邑名中的"于"字合成为"鲜于"复姓，称鲜于氏。

● 名人代表

鲜于枢（1246—1302）：字伯机，自号困学山民，又号寄直老人，元代大都（今北京）人。著名书法家。以书名世，行草书尤精，与赵孟頫齐名。其书法笔墨酣畅淋漓，书体遒劲凝重，深受赵孟頫推重。

鲜于天：宋代科学家。

【闾丘】源于地名。春秋时，齐国大夫婴受封于闾丘（在今山东邹城境内），世称闾丘婴。其子孙以封地名为姓，称闾丘氏，亦有省称闾氏者。

● 名人代表

闾丘孝终：生卒年不详。北宋著名大臣。曾在黄州任太守，为官清廉，为人正直，与苏轼交好。

闾丘观：宋代将领。　　　　　　　　闾丘宾用：南宋隐士。

【司徒】司徒是古代的官职名称，系六卿之一，相传虞舜曾在尧帝时担任司徒，负责管理教化民众和行政事务等事情。在虞舜的支系子孙中，有以先祖官职名为姓者，称司徒氏。

● 名人代表

司徒公绰：生卒年不详。宋代进士。北宋元祐年间进士及第。

司徒肃：汉代安平侯相。　　　　　　司徒羽：五代时期后汉官吏。

【司空】司空是古代的一个官名，相传专管水利、土木工程建设。传说尧帝时，大禹官至司空。因治水有功，其后裔子孙中有以先祖官职名为姓者，称司空氏。

● 名人代表

司空曙（约720—790）：唐代诗人。他擅长写五言律诗，内容多为送别酬答和羁旅漂泊，为"大历十才子"之一。

司空图：唐代礼部尚书。　　　　　　司空宗韩：宋代大臣。

司空舜宾：宋代大臣。

◎ 说典

司空曙

司空曙是"大历十才子"之一。他出生于702年，正值唐朝的鼎盛时期。司空曙少年时，虽然家境贫寒，但他酷爱读书，很有才华。"安史之乱"爆发后，司空曙为了躲避战乱而流落他乡，从而打乱了他平静的读书生活。在此期间，他辗转各地，游历了金陵等地，结交了不少士人，写下了许多描写南国风光的诗篇。同时，他有感于国破家亡，也留下了不少咏史怀古之作，格调沉郁，感慨悲凉，是诗人当时情绪的自然流露。他还和卢纶、钱起等人酬唱和诗，思如泉涌，笔耕不辍。他和卢纶之间的诗歌往来最多，二人诗歌造诣相匹，又是表兄弟，相近的生活经历使他们在患难中结下了真挚的情谊。

◎ 求知

大历十才子

755年，"安史之乱"的爆发使唐朝由封建社会的高度繁荣转入了衰落。唐代宗大历年间（766—779），在平定了多年的战乱后，社会进入一个暂时的稳定时期。卢纶、韩翃（hóng）、钱起、司空曙等一批文人，以山水田园为题，赋诗唱和，成为一时之秀。由于他们的诗歌内容相近，风格相似，被人们称为"大历十才子"。

qí guān　　sī kòu　　　zhǎng dū　　zǐ chē
亓 官　　司 寇　　　仉　督　　子 车

◎ 溯源

【亓官】 亓官，亦称丌官、笄（jī）官、幵官、并官，是春秋战国时期的官名，为古代专门掌管笄礼的官职。在古代，笄礼是女子年至15岁时，在头发上插笄的仪式，以此作为成年以及身有所属的象征。因此，古人十分看重这个仪式和官职。春秋战国时期，各个诸侯国都设有这个官职。亓官姓就是笄官的后代为纪念先人而出现的。

● 名人代表

亓官氏（?—前485）：春秋时孔子夫人。

【司寇】 颛顼帝的后裔古苏国国君苏忿生，助周伐商。西周王朝建立后，他担任大司寇，辅佐周武王稳定国家秩序，保障社会治安，颇有政名。在苏忿生的后裔子孙中，有以先祖官职名为姓者，称司寇氏。

●名人代表

司寇恂：生卒年不详。字子翼，上谷昌平人（今北京昌平）。东汉王朝著名开国将领，"云台二十八将"之一。

司寇惠子：春秋时期鲁国大夫。　　**司寇布**：战国时期周王室大夫。

【仉】原本为春秋时鲁国大夫党氏之后。古代党的读音为 zhǎng，故党姓中有一支以音为姓衍出"掌"姓。后掌姓中又以音为姓衍分出仉姓，称仉氏。

●名人代表

仉　氏：孟子的母亲。　　　　　　**仉　启（qǐ）**：南朝梁四公子之一。

仉　公：明代官吏。

【督】春秋时期，宋戴公有一个孙子名叫子督，字华父，因此又称"华督"，为宋国贵族、太宰。在华督的后裔子孙中，有以先祖之名为姓者，称督氏。

●名人代表

督　瓒：生卒年不详。汉代五原太守。为人正直，有才德，政绩颇显。尽管宦海沉浮，但为官甚是清廉。

督　戎：晋国著名大力士。　　　　**督仲美**：明代官吏。

【子车】春秋初期，秦国有一位大夫名叫子车，其后裔子孙就以先祖的名字为姓，称子车氏。该支子车氏的后代皆省文简化为单姓车氏，世代相传至今。

●名人代表

子车仲行、子车奄息、子车针虎：生卒年不详。春秋时秦国三良，后随秦穆公殉葬。

◎ 说典

孟母三迁

孟子很小的时候，他的父亲就去世了，母亲仉氏独自一个人抚养他长大。孟子小的时候和母亲一起住在墓地旁边，他经常和邻居家的小孩一起学着大人跪拜、哭嚎的样子，玩办理丧事的游戏。孟子的母亲看到后，就皱起眉头说："不行！我不能让我的孩子住在这里了！"于是，她就带着孟子搬到市集，住在杀猪宰羊的地方附近。到了市集，孟子又和邻居家的小孩学起商人做生意和屠宰猪羊的事。孟子的母亲知道后，又皱皱眉头说："这个地方也不适合我的孩子居住！"于是，他们又搬家了。这一次，他们搬到了学校附近。每月夏历初一这个时候，官员到文庙行礼跪拜，彼此礼貌相待。孟子见了之后都认真学习，并牢牢记住。这次，孟子的母亲很满意地点着头说："这才是我儿子应该住的地方呀！"于是，他们就在这个地方定居下来。

后来，人们就用"孟母三迁"来表示人应该要接近好的人、事、物，才能学习到好的习惯。这也说明了环境能改变一个人的爱好和习惯。

◎求知

笄 礼

笄（jī）礼，即古代女子成人礼，古代嘉礼的一种，俗称"上头""上头礼"。笄，即簪子。自周代起，规定贵族女子在订婚（许嫁）以后、出嫁之前行笄礼，将发辫盘至头顶，用簪子插住，以示成年及身有所属。一般在女孩15岁时举行笄礼，如果一直待嫁未许人，则年至20也行笄礼。笄礼由母亲担任主人。笄礼要选择亲姻妇女中贤而有礼者担任宾，前三日戒宾，前一日宿宾。笄礼与冠礼（男子成人礼）都是我国古代传统的人生仪礼，是中华民族重要的文化遗产。

zhuān sūn　duān mù　　wū mǎ　gōng xī
颛孙　端木　　巫马　公西

◎溯源

【颛孙】春秋时期，陈国君主陈宣公晚年十分昏聩（kuì），把先前所立的太子妫御寇杀了。陈宣公的哥哥陈厉公有个儿子名叫陈完，他与妫（guī）御寇的关系特别好，为了避免被株连，便和另一位公子颛孙一起出逃到齐国。公子颛孙后来又从齐国迁到了鲁国，并在鲁国做了大夫。其后裔子孙遂以先祖名字为姓，称颛孙氏。

●名人代表

颛孙师（前503—？）：字子张，阳城（今河南登封）人。鲁国著名的大夫，"孔门十二哲"之一，"子张之儒"的创始人。

【端木】黄帝的后代中有个叫端木的,他的儿子叫典。典便以父亲的名为姓,叫端木典。其后世子孙纷纷以先祖名字为姓,称端木氏,世代相传。

● 名人代表

端木孝文:生卒年不详。明代著名大臣。其父端木以善在明洪武年间曾任刑部尚书。端木孝文、端木孝思兄弟二人均极富文采,善于写作,而端木孝思尤工书法。

端木赐:子贡,孔子弟子。　　　　　端木埰:清代文学家。

端木国瑚:清代著名文士。　　　　　端木治:清代书画家。

【巫马】巫马,是周代负责照顾马的官名。其后人以祖先的官名为姓,遂称巫马氏。但在周代以后,巫马一姓逐渐减少,这主要是因为大部分巫马姓都改为巫姓了。

● 名人代表

巫马施(前521—?):孔子的得意门生,比孔子小30岁。他曾执掌单父(春秋时鲁国的一个邑),勤于职守,将该地治理得井井有条。

【公西】出自春秋时鲁国公族,为季孙氏的支子后裔所改,称公西氏。

● 名人代表

公西赤(前509—?):字子华,亦称公西华,春秋末年鲁国人。在孔子弟子中,以长于祭祀之礼、宾客之礼著称,且善于交际,曾"乘肥马,衣轻裘",到齐国活动。

公西葴:孔子弟子。　　　　　　　公西舆如:孔子弟子。

◎ 说典

子贡救鲁

端木赐,字子贡,春秋末年卫国人。孔子的得意门生,孔门十哲之一,"受业身通"的弟子之一。子贡在孔门十哲中以言语闻名,利口巧辞,善于雄辩。

春秋后期,齐国大夫田常想要专权,可又怕其他大夫反对,故以伐鲁转移国内矛盾。孔子识破田常的阴谋,为了使鲁国免遭攻击,急忙召集众弟子商议。子贡自请出使。

子贡作为使节在各国间进行了一系列的离间活动。第一站,子贡到了齐国,见了大夫田常说:"鲁弱吴强,应当首先攻打吴国。"田常听后,便问子贡是什么意思。

子贡又说:"内部有难办之事应先攻外部强敌。外有强敌先攻软弱的对象,攻鲁胜了不能成为骄傲的本钱,也不可能显示出您带兵的功劳,这对您很不利。而攻吴,则没人指责您的过错,带兵的大臣一出马,也没有人和您争权,您就能成为齐国的唯一主宰。"子贡又说:"我让吴国救鲁,您就攻打吴国。"田常听后,非常高兴。

然后,子贡到了吴国,告诉吴王说:"作为霸主,是不允许有强敌与其对抗的。现在齐要伐鲁,正是你树立威信的大好机会:拯救鲁国而陷齐国于困境,可以安抚众诸侯,伐无道君主,威服强盛的晋国。"吴王则认为,应先灭越国,防其报仇。子贡又说服吴王道:"伐越是惧怕齐国的强大,勇敢的人不应逃避困难,仁德的人不为约束所拘泥,聪明的人不会放过有利的机会,守信义的人决不灭绝异国的后代。拯鲁代齐伐晋,各国诸侯就会朝见吴国,霸业可成。"子贡还向吴王表示自己愿意说服越王共同伐齐。

子贡又到越国,见了越王说:"没有报仇的意愿,而让人怀疑是笨拙的;有报仇的意愿,而让别人知道是不会成功的;尚未行动,而让对方知道是危险的。"越王连连点头求计。子贡又说:"吴王残暴,国内动荡,正是你报仇的机会。你应表示顺从,以屈求伸。"于是越王就派大臣文种去见吴王,表示愿披坚执锐,代替吴王去受箭石之击,联合伐齐。

最后,子贡又到了晋国,道出了吴伐齐后必伐晋的道理。于是晋乘吴伐齐胜利后,又同吴国大战,打败了吴国。越亦乘机袭击吴国,杀了吴王夫差,越王成为霸主。

至此,子贡的出使,保住了鲁国,搞乱了齐国,灭掉了吴国,使晋国强大起来,又使越国称霸,史称"存鲁""乱齐""灭吴""强晋""霸越",正可谓"其策特妙,其辩尤精"。

◎ 求知

上古八大姓

上古八大姓的起源可以追溯到人类原始社会的母系氏族制度时期,所以中国的许多古姓都是"女"字旁或底。姓是区分氏族的特定标志符号,如部落的名称或部落首领的名字。

上古八大姓是指姬、姜、姚、嬴、姒、妘、妫、姞。另一说指的是姬、姜、姚、嬴、姒、妘、妫、妊。

有些姓氏还建立了相对应的国家:

姬姓——周王室和吴、鲁、晋、魏、韩、郑、卫、燕、虞、虢、随、巴等诸侯国。

姜姓——申、吕、许等国，以及田氏代齐前的齐国。

嬴姓——秦、赵、徐等国。

姒姓——夏、杞、越等国。

妫姓——陈国，以及田氏代齐后的齐国。

qī diāo　　yuè zhèng　　　　rǎng sì　　gōng liáng
漆　雕　　乐　正　　　　壤　驷　　公　良

◎ 溯源

【漆雕】漆雕是从周代吴国公族中分化出来的一支部落，其部落人以部落名为姓，称漆雕氏。

● 名人代表

漆雕开（前540—？）：春秋末期鲁国人，孔子弟子。他为人谦和而有自尊，博览群书，为论有理，深受好评。孔子去世后，儒家分为八派，漆雕开即其中"漆雕氏之儒"的代表。《韩非子·显学》指出："漆雕之议，不色挠，不目逃，行曲则违于臧获，行直则怒于诸侯，世主以为廉而礼之。"

漆雕马人：春秋时期鲁国贤人。　　**漆雕徒父**：孔子弟子。

【乐正】乐正，是古代在宫廷中负责管理音乐的官名。其后代便以祖先的官名为姓，称乐正氏。

● 名人代表

乐正子春：生卒年不详。春秋时鲁国人，曾子弟子。以诚信和孝道著称。

乐正克：战国时期鲁国人，孟子弟子。

乐正子长：宋代即墨（今山东即墨）人，传说曾遇仙人。

【壤驷】春秋晚期，秦国的上邽（guī）有个人叫壤驷赤，字子徒，曾不远千里到鲁国，向孔子学习礼制。壤驷赤之后，这个壤驷氏复姓就不再见于史书记载了。壤驷氏复姓一般简化为单姓壤氏，因此壤驷氏在今天极为罕见。

● **名人代表**

壤驷赤：生卒年不详。春秋末期秦国上邽（今甘肃秦州）人。与颜、曾、闵、冉诸贤同为孔子入室弟子，身通六艺。为孔门七十二贤之一，陇上儒学三贤之一。

【公良】周代陈国公子名良，人称公子良。其后人就以他的爵位与名合称，得"公良"为姓。

● **名人代表**

公良孺：生卒年不详。春秋时期陈国人，孔子的得意门生。他曾救过孔子的性命。孔子离开陈国时，路过蒲国，因为政见不和，得罪了许多权贵，被人围攻，后被蒲人扣留。在情况危急之时，公良孺号召他的族人来帮助孔子。公良孺拔剑而出，与众人一道，准备同蒲人大战。蒲人见此非常害怕，就放了孔子。

◎ **说典**

善易不卜

鲁国有一位君子叫漆雕马人，他曾侍奉臧文仲、臧武仲、孺子容三位大夫。

有一次，孔子问漆雕马人道："先生曾侍奉过臧氏一家三位大夫。您可不可以说说，哪位更贤明一些呢？"

漆雕马人回道："臧氏家族有一块很名贵的龟壳叫'蔡'。如遇有什么大事不能定夺，就会用'蔡'来占卜决定。在文仲主事时期，三年内，用'蔡'占卜过一次。在武仲主事时，三年内，用'蔡'占卜过两次。孺子容主事时，三年内，用'蔡'占卜过三次。这都是我亲眼所见。至于这三位大夫谁最贤明，我就不知道了。"孔子听完笑着说："先生真会说话！"

孔子回到家里，跟弟子们谈及此事，赞叹不已地说："漆雕马人先生可真是一位君子呀！他不愿在别人面前议论主人的贤愚，却很巧妙地举了一个实例，将事情的真相表露无遗。他的意思是说：一个人，因智识无力察远，德慧无足见机，所以才要一而再、再而三地去问卜。而古人云：善易者不卜。也就是说，一个真通易道，真有智慧的人，不用卜卦，也能凭直觉洞悉事物变化的规律。"

◎ 求知

古人对"媒人"的六个雅称

1. 伐柯：这个雅称来自《诗经·豳(bīn)风·伐柯》："伐柯如何？匪斧不克。取妻如何？匪媒不得。"意思是说怎样去砍那斧柄呢，没有斧头不可能；怎样娶那妻子呢，没有媒人是不行的。后来人们便称媒人为"伐柯"或"伐柯人"。

2. 保山：《红楼梦》第119回："他说二爷不在家，大太太做得主的，况且还有舅舅做保山。"当时人们称媒人为"保山"，指像山一样稳固可靠的保证人。

3. 冰人：这个名称来自于《晋书·索统(dǎn)传》中的一个故事。晋时有位叫索统的，善于解梦，能预卜吉凶祸福。有一次，一位叫令狐策的人做了一个梦，梦见自己站在冰上，和冰下一个人说话。索统分析这预示着令狐策将为人说媒。后来令狐策果然给一位太守的儿子做媒，而且把婚事说成了。所以，"冰人"即成为媒人的代称。

4. 媒妁：媒，谓谋合二姓；妁，谓斟酌二姓。《孟子·滕文公下》云："不待父母之命，媒妁之言，钻穴隙相窥，逾墙相从，则父母、国人皆贱之。"

5. 月老：月下老人，简称"月老"。唐小说记载，唐代人韦固夜经宋城，遇一老人倚囊而坐，向月捡书。固问所捡何书。答曰："天下之婚牍耳。"又问囊中赤绳何用。答曰："以系夫妻之足。"传说这位老人是主管婚姻的神，故以"月老"作为媒人的别称。

6. 红娘：本是唐代元稹《莺莺传》及元代王实甫《西厢记》中的主人公崔莺莺的侍女。张生与崔莺莺相爱，经崔莺莺的侍女红娘从中撮合，使这对有情人终成眷属。此后，"红娘"便成了媒人的别称。

tuò bá　　jiā gǔ　　　zǎi fǔ　　gǔ liáng
拓跋　夹谷　　宰父　穀梁

◎ 溯源

【拓跋】 源于鲜卑族。相传黄帝娶妻嫘祖，生子昌意。昌意的小儿子悃(kǔn)被封在北土（今中国北部地区），北土之人则谓"土"为"拓"，谓"后"为"跋"，故以"拓跋"为姓，意即黄帝的后代。北魏孝文帝改革时，率王族改为元姓，其王族之外的拓跋氏遂成为庶姓，仍为拓跋氏。

● **名人代表**

拓跋宏（467—499）：后改为元宏，即北朝北魏孝文帝。即位时仅5岁，亲政后，推行汉化改革。

拓跋禧：北朝北魏著名咸阳王。

【**夹谷**】源于金国女真族古老的加古部，后汉化音译为"夹谷"。金国政权曾先后迁都于燕京、汴京，国人中就有许多复姓夹谷的族人。

● **名人代表**

夹谷谢奴：生卒年不详。金太祖帐前的猛将。很有学问，通女真、契丹及汉人语言文字。

夹谷胡剌：金代名将。　　　　　　**夹谷守中**：金代大臣。

【**宰父**】源于官名，是西周时期的一种官职名称，即周公旦的官称。在担任宰父的人的后裔子孙中，多有以先祖的官职名为姓的，称宰父氏。

● **名人代表**

宰父黑：生卒年不详。春秋末期鲁国乘丘（今山东菏泽）人，孔门七十二贤之一。

【**榖梁**】一个来源是，古代有一些部落以能种出优质的谷子为骄傲。古代将谷（榖）子称为梁，所以善于种植梁的氏族首领就用榖梁为姓。他的后代子孙遂以榖梁为姓，后来"榖"字简化为"谷"字、"梁"字演变成"梁"字，遂称谷梁氏。另一个来源是，古代有个叫古博陵的郡，郡中有个城市叫榖梁城。居住在那里的人遂以地名为姓，称榖梁氏。因为在古代"榖"是"谷"的繁体字，同音通用，故又称谷梁氏。

● **名人代表**

榖梁赤：生卒年不详。战国时期鲁国人，子夏弟子，为《春秋榖梁传》作者。

榖梁淑：春秋时鲁国名士。

◎ 说典

如释重负

公元前542年，鲁襄公病死，公子裯继位，史称鲁昭公。当时，鲁国的实际权力，掌握在季孙宿、叔孙豹和孟孙三个卿手里，其中以季孙宿的权力最大，昭公不过是个傀儡。昭公这个国君也不争气，只知游乐，不理国政。昭公的生母去世后，他在丧葬期间面无哀容，谈笑自若，还外出打猎取乐。这样，就使他更加失去民心。大夫子家羁见昭公越来越不像样，非常担心，几次当面向昭公进谏，希望他巩固王室的权威，免得被外人夺了政权。但是，昭公不听他的劝告，照样我行我素。日子久了，昭公终于觉察到，季孙宿等三卿在不断壮大势力，对自己已经构成了严重的威胁。于是，他暗中物色反对三卿的大臣，寻找机会打击三卿。后因三卿联合，计谋失败。昭公见大势已去，只好出逃到齐国避难。由于昭公早就失去了民心，所以百姓对他的出逃并不表示同情，反而觉得如释重负。

（改编自《春秋穀梁传·昭公二十九年》）

◎ 求知

孔门七十二贤

孔子是中国古代著名的思想家和教育家，也是儒家学派的创始人。《史记·孔子世家》记载："孔子以诗书礼乐教，弟子盖三千焉，身通六艺者七十有二人。"这"孔门七十二贤"，是孔子思想和学说的坚定追随者和实践者，也是儒家学说的积极传播者。

jìn　chǔ　yán　fǎ　　rǔ　yān　tú　qīn
晋　楚　闫　法　　汝　鄢　涂　钦

◎ 溯源

【晋】 唐叔虞之子姬燮（xiè）即位执政时，因唐国境内的太原南面有条河流叫晋水，所以他就将国都迁到晋水之滨，并将国名改为晋，由此建立了晋国。"三家分晋"之后，晋国王族后裔子孙中有以故国名为姓者，称晋氏，世代相传至今。

● 名人代表

晋　冯： 生卒年不详。东汉著名大臣。他好古乐道，后被著名的史学家班固推荐给东平王刘苍。晋冯曾与刘歆(xīn)、扬雄、段肃等续撰司马迁的《史记》。

晋　灼：晋代大臣、古音韵学家。　　　晋　鸷(zhì)：宋代官吏。
晋　爵：明代官吏。　　　　　　　　　晋应槐：明代大臣。

【楚】周成王封颛顼帝高阳氏的后代熊绎于丹阳，国号为荆，后来，熊绎的后代迁都于郢城（今湖北江陵旧郢城），改国号为楚。后世子孙有以国名为姓的，称楚氏。

●名人代表

楚　衍：生卒年不详。宋代天文学家。少通四声字母，尤得《九章》《缉古》《缀术》诸算经之妙。

楚建中：宋代大臣。　　　　　　　　　楚　璋：明代官吏。
楚　智：明代将领。

【闫】闫姓为阎姓的别支。据《姓谱》载，分闫、阎二姓。由于阎姓有时被"俗用"成闫，就产生了阎、闫二姓。

●名人代表

闫　亨：生卒年不详。晋代辽西郡郡守，因屡次规劝苟晞(xī)，被苟晞诛杀。后人对闫亨的气节甚为称颂。

【法】战国时期，齐国被秦国灭掉后，亡国的齐国庶子族人为躲避秦军的残酷搜杀，不敢再称田氏，便以齐襄王曾用过的姓氏"法"为姓，改称法氏。

●名人代表

法　正(176—220)：东汉末年谋士。善于谋划策算，是刘备的重要谋士。
法若真：清代画家。

【汝】古代时，中原有一条河叫汝水。东周时，周平王将他最小的儿子姬武封于汝水之滨，同时封其为侯爵，时人称之为汝侯。在汝侯的后裔子孙中，有以祖先封地名称或爵号为姓者，称汝氏。

●名人代表

汝　讷：明代著名官吏、书法家。　　　汝可起：明代官吏。

【鄢】西周初期，远古颛顼帝的后人被封在鄢地，建立鄢国。鄢国灭亡后，鄢君的后裔子孙以及国人中，有以故国名为姓者，称鄢氏。

● **名人代表**

鄢　高：明代正德年间县官。　　　　　　鄢懋卿：明代官吏。

鄢正畿（jī）：明代文人。

【涂】属于以水名为姓。由于涂氏家族的祖先，世代居住在涂水旁，故涂氏的后代子孙，皆"以水为姓"，世代相传。同时，涂姓也为中国的姓源开创了"以水为姓"的先例。

● **名人代表**

涂天相（1668—1740）：字燮（xiè）庵，孝感人。清代大臣。属于"湖广填川"八世祖，涂文泰之子。康熙年间进士，授撰修，旋升为侍讲学士。雍正年间升为左都御史、刑部尚书、兵部尚书、工部尚书。

涂俊生：宋代经学家。　　　　　　　　　涂一榛：明代史学家。

【钦】古代所称"钦山"，即今江西东乡西郊汝河之畔龙山。从战国时期起，即有百姓以山名为姓，称钦氏。

● **名人代表**

钦德载：生卒年不详。宋末元初名人。宋代时为都督计议官，宋亡后，不降元，隐居碧岩山中，自号寿岩老人。

钦　恭：明代瓯宁县令。　　　　　　　钦　善：清代诗人。

◎ **说典**

桐叶封弟

西周初年，周武王姬发驾崩后，太子姬诵年幼，在周公姬旦的辅佐下做了国君，史称周成王。

有一天，姬诵和弟弟叔虞一起在宫中玩耍。姬诵随手捡起了一片落在地上的桐叶，把它剪成玉圭形，送给了叔虞，并且对他说："这个玉圭是我送给你的，我要封你到唐国去做诸侯。"史官们听后，把这件事件告诉了周公。周公见到姬诵，问道："你要分封叔虞吗？"姬诵说："怎么会呢？那是我跟弟弟说着玩的。"周公却认真地说:"天子无戏言啊!"

后来,姬诵只得选择吉日,把叔虞正式封为唐国的诸侯,史称唐叔虞。

"桐叶封弟"这个故事告诉我们:当权者应谨言慎行、言而有信。

◎ 求知

姓名中的辈分

中华文化底蕴深厚,人名也被赋予了深刻的文化意义。古人命名重取义、重内涵,更重行辈之序和长幼之别,几千年来一直延续至今。

中国人论资排辈由来已久,"辈"就是"辈分"的意思,这是中国宗法社会中形成的一个传统。"辈分"又为"辈份",《辞海》中解释为:"家族、亲戚等的世系次第的分别。"清末小说《官场现形记》第二十五回就写道:"你父亲叫我大叔,你是他的儿子,怎么也叫我大叔,只怕辈分有点不对吧?"类似的说法在我们的日常生活中亦很常见。

辈分的字谱又称昭穆、字派、行派,用以表明同宗亲属、家族世系、血系秩序的命名字辈排列。辈分的排列常常体现在人名中,使用辈分用字,不仅便于在同族中排行辈,认辈分,也便于修宗谱。一般而言,以字定辈分者,都将这些辈分字置于姓之后,如张学良、张学思、张学铭。上至皇族,下至百姓都有辈分。但是,相对于皇族,普通老百姓的辈分有时不是特别讲究。

duàn gān　　bǎi lǐ　　　　dōng guō　　nán mén
段 干　　百 里　　　东 郭　　南 门

◎ 溯源

【段干】春秋时,老子之子李宗任魏国大将,先后被封在段、干两地。其子孙遂以段干作为姓,称段干氏。

● 名人代表

段干纶:生卒年不详。战国时期齐国的上大夫、著名将领,有勇有谋。

段干崇:战国时期魏国大夫。　　　段干越人:战国时期秦国贤士。

【百里】春秋时,周太王的儿子虞仲有个后人叫奚,因住在百里乡,又称百里奚,辅佐秦穆公成为霸主。百里奚的后代子孙就以他的居住地为姓，称百里氏。

●**名人代表**

百里嵩：生卒年不详。字景山，封丘人。汉代徐州刺史。相传，当时天旱，百里嵩行经之处，皆有雨水降下，人称"刺史雨"。

【东郭】春秋时，齐桓公有子孙住在都城临淄外城的东门一带，称为东郭大夫。其后代子孙遂以居住地名为姓，称东郭氏。

●**名人代表**

东郭牙：生卒年不详。春秋时期齐国大臣。他为人正直，经常对国君直言相劝。

东郭顺子：战国时期魏国贤士。

【南门】起源于上古时期掌管天文观测的官员的后代，是以南门星座名称为姓的，称南门氏。

●**名人代表**

南门蠕：生卒年不详。在《鬻（yù）子》中提到的南门氏的始祖，他曾辅佐商汤打天下。

◎ **说典**

羊皮换相

公元前655年，晋献公灭掉虞国，俘虏了虞国国君及其大夫百里奚。百里奚成了晋国的奴隶，后来又到了楚国，给楚王养牛。

刚当上秦国国君的秦穆公，是一位胸有大志的国君，他听说百里奚是个人才，就想收归己用。为了不让楚王怀疑，秦穆公听从谋臣的建议，贵物贱买，用一个奴隶的市价，也就是五张黑公羊皮换来百里奚。

当百里奚被押回秦国后，秦穆公亲自接见了百里奚，解除了他的奴隶身份，并与他商谈国家大事。两人一谈就是三天，言无不合。秦穆公十分高兴，要拜其为上大夫（上卿），委以国政。因百里奚是秦穆公用五张黑公羊皮换回来的，故世人称百里奚为"五羖（gǔ）大夫"。羖，就是公羊的意思。

◎ **求知**

满族人的姓氏

清朝的时候，满洲人单姓的很少，一般都是两个字以上的复姓。满洲人复姓的命名原则与汉族人复姓的命名原则大同小异，主要有以下三种方式：

一是因部落名称、地域名称而得姓。最为典型的如慈禧太后的姓氏叶赫那拉氏，叶赫是部落名称，那拉是当地一条河流的名称，也就是地域名称。

二是直接来源于其他少数民族的姓。如博尔济吉特氏源于蒙古族的黄金家族孛（bó）儿只斤氏。

三是以所崇拜的图腾作为姓氏。最为典型的如和珅的姓钮祜禄氏，在满族语中的意思是一种凶猛的动物"狼"。"狼"是满族的先世女真族所崇拜的最为重要的图腾之一。女真族人出于对"狼"的崇拜，而以其为姓。

清朝灭亡后，很多满族复姓的人已经改为单姓。如爱新觉罗，满语的意思是金，很多原来姓爱新觉罗的人都改姓金了；钮祜禄氏因满语意为"狼"，故改姓郎或钮；又如叶赫那拉，这个姓的人也大都改姓叶或那了。

　　hū yán　　guī　　hǎi　　　yáng shé　　wēi shēng
　　呼　延　　归　　海　　　羊　舌　　微　生

◎ **溯源**

【呼延】古代匈奴族呼衍部落以部落名为姓，称呼衍氏。曹魏末期至东晋时期，南匈奴贵族呼衍部落进入中原后，改"呼衍氏"为"呼延氏"。

● **名人代表**

呼延谟：生卒年不详。晋十六国时期前赵名臣。他大公无私，深受百姓颂扬。担任太守时，曾亲自为一名妇女平冤，影响很大，被国人传为佳话。

呼延赞：北宋著名将领。

【归】相传黄帝在即天子位之前，曾在归藏国当部落首领，即大位后，留下一子继任为归藏君。其后，黄帝之后代归藏君世守归藏国，遂以国名为姓，称归藏氏，后逐渐省文简化分衍为单姓归氏、藏氏，世代相传至今。

● 名人代表

归有光（1507—1571）：明代昆山人，人称震川先生。嘉靖年间进士，官至南京太仆寺丞。能诗，尤以古文名世，反对前后七子"追章琢句，模拟剽窃"。与王慎中、唐顺之、茅坤并称为"唐宋派"。其文朴素简洁，深受时人推重。

归　蔼：五代时后唐侍御史。

【海】春秋时期，卫国君主卫灵公属下有大夫名叫春，他居住在海边，指海给自己起名，时称"海春"。在海春的后裔子孙中，有以先祖居住地名为姓者，称海氏。

● 名人代表

海　瑞（1514—1587）：明代广东琼山（今海南海口琼山）人。曾任南京右都御史。任淳安知县的时候，他抑制豪权，清丈土地，平均徭税，施行"一条鞭法"，颇有政绩。

海　鹏：唐代学者。　　　　　　海源善：明洪武年间安化知县。

海　龄：清代爱国将领。

【羊舌】晋献公执政时期，将晋武公的后人姬突封在羊舌邑。其后代子孙遂以封邑名称为姓，称羊舌氏。

● 名人代表

羊舌肸（xī）：生卒年不详。字叔向，又称叔肸，为羊舌突的次子，春秋时晋国贤者。博闻多识，品德高尚，能以礼让国，是当时晋国的贤臣。孔子称之为"遗直"。

羊舌赤：春秋时期晋国大夫。　　　　羊舌虎：春秋时期晋国大夫。

【微生】微生氏是周文王的后代，大多居住在鲁国（今山东境内）。鲁国公族里有贵族微生氏，其后代有的因为出生在势力强盛的微生世家，引以为荣，就以微生为姓。

● 名人代表

微生高：生卒年不详。春秋时鲁国人，孔子弟子。时人认为他为人直爽、坦率。

微生亩：春秋时期鲁国隐士。

◎ 说典

亭亭如盖

归有光是明代著名的文学家。其文被称作"明文第一",有"今之欧阳修"的赞誉。归有光生活坎坷,历经幼年丧母、科场八次落第、青年丧妻、家道衰落和叔伯不睦的挫折。他在其著名的作品《项脊轩志》中,借"百年老屋"的几经兴废,回忆家庭琐事,着重叙述与项脊轩有关的人事变迁,抒发了物在人亡、三世变迁的感慨。他在文章的结尾写道:"庭有枇杷树,吾妻死之年所手植也,今已亭亭如盖矣。"借物抒情,表达了作者对妻子深深的怀念之情,也表明了作者在项脊轩年日之久。"亭亭如盖"由此而来。

◎ 求知

唐宋派

所谓"唐宋派",是指对明代嘉靖年间文坛颇有影响的、以反拨李梦阳、何景明等人复古主张为主要目标的文学派别。该派作家主要从事散文创作,代表人物有嘉靖年间的王慎中、唐顺之、茅坤和归有光。自前七子的李梦阳、何景明等倡言复古之后,散文创作以模拟古人为事,不但缺乏思想,而且文字佶(jí)屈聱(áo)牙,流弊甚烈。嘉靖初年,王慎中、唐顺之等人力矫前七子之弊,主张学习欧阳修、曾巩之文,一时影响颇大。后七子李攀龙、王世贞等再次发起复古运动,茅坤、归有光继起与之相抗。前后七子崇拜秦汉是模拟古人,"唐宋派"则既推尊三代两汉文章的传统地位,又承认唐宋文的继承发展。"唐宋派"变学秦汉为学欧(阳修)曾(巩),易佶屈聱牙为文从字顺,是一个进步。"唐宋派"还重视在散文中抒发作者的思想感情,批评复古派一味抄袭,主张文章要直抒胸臆,具有自己的本色面目。

yuè　shuài　gōu　kàng　　kuàng　hòu　yǒu　qín
岳　　帅　　缑　　亢　　　况　　后　　有　　琴

◎ 溯源

【岳】上古时期,有一种官职称作"四岳",专门掌管祭祀三山五岳,而四岳的总领即称太岳。相传,颛顼帝属下之臣伯夷为第一任太岳。此后,伯夷所统领的东夷部落就称太岳部。后其四子以太岳部落为中心，分别掌管东南西北四个方向的山峦，称四岳，负责四方神山的祭祀，以后逐渐演变成为掌管四方诸侯的官职。在伯夷的后裔子孙中，多有以先祖官职名为姓者，称岳氏。

● **名人代表**

岳　飞（1103—1142）：字鹏举，宋相州汤阴县（今属河南安阳）人。南宋抗金名将，中国历史上著名的军事家、战略家，位列南宋中兴四将之首。他于北宋末年参军，从1128年遇宗泽起到1141年止的十余年间，率领岳家军同金军进行了大小数百次战斗，所向披靡，"位至将相"。在宋金议和过程中，岳飞受到秦桧等人的诬陷，以"莫须有"的"谋反"罪名被杀害。他的不朽词作《满江红·怒发冲冠》，是千古传诵的名篇。

岳　云：岳飞长子，中国历史上有名的少年将军。

岳　正：明代大臣、书画家。　　　岳　岱：明代著名文士。

岳元声：明代大臣。　　　　　　岳鸿庆：清代书画家。

【帅】古代掌管礼乐的官员叫师，所以他们的后代以官职名为姓，即师姓。传到晋代，有一位叫师昺（bǐng）的人在晋国担任尚书的官职，为了避司马师的名讳，就将自己的姓改为帅。

● **名人代表**

帅　我（1648—?）：清代学者，江西奉新人。工书画，尤明医理。

帅　宝：北宋大臣，以清廉著称。　　帅念祖：清代画家。

帅孟奇：中国妇女运动的先驱。

【缑】西周时期，周公的一个儿子因功受封于缑邑（今河南偃师市南三十四里缑氏镇），其后代遂以邑名为姓。

● **名人代表**

缑　谦：生卒年不详。明宪宗成化年间缑氏名人。文武双全，做过辽东总兵官，又因功擢升南京右通政，颇有政声。

缑仙姑：唐代道士。

【亢】春秋时期，有个贵族受封于军事要地亢父（今山东济宁任城区南部），世称其为亢父。他的后代子孙便以封地名为氏，形成亢姓。

●名人代表

亢　仓：生卒年不详。春秋战国时期诸子百家之一。亢仓不仅倡导清静无为的思想观念，还提出了举贤任能、施行教化、重农耕、举义兵等一系主张。

亢良玉：明代孝子。　　　　　　　　**亢树滋**：清代文人。

【况】周代初年，舜的后人被封于况地（今山东省境内）。他的后代子孙便以封地名为姓，称况氏。

●名人代表

况周颐（1859—1926）：临桂（今广西桂林）人。近代著名词人。清光绪年间举人，曾官内阁中书，后入张之洞、端方幕府。一生致力于词，凡五十年，尤精于词论，与王鹏运、朱孝臧、郑文焯合称"清末四大家"。著有《蕙风词》《蕙风词话》等。

况　钟：明代苏州知府。　　　　　　**况祥麟**：清代文学家。

【后】西周末期，鲁国君主鲁孝公将自己的儿子公子巩封在郈邑（今山东东平东部）。公子巩逝世后，得谥号为郈惠，史称郈惠伯。在郈惠伯的后裔子孙中，有以先祖封邑名称或先祖谥号为姓者，称郈氏。后去"阝"旁为后氏。

●名人代表

后　苍：生卒年不详。汉代著名学者。精通五经，对《齐诗》和《礼》的研究造诣很深，东汉学者应劭称他是《齐诗》的最早传人之一。

后　处：孔子弟子，孔门七十二贤之一。

【有】一支源于有巢氏。有巢氏的后裔子孙中，有人省文简化为单姓有氏。另一支源于冉求的后裔。冉求，字子有，是孔子的得意门生。在冉求的后裔子孙中，有以先祖之字为姓者，也称有氏。

●名人代表

有　若（前518—？）：春秋末期鲁国人，字子有，是孔子的得意门生，为孔门七十二贤之一。

有　禄：汉代大臣。　　　　　　　　**有日兴**：明代大臣。

【琴】古代操演琴的乐人被称作"琴师",十分受人尊重。在琴师的后裔子孙中,多有以乐器名称或先祖官职名为姓者,称琴氏。另一支,出自春秋时期卫国琴牢之后。春秋晚期,孔子的弟子中有一个叫琴牢的,为人很讲义气与情谊。在琴牢的后裔子孙中,有以先祖名字为姓者,称琴氏。

● **名人代表**

琴　彭: 生卒年不详。明代官员。永乐年间,琴彭在地方当州官,他实行的政策对老百姓、对国家都有好处,深受人们赞扬。

琴　高: 战国时期赵国人,善鼓琴。

◎ 说典

尽忠报国

岳飞十五六岁时,北方的金人南侵,宋朝当权者腐败无能,节节败退,国家处在生死存亡的关头。于是,岳飞投军抗金。不久因父亲去世,退伍还乡守孝。1126年,金兵大举入侵中原,岳飞再次投军。临行前,岳飞的母亲姚太夫人把他叫到跟前,说:"现在国难当头,你到前线有什么打算?""到前线就一心杀敌,尽忠报国!"姚太夫人听了儿子的回答,十分满意,"尽忠报国"正是母亲对儿子的希望。她决定把这四个字刺在儿子的背上,让他永远铭记在心。岳飞解开上衣,露出结实的脊背,请母亲下针。姚太夫人问:"孩子,针刺是很痛的,你怕吗?"岳飞说:"母亲,小小钢针算不了什么,如果连针都怕,怎么去前线打仗!"姚太夫人先在岳飞背上写了字,然后用绣花针一点点刺了起来。刺完之后,姚太夫人又小心地涂上醋墨。从此,"尽忠报国"四个字就伴随着母亲的鼓舞激励永远留在了岳飞的后背上。后来,岳飞成为抗金名将,为历代人民所敬仰。

◎ 求知

罕见五姓氏

中国文明中一个极为独特的文化现象,就是每个姓氏背后,都隐藏着一段真实的故事。而在众多姓氏中,有五个姓非常罕见。

死　据说是倒数第二"小姓"。"死"姓主要分布于中国西北部,是由北魏时期少数民族的四字复姓发展而来的。

难　有人统计过,这是中国倒数第一"小姓"。这个"难",读去声。在河南四座小村里，世代居住在此的男女老少绝大多数姓"难"。

黑 一说源于突厥族。出自唐代突厥族突骑施部黑氏氏族，属于以部族名汉化改姓为氏。一说源于蒙古族。出自蒙古瓦剌部黑氏部族，属于汉化改姓为氏。

老 这个姓，有两种说法。一说是由"萨克达"这个满族姓更改汉姓而来，"萨克达"在满语中有"苍老"的意思。一说是广东佛山的四大土著姓氏之一。

毒 源于武则天赐姓。武则天夺位后，对与她争夺后位的窦氏非常嫉恨，于是易其姓为毒。

梁丘 左丘 东门 西门
(liáng qiū zuǒ qiū dōng mén xī mén)

◎ **溯源**

【梁丘】梁丘，为西周时期齐国的一个邑地名称。到了春秋时期，齐景公把上大夫姜据封在梁丘。在姜据的后裔子孙中，多以先祖封地名称为姓，称梁丘氏。

● **名人代表**

梁丘贺：生卒年不详。西汉大臣，今文易学"梁丘学"的开创者。为官谨慎、周密，深受信任，图像被绘于麒麟阁。

梁丘据：春秋时期齐国大夫。　　**梁丘临**：西汉大臣、经学家。

【左丘】左丘，在西周时期是齐国的一个地名。春秋晚期，有一位鲁国大夫名叫"明"，居于左丘，就以此地名为姓，史称左丘明。

● **名人代表**

左丘明：生卒年不详。春秋时期鲁国人，史学家。相传他双目失明，人称"盲左"。曾任鲁太史，大约与孔子是同时代的人。他为《春秋》作传，成《左氏春秋》。

【东门】春秋时期，鲁庄公姬同有个儿子叫公子遂，字襄仲。鲁文公姬兴执政时期，公子遂被任命为鲁国上大夫，当时他的府第就受赐在鲁国都城（今山东曲阜）的东门旁边，因此世人称其为"东门襄仲"。公子遂的儿子公孙归父被驱逐出鲁国后，便以自己家族世居的东门作为姓氏，以念前荣。公孙归父的后裔子孙大多沿袭这个姓，称东门氏。

● **名人代表**

东门京：生卒年不详。西汉时经学家。善相马，与东汉时的将军马援分别向皇帝进献过"名马式—铜马法"，用以铸造铜马，这一铜马模型相当于近代马匹外形学的良马标准型。汉武帝诏令立铜马于鲁班门外，改鲁班门名为"金马门"。

东门云：汉代经学家。

【西门】春秋时期，郑国有个大夫居住在郑国都城（今河南新郑）的西门。他的后代子孙就以居住地名为姓，称西门氏。

● **名人代表**

西门豹：生卒年不详。战国时期魏国人。魏文侯时任邺令，是著名的政治家、水利专家，曾立下赫赫功勋。

西门君惠：汉代道士。　　　　　　西门季玄：唐代忠臣。

◎ **说典**

与狐谋皮

左丘明担任太史时，非常关心国家政事，积极参政议政。鲁定公想任命孔子为司寇，打算找三桓进行商议，事先征求左丘明的意见。左丘明说："孔子是当今的大圣人。圣人一当政，犯错误的人就很难保住自己的官位。您要任用孔子，却又想和三桓商量，他们怎会支持您的主张呢？"鲁定公百思不得其解地问道："你怎么知道他们不会同意？"左丘明笑了笑，回答道："从前，周朝有个人很喜欢毛皮大衣，同时也很喜欢美味肉食。他想做件价值千金的皮大衣，于是就去和狐狸商量，并直接向狐狸索要皮毛；他想办桌味道鲜美的牲祭，于是就去同羊儿商量，并直接向羊索要羊肉。话还没说完，狐狸和羊儿便都躲藏了起来。您打算任命孔子为司寇，却召集三桓来商量，这同与狐狸商量做皮大衣、与羊儿商量做牲祭是同一个道理。"

◎ **求知**

《左传》中的成语（二）

狼子野心　《左传·宣公四年》："楚司马子良生子越椒。子文曰：'必杀之！是子也,熊虎之状而豺狼之声。弗杀,必灭若敖氏矣。'谚曰:'狼子野心。'是乃狼也,其可畜乎?"本谓狼崽子虽小,却具有凶恶的本性。后喻凶暴的人必有野心。

外强中干 《左传·僖公十五年》:"今乘异产以从戎事……张脉偾(fèn)兴,外强中干,进退不可,周旋不能,君必悔之。"原指所乘之马,貌似强壮,实则虚弱。后用以泛指人或事物,谓表面强有力,实则虚弱。

表里山河 《左传·僖公二十八年》:"战而捷,必得诸侯;若其不捷,表里山河,必无害也。"山,太行山;河,黄河。泛指外有山内有河,地势十分险要。

厉兵秣马 《左传·僖公三十三年》:"郑穆公使视客馆,则束载、厉兵、秣马矣。"厉,磨,砥砺;兵,兵器;秣,喂。意为磨好兵器,喂饱马,指做好战斗准备。

困兽犹斗 《左传·宣公十二年》:"困兽犹斗,况国相乎?"比喻在绝境中还挣扎抵抗。

shāng móu shé nài   bó shǎng nán gōng
商　　牟　佘　佴　　伯　赏　　南宫

◎ 溯源

【商】 商王朝建立后,王孙贵族开始以国名为姓,称商氏。商氏为商王朝贵族为官者的专有姓氏。商王朝最终为周武王所灭,之后,商氏从贵族之姓转为庶姓,仍称商氏。

● 名人代表

商　鞅(约前395—约前338):又称卫鞅、公孙鞅,后封于商。战国时期政治家,法家著名代表人物。在秦国执政19年,实行"商鞅变法",秦国大治。

商　高:周代数学家。　　**商　泽**:孔子弟子,为孔门七十二贤之一。

商　瞿:孔子弟子。　　**商　辂**(lù):明代兵部尚书。

【牟】 牟国为周朝时的小诸侯国,相传那里的人是祝融的后裔。春秋末期,牟国灭亡,牟国国君后代便以国名为姓,称牟氏。

● 名人代表

牟墨林(1789—1870):山东栖霞市古都镇人。清嘉庆年间太学生,是胶东有名的大地主,也是当时北方最大的地主,还是栖霞牟氏家族的主要创业人。

牟　融：东汉大臣。　　　　　牟子才：宋代官吏、学者。
牟　及：南宋官吏、诗人。　　牟宗三：当代儒学家。

【佘】汉时有佘山（今上海市青浦区东南）。居住在佘山周围的居民，有以山名为姓者，称佘氏。

佘熙璋：生卒年不详。清代著名书画家，能作诗、写文章，精于书法和绘画。擅长画竹，他的图章也刻得很好。
佘　钦：唐代太学博士。　　　佘赛花：北宋著名的佘太君。
佘应龙：明代隐士。　　　　　佘世亨：明代收藏家。

【佴】其先祖负责为皇帝设计和制作爵冠，且爵冠傍弭珥，皇帝就以此赐姓，竖"亻"旁于"耳"边以为佴氏。

●名人代表

佴　祺：生卒年不详。明万历年间金榜题名，荣登进士。官至御史、直隶巡按等。
佴　缙（jìn）：明代广东都指挥。　　佴　杰：清代直隶知县。

【伯】伯益，亦称柏翳、大费，本是黄帝的后裔，在舜帝执政时期出任东夷部族联盟的首领。他以调驯鸟兽出名，受赐嬴姓。在伯益的后裔子孙中，有以先祖名字为姓者，称伯氏。

●名人代表

伯　乐：生卒年不详。名阳，亦称阳子。春秋时人，擅长相马。
伯　宗：春秋时期晋国大夫。　　伯　牙：春秋时期著名琴师。

【赏】一支来源于春秋时期，晋国一位大夫参赛得胜而获赏，其后代为纪念祖先的荣耀就以"赏"字为姓，称赏氏。另一支出自拓跋氏，西夏国姓有赏氏，后来因西夏人与汉族人通婚，其姓也逐渐被汉族人接受，成为汉姓的一种。

●名人代表

赏　庆：生卒年不详。南朝时吴中（今江苏苏州）人，曾在江东做幕僚。
赏　林：三国时期东吴官吏。

【南宫】春秋时期，鲁国大夫孟僖子有个儿子叫仲孙阅。他居住在南宫，其后代遂以居住地名为姓，称南宫氏。

● 名人代表

南宫适：生卒年不详。春秋末期鲁国人。孔子弟子，孔门七十二贤之一。他言语谨慎，崇尚贤德。孔子称赞他是"君子""尚德"之人，并将自己的侄女嫁给他。

南宫长万：春秋时期宋国将领。

◎ 说典

鞭长莫及

春秋时期，楚庄王派申舟出使齐国。当时，从楚国到齐国必经宋国。按理来说，经过宋国应事先得到允许，然而楚庄王自恃楚国为大国，不把宋国放在眼里，就没通知宋国。

宋国国君知道后，十分气愤，便将申舟扣留下来。大臣华元对国君说："楚国事先未有通告，便是把我国当作已亡，领土已归属于他。我们必须维护我国的尊严，不能受这种侮辱！就算楚国要发兵进攻，我们也要拼命抵抗，大不了就亡国。但我们宁可战死，也不受屈辱！"

宋国国君听了后，处死了申舟，并做好随时迎接楚国进攻的准备。

楚庄王得知申舟被处死的消息后，果然派兵进攻宋国，并将宋国都城睢（suī）阳团团围住。双方就这样相持了好几个月，楚国也未能取胜。

后来，宋国派大夫乐婴向晋国求助。晋景公准备出兵为宋国解围，大夫伯宗劝道："'虽鞭之长，不及马腹'，我们又怎能管得了楚国呢？"

成语"鞭长莫及"就出于此。原意是指鞭子虽然长，但是打不到马肚子上。后用来比喻距离太远而无能为力。

◎ 求知

中国移民史（一）：明初洪洞大槐树移民

明初洪洞大槐树移民，是从山西南部向河南、河北、山东、安徽、江苏等地的一次大规模移民。

从宋代到明初，华北平原经数百年战乱，旱涝蝗疫之灾也超过了任何一个朝代，人口大量亡徙。祸不单行，1350年，蒙古高原和华北平原陷入一场空前的鼠疫之中，人口进一步减少。1381年，连田野广袤、土地肥沃的河南、河北人口也仅有190万，而土地较少的山西人口却达400多万。朱元璋决定从山西移民填充华北平原，其中移民河南93万人，移民山东121万人，移民河北41万人。今天，河南、河北、山东有很多人都以洪洞大槐树为祖居地，这不仅源于人们的代代口口相传，也见之于家谱、史册。

mò　hǎ　qiáo　dá　　nián　ài　yáng　tóng
墨　哈　谯　笪　　年　爱　阳　佟

◎ 溯源

【墨】夏王朝建立之后，敕封姜墨如的儿子姜胎初为孤竹国的国君。姜胎初就以父亲的名字为姓，称墨胎初，世代相传为墨胎氏，亦称墨台氏。其后有族人省文简化为单姓墨氏，世代相传至今。

● 名人代表

墨　子：生卒年不详。名翟，滕国（今山东滕州）人。春秋战国时思想家、政治家，墨家学说创始人。

墨　麟：明代兵部侍郎。

【哈】一说源于蒙古族，属于汉化改姓。一说源于回族，出自赛典赤·赡思丁·乌马儿的后裔，也属于汉化改姓。

● 名人代表

哈攀龙（约1707—1760）：清代武进士。曾任福建兴化城守副将，为官清廉，勤俭持家。

哈　散：元代左丞相。

【谯】周代召公姬奭有一个儿子叫盛，被封于谯（今四川境内）。盛于此建立了谯国，并自号为谯侯。其子孙就以国名为姓，称谯氏。

● 名人代表

谯　周（201—270）：三国时期蜀国名士。精研六经，博学多才。

谯　玄：汉代太常丞。

谯　定：宋代学者。

【笪】出自地名。笪曾是建州的一个郡，后来改称建安。当地人便以居住地名笪为姓。

● 名人代表

笪重光（1623—1692）：清代书画家。工书善画，与姜宸英、汪士鋐(hóng)、何焯(zhuó)并称康熙年间"帖学四大家"。精古文辞，著有《书筏》《画筌》。

笪　琛：宋代进士。

【年】春秋时期齐桓公继位后，认为父亲为君仅一个月就被杀是凶兆。为了辟邪，就以祖父名字"夷仲年"中的"年"字为姓，称年氏，世代相传。

● 名人代表

年　富（1395—1464）：字大有，安徽省怀远县梅桥乡人。历事明成祖、明仁宗、明宣宗、明代宗和明宪宗五朝，先后在地方和中央部门任职，历官吏科给事中、陕西左参政、河南右布政使、河南左布政使、右副都御史兼大同巡抚、兵部右侍郎兼山东巡抚、户部尚书。不论在哪里为官，他都能清廉刚正，始终不渝，从而成为一代名臣。

年羹尧：清代名将。

【爱】源于西域回鹘族。唐武宗时期，一些回鹘首领来唐朝。北方回鹘国的国相叫爱邪勿，是根据当地发音译成汉语的。为了表示对他们的宠爱，唐武宗分别赐他们汉族姓名，并根据国相邪勿的名字的译音作"爱"姓，赐名弘顺。爱弘顺的后裔子孙十分昌盛，后尽居于中原，他们都承袭沿用唐皇所赐姓，皆称爱氏，世代相传至今。

● 名人代表

爱　仁（？—1863）：清代同治年间兵部尚书。

【阳】周代有个小诸侯国叫阳国（在今山东青州东南），其地与齐国接壤。东周惠王时，阳国被齐国灭掉，齐人迁入其都。原阳国君主的子孙就以原国名为姓，于是就形成了阳姓。

●名人代表

阳孝本（1039—1122）：宋代大学者。学问渊博，品德高贵，隐居在山中读书讲学。

阳雍伯：汉代名士。　　　　　　　　**阳　峤**：唐代国子祭酒。

【佟】夏王朝末期，汤王积极准备讨伐夏桀。原夏王朝的太史终古为人贤德，为世人所器重，被汤王召入商。终古归商汤之后，他的后裔子孙以先祖名字为姓，称终古氏。后将"终"字去"纟"旁改为单姓冬氏，再后来又加"亻"旁改称佟氏。

●名人代表

佟养正（1577—1621）：本名佟养真，世居辽东，后来投靠努尔哈赤，编入汉军八旗，在对明朝的征战中立下战功。因避清世宗胤禛（即雍正帝）之名讳，清代史书改称其名为佟养正。其孙女佟佳氏是顺治帝的皇后、康熙帝的生母。

佟　方：南北朝文士。　　　　　　　**佟世晋**：清代书画家。

◎ **说典**

墨守成规

春秋战国时期，楚国要攻打宋国，鲁班特意为楚国设计制造了一种云梯，准备攻城之用。那时墨子正在齐国，得到这个消息，急忙准备到楚国去劝阻，一直走了十天十夜，到楚国的郢都后立刻找到鲁班一同去见楚王。墨子竭力说服楚王和鲁班放弃攻打宋国。楚王终于同意了，但是他们都舍不得放弃新造的攻城器械，想在实战中试试它的威力。

墨子说："那好，咱们就当场试试吧！"说着，他就解下衣带，围作城墙，用木片作为武器，让鲁班同他分别代表攻守两方进行表演。鲁班多次使用不同方法攻城，都被墨子挡住了。鲁班攻城的策略已经使尽，而墨子守城计策还绰绰有余。

鲁班不肯认输，说道："我有办法对付你，但是我不说。"墨子说："我知道你要

墨子

怎样对付我，但是我也不说。"楚王听不懂，问是什么意思。墨子说："鲁班不过是想杀了我。他以为杀了我，就没有人帮宋国守城了。他哪里知道我的门徒约有三百人早已守在那里等着你们去进攻。"楚王眼看没有办法取胜，便说："好了，我决定不攻打宋国了。"因为墨子善守，后来就把善于守城称为"墨守"。但现在这个"守"一般都不指守城，而多指守旧，带有贬义色彩。

◎ 求知

中国移民史（二）：湖广"填"四川

清初，四川之所以要"填"，是因为当地经过战乱，人口极度稀少，需要充实。张献忠入川，四川成了战乱之地：明军滥杀，清军滥杀，地方豪强滥杀，乡村无赖滥杀邀功，张献忠更大开杀戒；继而是南明与清军的战争，还有吴三桂反清后与清军的战争。历史上，四川人民遭受了一次次的战乱。据统计，当时，四川全省残余人口约60万人，成都全城只剩下7万人，一些州县只剩下原有人口的10%～20%。在清初的"湖广填四川"的移民大潮中，湖广是个大地理概念，包括两湖、两广、江西、福建等南方省份。在一个世纪内，四川接纳移民达600多万人。当今四川人口中80%以上是清代"湖广填四川"大移民的后裔，总数达六七千万人之巨。在成都，这个比例更高，达95%以上。如朱德在《我的母亲》中介绍，他的祖先就是"湖广填四川"时从广东迁移到四川的。

dì wǔ　yán fú　　bǎi jiā xìng zhōng
第五　言　福　　百　家　姓　终[①]

◎ 溯源

【第五】刘邦称帝之后，为削弱发展过快的田姓势力，把田氏分为八部，分别迁往都城长安附近，并要他们改姓"第一""第二"……"第八"。第五氏就是其中的一支，也就产生了第五姓。

---

① "家"和"终"二字已在前文姓氏中出现，所以这里不再作姓氏处理。参见张圣洁主编、文化艺术出版社出版的《蒙学十三经》第185页。

● **名人代表**

第五伦：生卒年不详。东汉长陵人。耿直无私，尽守节操。建武年间举孝廉，官会稽太守，章帝时任司空。

【言】春秋时期，孔子的一位得意弟子名言偃，字子游。言偃才华出众，曾任武城（今山东省费县西南）宰。提倡以礼乐教民，名声很大。他的后代就以其名字中的"言"字为姓，称言氏。

● **名人代表**

言 茅：生卒年不详。明代成化年间进士。他学问广博，又多才多艺。平时注意留心身边的事物，又关心百姓疾苦，重名节，清廉无私，所以政绩好，深受世人赞扬。

言友恂：清末官吏。

【福】春秋时期，齐国有位大夫名叫福子丹。他的后代就以其名字中的"福"字为姓，称福氏。

● **名人代表**

福 裕（1203—1275）：元初嵩山少林寺高僧，是元代少林寺中最有名的方丈。福裕圆寂后，被皇帝追封为晋国公，也是少林寺历史上唯一一位被封为国公的僧人。

福 寿：清顺治年间显亲王。

【百】古代百里氏的后代中，有以百为姓的。

【姓】古代蔡国有一位蔡公，名叫姓孙，他的后代有以他的名字"姓"为姓的。

◎ **说典**

第五伦屡求乞身

第五伦一心奉公，尽守节操，上书论说政事从不违心阿附。他的儿子们经常劝他不要这样，对此他都予以训斥；官员们上奏及其他直接上奏之事，他都封好上报。第五伦就是这样公正无私。他天性质朴憨厚，任职以贞洁清白著称，当时的人把他比作前代的贡禹。然而他对人对事不太宽容，缺少威严仪表，因此而受人轻视。有人问第五伦说："您有私心吗？"他回答道："先前有人送我一匹千里马，我虽未接受，每次三公选拔举荐官员时，我心里都无法忘记此事，但始终没有任用此人。我哥哥的儿子常常生病，我一夜前去看望十次，回来后却安然入睡；我的儿子生病，虽然没去看望，却整夜难眠。这样看来，怎么可以说没有私心呢？"

后来，第五伦接连以身老体病上疏请求辞职。元和三年（86年），汉章帝最终允许他的请辞，并给予二千石官员的俸禄，加赐钱五十万、公宅一所。第五伦去世后，朝廷下诏赐给安葬的秘器、衣衾和钱布。

◎ 求知

妻随夫姓是怎么回事

妻随夫姓是中国传统文化中一个很重要的现象，也是传统社会男尊女卑观念的重要体现。

据相关研究和史料记载，对已嫁女子以夫家姓氏相称的习俗，大致在汉魏之际构成雏形，到南朝末期蔚成风气。究其原因，同世家大族式的家族组织逐渐形成有直接的因果关系。特别是到了东晋南朝时期，以庄园为范围的同宗聚居已经是战乱年代中求得家族生存和发展的主要形式。作为增进家族共同体内一切成员凝聚力的办法之一，把妻冠夫氏作为一种称谓原则确定下来，显然是必要的，而其副作用必然是妻子对夫家人身依附关系的进一步加强。

比如李氏、王氏，阿李、阿王……这就是五代以后已婚妇女留在官私簿籍上的"称谓"，没有全名。但如果丈夫已故或是在需要的场合，为方便对已婚女性加以识别，就会在女性姓前加夫姓，比如赵李氏、王李氏、刘王氏。这有点明确已婚女性归属的意味，前面冠以夫姓，就表明女性是夫家的人。

附录一

《百家姓》全文繁简对照

赵钱孙李　　周吴郑王　　冯陈褚卫　　蒋沈韩杨
趙錢孫李　　周吳鄭王　　馮陳褚衛　　蔣沈韓楊

朱秦尤许　　何吕施张　　孔曹严华　　金魏陶姜
朱秦尤許　　何呂施張　　孔曹嚴華　　金魏陶姜

戚谢邹喻　　柏水窦章　　云苏潘葛　　奚范彭郎
戚謝鄒喻　　柏水竇章　　雲蘇潘葛　　奚范彭郎

鲁韦昌马　　苗凤花方　　俞任袁柳　　酆鲍史唐
魯韋昌馬　　苗鳳花方　　俞任袁柳　　酆鮑史唐

费廉岑薛　　雷贺倪汤　　滕殷罗毕　　郝邬安常
費廉岑薛　　雷賀倪湯　　滕殷羅畢　　郝鄔安常

乐于时傅　　皮卞齐康　　伍余元卜　　顾孟平黄
樂于時傅　　皮卞齊康　　伍余元卜　　顧孟平黃

和穆萧尹　　姚邵湛汪　　祁毛禹狄　　米贝明臧
和穆蕭尹　　姚邵湛汪　　祁毛禹狄　　米貝明臧

计伏成戴　　谈宋茅庞　　熊纪舒屈　　项祝董梁
計伏成戴　　談宋茅龐　　熊紀舒屈　　項祝董梁

杜阮蓝闵　　席季麻强　　贾路娄危　　江童颜郭
杜阮藍閔　　席季麻強　　賈路婁危　　江童顏郭

梅盛林刁　　钟徐邱骆　　高夏蔡田　　樊胡凌霍
梅盛林刁　　鍾徐邱駱　　高夏蔡田　　樊胡凌霍

虞万支柯　　昝管卢莫　　经房裘缪　　干解应宗
虞萬支柯　　昝管盧莫　　經房裘繆　　干解應宗

丁宣贲邓　　郁单杭洪　　包诸左石　　崔吉钮龚
丁宣賁鄧　　郁單杭洪　　包諸左石　　崔吉鈕龔

程嵇邢滑　　裴陆荣翁　　荀羊於惠　　甄麴家封
程嵇邢滑　　裴陸榮翁　　荀羊於惠　　甄麴家封

芮羿储靳　　汲邴糜松　　井段富巫　　乌焦巴弓
芮羿儲靳　　汲邴糜松　　井段富巫　　烏焦巴弓

牧隗山谷　　车侯宓蓬　　全郗班仰　　秋仲伊宫
牧隗山谷　　車侯宓蓬　　全郗班仰　　秋仲伊宮

宁仇栾暴　　甘钭厉戎　　祖武符刘　　景詹束龙
寧仇欒暴　　甘鈄厲戎　　祖武符劉　　景詹束龍

叶幸司韶　　郜黎蓟薄　　印宿白怀　　蒲邰从鄂
葉幸司韶　　郜黎薊薄　　印宿白懷　　蒲邰從鄂

索咸籍赖　　卓蔺屠蒙　　池乔阴鬱　　胥能苍双
索咸籍賴　　卓藺屠蒙　　池喬陰鬱　　胥能蒼雙

闻莘党翟　　谭贡劳逄　　姬申扶堵　　冉宰郦雍
聞莘党翟　　譚貢勞逄　　姬申扶堵　　冉宰酈雍

附录一

| 邵璩桑桂 | 濮牛寿通 | 边扈燕冀 | 郏浦尚农 |
| 邵璩桑桂 | 濮牛壽通 | 邊扈燕冀 | 郟浦尚農 |

| 温别庄晏 | 柴瞿阎充 | 慕连茹习 | 宦艾鱼容 |
| 溫別莊晏 | 柴瞿閻充 | 慕連茹習 | 宦艾魚容 |

| 向古易慎 | 戈廖庚终 | 暨居衡步 | 都耿满弘 |
| 向古易慎 | 戈廖庚終 | 暨居衡步 | 都耿滿弘 |

| 匡国文寇 | 广禄阙东 | 殴殳沃利 | 蔚越夔隆 |
| 匡國文寇 | 廣祿闕東 | 毆殳沃利 | 蔚越夔隆 |

| 师巩库聂 | 晁勾敖融 | 冷訾辛阚 | 那简饶空 |
| 師鞏庫聶 | 晁勾敖融 | 冷訾辛闞 | 那簡饒空 |

| 曾毋沙乜 | 养鞠须丰 | 巢关蒯相 | 查后荆红 |
| 曾毋沙乜 | 養鞠須豐 | 巢關蒯相 | 查後荆紅 |

| 游竺权逯 | 盖益桓公 | 万俟司马 | 上官欧阳 |
| 游竺權逯 | 蓋益桓公 | 万俟司馬 | 上官歐陽 |

| 夏侯诸葛 | 闻人东方 | 赫连皇甫 | 尉迟公羊 |
| 夏侯諸葛 | 聞人東方 | 赫連皇甫 | 尉遲公羊 |

| 澹台公冶 | 宗政濮阳 | 淳于单于 | 太叔申屠 |
| 澹台公冶 | 宗政濮陽 | 淳于單于 | 太叔申屠 |

| 公孙仲孙 | 轩辕令狐 | 钟离宇文 | 长孙慕容 |
| 公孫仲孫 | 軒轅令狐 | 鍾離宇文 | 長孫慕容 |

| 鲜于闾丘 | 司徒司空 | 亓官司寇 | 仉督子车 |
| 鮮于閭丘 | 司徒司空 | 亓官司寇 | 仉督子車 |

| 颛孙端木 | 巫马公西 | 漆雕乐正 | 壤驷公良 |
| 顓孫端木 | 巫馬公西 | 漆雕樂正 | 壤駟公良 |

| 拓跋夹谷 | 宰父榖梁 | 晋楚闫法 | 汝鄢涂钦 |
| 拓跋夾谷 | 宰父榖梁 | 晉楚閆法 | 汝鄢塗欽 |

| 段干百里 | 东郭南门 | 呼延归海 | 羊舌微生 |
| 段干百里 | 東郭南門 | 呼延歸海 | 羊舌微生 |

| 岳帅缑亢 | 况后有琴 | 梁丘左丘 | 东门西门 |
| 岳帥緱亢 | 況后有琴 | 梁丘左丘 | 東門西門 |

| 商牟佘佴 | 伯赏南宫 | 墨哈谯笪 | 年爱阳佟 |
| 商牟佘佴 | 伯賞南宮 | 墨哈譙笪 | 年愛陽佟 |

| 第五言福 | 百家姓终 |
| 第五言福 | 百家姓終 |

附录二

《百家姓》音序索引

A

艾 ……… 158
爱 ……… 235
安 ……… 42
敖 ……… 176

B

巴 ……… 109
白 ……… 128
百 ……… 238
百里 …… 221
柏 ……… 22
班 ……… 114
包 ……… 93
鲍 ……… 34
暴 ……… 118
贝 ……… 57
贲 ……… 90
毕 ……… 41

边 ……… 149
卞 ……… 46
别 ……… 153
邴 ……… 105
伯 ……… 232
薄 ……… 126
卜 ……… 49
步 ……… 165

C

蔡 ……… 78
苍 ……… 137
曹 ……… 17
岑 ……… 37
柴 ……… 154
单于 …… 201
昌 ……… 29
常 ……… 42
晁 ……… 175

巢 ……… 184
车 ……… 112
陈 ……… 8
成 ……… 60
程 ……… 96
池 ……… 135
充 ……… 155
储 ……… 104
楚 ……… 219
褚 ……… 9
淳于 …… 201
从 ……… 129
崔 ……… 94

D

笪 ……… 235
戴 ……… 60
党 ……… 138
邓 ……… 90

狄 ……… 56
第五 …… 237
刁 ……… 75
丁 ……… 89
东 ……… 169
东方 …… 195
东郭 …… 222
东门 …… 229
董 ……… 65
窦 ……… 23
都 ……… 165
督 ……… 210
堵 ……… 143
杜 ……… 67
端木 …… 212
段 ……… 107
段干 …… 221

245

E

鄂 ……… 130

F

法 ……… 219
樊 ……… 79
范 ……… 26
方 ……… 30
房 ……… 86
费 ……… 36
丰 ……… 183
封 ……… 102
酆 ……… 33
冯 ……… 8
凤 ……… 30
伏 ……… 59
扶 ……… 142
符 ……… 121
福 ……… 238
傅 ……… 45
富 ……… 108

G

干 ……… 87
甘 ……… 118
高 ……… 78
郜 ……… 125

戈 ……… 161
葛 ……… 25
盖 ……… 189
耿 ……… 165
弓 ……… 109
官 ……… 116
龚 ……… 95
公 ……… 190
公良 ……… 215
公孙 ……… 203
公西 ……… 212
公羊 ……… 197
公冶 ……… 199
巩 ……… 174
贡 ……… 139
勾 ……… 175
缑 ……… 226
古 ……… 160
谷 ……… 111
穀梁 ……… 217
顾 ……… 49
关 ……… 185
管 ……… 83
广 ……… 169
归 ……… 223

桂 ……… 146
郭 ……… 73
国 ……… 168

H

哈 ……… 234
海 ……… 224
韩 ……… 10
杭 ……… 91
郝 ……… 41
何 ……… 14
和 ……… 52
贺 ……… 38
赫连 ……… 196
衡 ……… 164
弘 ……… 166
红 ……… 186
洪 ……… 91
侯 ……… 112
后 ……… 227
後 ……… 186
呼延 ……… 223
胡 ……… 80
扈 ……… 149
花 ……… 30
华 ……… 18

滑 ……… 97
怀 ……… 128
桓 ……… 190
宦 ……… 158
黄 ……… 50
皇甫 ……… 196
惠 ……… 101
霍 ……… 80

J

姬 ……… 142
稽 ……… 96
吉 ……… 94
汲 ……… 105
籍 ……… 132
计 ……… 59
纪 ……… 63
季 ……… 68
蓟 ……… 126
暨 ……… 164
冀 ……… 150
家 ……… 102
夹谷 ……… 217
郏 ……… 150
贾 ……… 70
简 ……… 179

江	72	夔	173	隆	173	苗	29
姜	19	**L**		娄	71	闵	68
蒋	10	赖	132	卢	84	明	57
焦	109	蓝	67	鲁	28	缪	86
金	18	郎	27	陆	98	莫	84
晋	218	劳	140	逯	189	墨	234
靳	105	雷	37	禄	169	万俟	191
经	86	冷	177	路	71	牟	231
荆	186	黎	126	栾	118	牧	110
井	107	李	4	罗	40	慕	157
景	122	厉	119	骆	77	慕容	206
居	164	利	172	闾丘	208	穆	52
鞠	182	郦	143	吕	14	**N**	
K		连	157	**M**		那	178
阚	178	廉	36	麻	69	佴	232
康	46	梁	65	马	29	南宫	233
亢	226	梁丘	229	满	166	南门	222
柯	83	廖	162	毛	56	能	136
空	179	林	75	茅	61	倪	38
孔	17	蔺	132	梅	74	年	235
寇	168	凌	80	蒙	133	乜	182
蒯	185	令狐	204	孟	49	聂	175
匡	167	刘	121	糜	106	宁	117
况	227	柳	33	米	57	牛	147
隗	111	龙	123	宓	112	钮	95

农	151	乔	135	茹	157	石	93
O		谯	234	汝	219	时	45
欧	171	钦	220	阮	67	史	34
欧阳	192	秦	13	芮	104	寿	147
P		琴	228	**S**		殳	171
潘	25	邱	76	桑	146	舒	63
庞	61	秋	115	沙	181	束	123
逄	140	仇	117	山	111	帅	226
裴	98	裘	86	单	91	双	137
彭	27	屈	64	商	231	水	22
蓬	113	麹	102	赏	232	司	125
皮	45	璩	146	尚	151	司空	208
平	50	瞿	155	上官	192	司寇	209
蒲	129	权	189	韶	125	司马	191
濮	147	全	114	邵	54	司徒	208
濮阳	199	阙	169	佘	232	松	106
浦	150	**R**		厍	174	宋	61
Q		冉	143	申	142	苏	25
戚	21	壤驷	214	申屠	201	宿	128
漆雕	214	饶	179	莘	138	孙	4
亓官	209	任	32	沈	10	索	131
齐	46	戎	119	慎	161	**T**	
祁	55	荣	98	盛	75	邰	129
钱	3	容	159	师	174	太叔	201
强	69	融	176	施	15	谈	60

谭	139	闻	138	项	64	晏	154
澹台	199	闻人	194	萧	52	阳	235
汤	38	翁	99	谢	21	杨	11
唐	34	沃	171	解	87	羊	100
陶	19	乌	108	辛	178	羊舌	224
滕	40	邬	42	邢	97	仰	115
田	79	巫	108	幸	125	养	182
通	147	巫马	212	姓	238	姚	53
佟	236	毋	181	熊	63	叶	124
童	72	吴	5	须	183	伊	116
钭	119	伍	47	胥	136	易	161
涂	220	武	121	徐	76	羿	104
屠	133	**X**		许	14	益	189
拓跋	216	郗	114	宣	89	阴	135
W		奚	26	轩辕	203	殷	40
万	82	西门	230	薛	37	尹	53
汪	54	习	158	荀	100	印	127
王	6	席	68	**Y**		应	87
危	71	郤	145	燕	149	雍	144
微生	224	夏	78	鄢	220	尤	13
韦	28	夏侯	194	闫	219	游	188
卫	9	鲜于	207	严	18	有	227
魏	19	咸	131	言	238	於	101
温	153	相	185	阎	155	于	44
文	168	向	160	颜	72	余	48

鱼 ……159	翟 ……139	子车 ……210
俞 …… 32	詹 ……122	訾 ……177
虞 …… 82	湛 …… 54	宗 …… 88
宇文 ……205	张 …… 15	宗政 ……199
禹 …… 56	章 …… 23	邹 …… 21
庾 ……162	长孙 ……206	祖 ……120
郁 …… 90	仉 ……210	左 …… 93
喻 …… 22	赵 …… 3	左丘 ……229
鬱 ……136	甄 ……101	
蔚 ……172	郑 …… 6	
尉迟 ……197	支 …… 82	
元 …… 48	终 ……163	
袁 …… 33	锺 …… 76	
岳 ……225	钟离 ……205	
越 ……172	仲 ……115	
乐 …… 44	仲孙 ……203	
乐正 ……214	周 …… 5	
云 …… 24	朱 …… 12	
Z	诸 …… 93	
宰 ……143	诸葛 ……194	
宰父 ……217	竺 ……188	
昝 …… 83	祝 …… 64	
臧 …… 58	颛孙 ……211	
曾 ……181	庄 ……154	
查 ……186	卓 ……132	